ポストコロナのマーケティング・ケーススタディ

Marketing Case Study

池尾恭一［編著］
Ikeo Kyoichi

［発行所］碩学舎　［発売元］中央経済社

はじめに

新型コロナウイルス感染症の流行は、わが国の社会に大きな影響をもたらした。マーケティングに対しても例外ではない。マーケティングを含む事業活動そのものが休止に追い込まれたり、あるいはマーケティングのやり方が大きな制約を受けたり、新たな方向に向かったり、といった話は、枚挙に暇がない。

短期的には、なんとかこの危機を凌がなければならない。例えば、レストランならば、テイクアウトや宅配をスタートさせ、チラシやインターネットで拡販を図るというのが、これである。また、コストダウンや財務体質の強化も重要である。これらは、BCP（Business Continuity Plan＝事業継続計画）の守備範囲に入るのであろう。

ただ、このやり方は長くは続かない。中期的には、新たな環境の制約に積極的に適応していくことが求められる。テイクアウトや宅配あるいは新業態に活路を見出すのであれば、それに本腰を入れたマーケティング戦略が必要になる。不便を抱えている人が多ければ、マーケティング機会は溢れているわけで、マーケティングの役割は大きい。

激変する環境のなかで、このように、マーケティング戦略をいかに適応させていくかは、マーケティング研究とマーケティング実務の双方にとって、きわめて重要な課題である。しかし、今回の新型コロナ危機がマーケティングに及ぼす影響は、それに止まらないであろう。生活様式や購買行動の変化に不可逆的な部分が含まれるならば、長期的には、マーケティングのあり方を抜本的に変えてしまいかねない可能性を秘めている。

例えば、接客ができないため自動車のような製品でさえオンラインで商談が行われ、特に問題がないとなると、この後の自動車流通は激変し、そのことがメーカーの競争地位に劇的な影響を及ぼすというシナリオさえも否定はできない。テレワークが定着すれば、人々の生活のあり方が変わり、それにともなってニーズが様変わりするということも大いに考えられる。新型コロナ危機への対応のためにやむを得ずとった対応が結果的に快適であったり、効率的であったりして、新型コロナ危機収束後も継続するという場面は少なくないであろう。

いま求められているのは、新型コロナ危機にどう対処するかとともに、その先にどのような世界が広がり、その世界のなかでいかなるマーケティングを展開するかに思いを巡らせることであろう。

本書が目指しているのは、これらのための思考力を醸成することである。具体的には、題材として、新型コロナ危機に直面している様々な企業や業界のケースならびにコロナ禍のもとでの消費者行動のケースを取り上げ、それらを通じて、新型コロナ危機という環境変化に対応するためにいかなるマーケティングが求められるかについて、さらにその収束後にいかなるマーケティングが求められるかについて、考える力を養うことである。

こうした目的を達成するために、本書では、最初に、ケースを用いた学習や授業の方法を簡単に説明する。次いで、新型コロナ危機のもとでのケースに取り組む際、多くの分析で鍵となる、マーケティング戦略とはいかなるものなのかを解説し、さらにそれを踏まえたうえで、新型コロナ危機のもとでどのようなマーケティング戦略課題が生じ、いかなる検討が必要になるのかを例示する。読者の方々には、これらの例示を参考に、第3章以降のケースに取り組んで頂きたい。

第3章以降では、6つのケースが収録されている。第3章から第6章までの4つのケースは、新型コロナ危機のなかでの企業のマーケティング意思決定を扱っているが、いずれもマーケティングの新たな傾向に関わっている。具体的には、第3章のヤッホーブルーイングでは、クラフトビールメーカーを題材に、3つのタイプのEC（電子商取引）チャネル、すなわち自社ECサイト、楽天のようなECプラットフォーマー、アマゾン（Amazon）のようなオンライン小売業者の使い分けが論議の対象となる。第4章のコスメネクストでは、化粧品小売業者におけるECサイトと実店舗の役割分担、つまりオムニチャネルのあり方がテーマとなる。第5章のアッシュでは、美容サロンのインターネットを用いたプロモーション活動のなかで、自社サイトと美容ポータルサイト（ホットペッパービューティー）の使い分けが論じられよう。第6章の日清食品では、カップヌードルを対象に、メーカー直販サイト、つまりD2C（Direct to Consumer）への取り組みが論点となる。

これに対して、第7章は、特定の業界を扱った「業界ノート」である。ここでは、カフェ業界という特定の業界が取り上げられ、その状況が、近年カフェ業界でも導入されたサブスクリプションサービスの特性とともに分析の焦点となる。そのうえで、カフェ業界に所属し、サブスクリプションサービスを取り入れた、セイムスカイ（Same Sky）という特定企業のマーケティング意思決定が議論される。

最後の第8章は消費者の行動を扱ったケースである。このケースでは、コロナ禍における実在の消費者の心的状態や行動が記述されている。それは、コロナ禍という異常事態のもとではあるが、ごく普通の消費者のありようである。このありようを素材に、消費者行動理論の理解を深め、それに基づくマーケティングを議論するとともに、ポストコロナの消費者行動を展望することが目指されている。また、新型コロナ危機収束後に、コロナの時代を体感するのにも、このケースは役立つであろう。

本書の標的は、マーケティングを学ぼうと考えている大学院・学部の学生諸君やビジネスパーソンの方々、そして新型コロナ危機に立ち向かい、ポストコロナに備えるために、マーケティングに取り組んでいるビジネスパーソンの方々である。

これらの方々において想定されている本書の使い方は、本書に収録されているケースを用いた、授業、企業研修、社会人向けセミナーである。また、大学の大学院や学部の授業でケースメソッドが用いられるとき、あるいは研修やセミナーでケースメソッドが用いられるとき、それらを本書での予習や復習で補強していくのは効果的なやり方だと思われる。さらに、授業、研修、セミナー以外の場面、つまり講師やクラスメートがいない場面で、一人で本書を読み進むという使い方も考えられる。その場合には、できれば一緒にケースを学ぶ仲間を一人でも二人でもみつけ、本書で示されるような形で分析を進めるとともに、少人数であっても、議論を重ねることが有効である。

本書の執筆に参加した編著者以外のメンバーは全員、かつて慶應義塾大学大学院経営管理研究科（ＫＢＳ）の博士課程において、編著者のゼミに所属し、その後研究者として巣立っていった面々である。ＫＢＳが得意とするケーススタディが、新型コロナ危機に立ち向かい、ポストコロナに備えるための、マーケティングスキルの向上に役立つことを願ってやまない。

最後に、本書の出版にあたって大変にお世話になった、法政大学の西川英彦教授に深甚なる謝意を表する次第である。

２０２１年１月24日

池尾　恭一

ポストコロナを見据えたマーケティング・ケーススタディ

目　次

第2章 新型コロナ危機とマーケティング戦略――21

第1章

ケースメソッドと新型コロナ危機（注1）

1　ケースメソッドとは

ケースとは、ある意思決定主体（例えば企業）が置かれた状況を記述した小冊子である。本書は、新型コロナ危機のもとでの、マーケティングに関するケースを集めたものである。

ケースには、通常意思決定を行う立場にある主人公が存在する。主人公の固有名詞が明示されているか否かは別に、どのような立場の人間が主人公であるかは、明らかになっている場合が多い。そして、この主人公が意思決定を行ううえで必要な情報が与えられている。

ケースを用いた教育方法であるケースメソッドを、経営教育に最初に本格的に取り入れたのは、米国ハーバード大学の経営大学院（ハーバード・ビジネススクール）であった。日本では、筆者が長年所属してきた慶應ビジネススクールが、ハーバード・ビジネススクールとの連携のもと、１９５０年代の半ばから教育に取り入れ、普及に努めてきた。今日、ケースを用いた教育は、日本を含め、世界のビジネススクールでみられるほか、多くの企業や団体の経営者教育、従業員教育で用いられている。とりわけＭＢＡ（Master of Business Administration＝経営学修士）のコースでは、ケースメソッドを取り入れている場合が少なくない。

ケースを用いた授業では、受講者はケースの主人公の立場に立って、ケースで与えられた情報をもとに意思決定を行うことを迫られる。

なお、約束事として、ケースの議論はすべてそのケースで描かれている時点でのものである。ケースが書かれた時点に立って、ケースで与えられた情報をもとに意思決定を行えばよい。「その企業はその後どうなったか」、「その企業はいまどうしているか」といったことを調べる必要は全くない。受講者はケースに書いてあることを読んで、分析すればよい。

受講者はケースを読んだうえで、自ら考え、受講生同士で議論し、さらに講師のリードのもとで議論する。これらを通じて、マーケティングならばマーケティングの考え方、理論、理論と現実の関係などを学び、なによりも意思決定のための考える力を磨くのが、ケースメソッドの目的である。

こうした過程を通じて、マーケティングの理論や手法を学ぶことはもちろん大切である。理論や手法を現実の意思決定との関係のなかで学ぶというのは、身に付きやすいという意味で、有効なやり方である。しかし、本を読んだり、講義を聴いたりというやり方と比べて、ケースメソッドのもっている大きな強みは、考える力を会得しやすいということである。

この考える力は、理論や手法と比べ、時が経過しても陳腐化しにくいという特徴をもつ。理論や手法といった知識は、いかに最先端のものであっても、やがては陳腐化する。しかも、その賞味期限はますます短縮化傾向にある。ケースで身に付ける考える力は、陳腐化していく知

（注1） 本章は、池尾（2015）の第1章に加筆・修正したものである。

識を補い、更新する役割を果たす。
それだけに、ケースメソッドでは、講師が一方向的に講義を行うのではなく、互いに議論し、互いに学び合う過程が重視される。

2 ケースによる授業の進め方

ケースによる授業では通常、「個人研究」、「グループ討議」、「クラス討議」という三つの段階を設ける。

個人研究

第1段階は個人研究である。個人研究とは、受講者個人による予習であり、受講者にはケースを熟読して分析し、意思決定者として結論を論理的に導くことが求められる。ケースには、多くの場合、設問が添付されている。設問がある場合には、この設問に対する答えを用意する形で個人研究を進めればよい。

慶應ビジネススクールやハーバード・ビジネススクールのMBAコースのように、夥しい数のケーススタディを行うときには、設問が添付されないことも多い。その場合は、ケースを読んで、なにが論点になるかを自分で探し出し、それに対する答えを用意しなければならない。

いわば上級編である。

本書に収録されているケースには、すべて設問が添付されている。ケースに設問が添付されている場合であれ、添付されていない場合であれ、個人研究では、ケースで描かれている状況をできるだけ論理的に分析し、自分なりの結論、すなわち意思決定を導かなくてはならない。この分析や結論の導出には、様々な枠組みを用いることもできる。ファイブ・フォーシズ、PEST、3C、SWOT、STP、4P等々である。マーケティングのケース分析で用いる基礎的な枠組みについては、マーケティングのテキスト（注2）を参照されたい。

とはいえ、こうした枠組みはケース分析のための補助的な手段に過ぎず、大切なのは自分なりに論理的に分析し、自分なりに意思決定のための結論を導くことである。論理的一貫性と創造性こそ重視されるべきである。

とりわけ大切なのは、個人研究に続くグループ討議やクラス討議に備えて、「なぜそうした指摘ができるのか（Why?）」、「その結果、なにがいえるのか（So what?）」に常に留意することである。

では、具体的に、どう個人研究を進めればよいか。

（注2）　例えば、池尾（2016）。

まず、ざっと読んで、ケースのあらすじを頭に入れておこう。このざっと読みのときに、設問を睨んでおくと、あらすじを論点との関わりのなかで理解できる。このケースでは、主人公である意思決定者はこういう状況に置かれ、それゆえこういうことを考えながら、こういうことを決めなければならない、といった形での理解である。そうしておけば、意思決定に最も必要な情報はどの辺りに書いてあるか、直接的関連は薄いが多少関わる程度の情報はどの辺りに書いてあるかといったことを掴むことができる。さらに、このいわば鳥瞰図をもとに、状況分析などでいかなる分析枠組みを用いるかの見当を付けておくことも有用である。

次は熟読である。設問に対する解答を準備しながらじっくりと読み込み、推敲を重ね、最終的には解答をまとめ上げる。右記の分析枠組みを用いて状況を分析し、それに基づき種々の代替案を細かく検討するとともに、創造性を発揮して自分なりの結論を導く。ケースメソッドでは、このあとのグループ討議やクラス討議で、自分の考えを他の人に説明する必要があるため、自分の論理と結論を人に伝える方法も考えておくとよい。「例えば」という形で、自分の考えをできるだけ具体的に説明できるよう準備しておくのもひとつのやり方である。

毎日2ケースずつこなしていく、ビジネススクールやセミナーのような場合は、ひとつひとつのケースの準備にそれほど多くの時間を割けないかもしれないが、時間に余裕がある場合は、この熟読の後にさらにもう一度読み直し、自分の分析を再確認しておくと、グループ討議やクラス討議の準備にもなる。

グループ討議

第2段階はグループ討議である。

ケースメソッドでは、授業当日に受講者が集まっても、いきなり全員で講師とともに授業が始まるのではなく、まず4-10名程度のグループを作り、グループ単位で60-90分間事前の議論を行う。これをグループ討議という。

グループ討議には講師は参加しない。ただ、受講者がケース未体験の場合は、グループ討議の前に、受講者全員に対して講師からケースによる授業の進め方について「ケース・オリエンテーション」という形で説明を行うことがある。

例えば、朝9時から10時30分までグループ討議を行い、その後、10時30分から12時まで、講師を交えたクラス討議を行うといった具合である。合宿研修などの場合は、前の晩にグループ討議を行う場合もある。

筆者の経験では、このグループ討議が、ケースメソッドの一連の流れのなかで、きわめて重要な役割を果たす。充実したグループ討議はそれ自体大きな学びを可能にするとともに、その後のクラス討議をより実りあるものにする。受講者同士の学び合いこそが、ケースメソッドの核心だからである。

グループ討議では、この比較的小さなグループで、設問への解答について、議論を戦わせる。

グループ討議の雰囲気は、クラス討議と比べよりインフォーマルで発言しやすいものになるだけに、より活発で密度の濃い議論が可能になる。

しかし、グループは小さくとも、グループ討議の時間は限られている。したがって、受講者は自分が考えてきたことを要領よく他の受講者に伝えなくてはならない。また、他の受講者の考えを知り、他の受講者の考えと自分の考えがどのような関係にあるかを理解し、自分の考えを進化させ、さらにその進化させた考えを他の受講者に伝えるといった過程が必要になる。この過程によって、それぞれの考えが深まり、考える力の醸成が可能になる。

多くの場合、グループ討議では、グループとしての統一的な見解をまとめる必要はない。与えられたグループ討議の時間のなかで、議論すべき議題（多くの場合は設問）について、議論すればよい。その時間のなかで、無理にグループとしての統一見解をまとめようとすれば、思考の深化のための議論が抑制され、思考停止に陥りかねない。

もっとも、場合によっては、この後のクラス討議で、グループ別の発表を行うことがある。グループ発表を行う際のグループ討議では、発表準備が必要であり、そうなると、グループとしての統一見解があったほうが発表しやすい。ただ、この場合でも、無理に統一見解をまとめる必要はなく、両論併記といった形での発表も十分に考えられる。

ビジネススクールの授業のように、グループ討議を行うメンバーが気心の知れた仲ならば、グループ討議の時間に集まってすぐ議論を始めることも可能かもしれない。しかし、セミナーや研修のように、グループ・メンバーが初対面の場合は、なかなかスムースに議論を始めることができないこともある。そうした時には、あらかじめ進行役や時間管理係を決めておくというのも、一案である。また、グループ討議を行う場所に、黒板などがあると、議論を進めやすい。

本書を授業やセミナー以外の場面で、つまり講師やクラスメートがいない場面で読んでいる場合は、一緒にケースを学ぶ仲間をひとりでも2人でもみつけ、前項のような形で分析を進めるとともに、少人数であっても、設問について話し合ってみるのが有効であろう。話し合うことによって、他の人の考えを知るとともに、自分の考えも整理され、この過程でさらに学びが進むことも期待される。

本書を、講師がいない、教室以外の場面で使うというのも悪くない。

クラス討議

グループ討議が終わると、いよいよ講師も加わったクラス討議が始まる。

クラス討議を行う教室は、黒板に向かって座席がコの字型ないし馬蹄形に配置され、座席が奥にいくに従って高くなる、すり鉢型になっているものが多い。ただ、ケースメソッドで使うことを想定していない教室では、すり鉢型教室の準備が難しいため、座席は平面に置かれるが、その場合でもコの字型や馬蹄形の配置が工夫される（図1-1参照）。

図１－１　クラス討議の座席配置の例

出所：筆者作成

クラス討議では、ボードプランに基づく黒板への板書がきわめて重要な役割を果たすため、黒板は、大きさにもよるが、最低４枚は用意される。さらに、ショートレクチャーなどのために、パソコン、プロジェクター、スクリーンを用意するのが普通である。スクリーンは、なんらかの工夫で、使うときに黒板の前か後ろかに出るように設置される。

また、クラス討議では、受講者ひとりひとりの前にそれぞれの名札が置かれ、名前を呼び合って議論が進められることが多い。

クラス討議の最初には、講師からケースについての簡単な説明やケースで扱われる企業や製品などに関する一般的な問いかけが行われる。いわゆる「つかみ」で、受講者の関心を盛り上げ、これから始まる議論に積極的に参加しやすい雰囲気を作るわけである。

例えば、第3章に掲載される『ヤッホーブルーイング』のケースはビールを扱ったケースであるが、この場合ならば、「ビールをよく飲む人は手を上げて下さい」、「どんなビールが好き?」、「クラフトビールは?」といった問いかけから、「ヤッホーブルーイング」に関する議論に入っていくというやり方が考えられる。

本題の議論の進め方には、大きく分けて2つの方向が考えられる。

ひとつは、設問フォロー型で、設問に沿って、講師が質問を投げかけ、議論をリードするというやり方である。設問は、最終的な意思決定へ向けて、想定される分析を辿るものとなるから、議論もこうした方向へ進む。

もうひとつは、オープナー方式で、最初にひとりの受講者に結論とその理由を語ってもらい、そのうえで、「この考えに反対の方?」という形で議論を進め、議論を進める過程で、その背後にある分析を辿り、最後に再び結論に関する議論へ戻るというやり方である。

いずれのやり方が好ましいかは一概にはいえないが、受講者がケースに不慣れな場合は前者で行い、ある程度慣れてきたら後者のやり方を混ぜるというのが、よくみられる形であるように思われる。

いずれのやり方であれ、講師は議論の流れのなかで、論点を整理し、議論を促進し、議論が脱線した時には軌道を修正するなどして、受講者の思考の深化を導き、考える力の醸成と枠組みや理論の理解を図る。講師は最終的意思決定へ向けて議論の流れを作る必要があるが、あまり強引に自らが考えた方向に議論を導こうとすると，受講者を白けさせ，せっかくの議論の深化に水を差すことになる。逆に，受講者間の議論を放置すると，なんの学びもない議論に陥る危険がある。講師は，この辺りのさじ加減を工夫するわけである。

他方，受講者には，グループ討議の場合と同様，他の受講者の考えを知り，他の受講者の考えと自分の考えがどのような関係にあるかを考え，自分の考えを深化させ，さらにその深化させた考えを他の受講者に伝えるといった過程が必要になる。ただ，クラス討議ではグループ討議よりも受講者が多いため，議論の流れに乗って，講師を含めた他者の発言に敏速に反応し，自らの意見を簡潔に述べることが求められる。

クラス討議の進め方としては，上記の2つの他に，発表形式がある。発表形式では，各グループが設問に沿って10－15分程度で発表を行い，それに対してグループ以外の受講者が質問し，講師がコメントする，という形をとる。発表形式では，相対的に講師の関与が少なくなる分，受講者間の自由な議論が喚起され，通常のクラス討議でなかなか発言できない受講者に発言の機会が与えられるなどのメリットも多い。また，発表にエンターテイメント性をもたせる工夫などが行われると，クラスの雰囲気が和み，盛り上がるといった効能もある。ただ，相対的に講師の関与が少なくなる分，講師による司会や各グループに対するコメントなどで，思考の深化のための方向づけがとくに重要になる。

クラス討議の最後に，多くの場合，講師から20－30分程度のまとめのショートレクチャーが行われる。まとめには、講師が考えるこのケースの論点、学ぶべき枠組みや理論、さらに思考を深化させるべき課題などが含まれる。

オンラインによるケース授業

オンラインでのケース授業は既に20年以上も前から行われていたが、近年オンライン会議システムの発展や通信環境の整備とともに徐々に普及し、新型コロナ危機を契機に一気に広がった。

オンライン・ケースメソッドには、オンディマンド型、同時双方向型、混合型があるが、ここでは同時双方向型を想定して解説する。オンディマンド型では、かなり異なった工夫が必要になるがここでは取り上げない（注3）。

ズーム（Zoom）、ウェベックス（Webex）、チームス（Teams）のようなオンライン会議システムを使えば、オンラインであっても、教室での対面型とかなり近い議論と効果が期待される。ただし、オンラインならではのいくつかの注意点がある。

ひとつは、非言語コミュニケーションが行いにくく、対面型のような盛り上がったクラスの雰囲気が醸成されにくいことである。これを補うために有効なのは、クラス討議中に参加者の

（注3）　この点については、Schiano and Andersen（2017）を参照。

だれもが書き込むことができるチャット機能の活用である。クラス討議では、参加者は挙手をしてひとりずつ発言することになるが、オンラインでは発言者以外の参加者がチャットと呼ばれる掲示板に、意見、感想、質問などを書き込むことができる。つまり、講師が司会をする議論の他に、いわばバックグラウンドでコミュニケーションが行われているわけであり、講師はチャットでの発言を適宜取り入れながら、議論を進行することができる。

オンラインで工夫が必要ないまひとつは板書である。教室での対面型クラス討議では、多くの黒板が使用される。オンラインではそれが容易ではない。

オンラインでのケース授業では、板書に関していくつかの代替的な方法がある。ひとつは実際の黒板を使用するというものである。ただ、オンラインで、実際の黒板を多数設置する場合には、カメラ操作担当者を置くとか、複数台のカメラを切り替えながら使用するといった対応が必要になる。これらを避けるために黒板の数を少なくすると、板書の量を減らしたり、板書したものを一旦消してから次の板書を行ったりしなければならない。

板書の方法としては、この他、スタイラスペンを使ってｉＰａｄなどタブレットに書き込むというやり方もある。最近では、紙の上にペンで書くと、それが画面に投影されるというシステムもある。これらのやり方だと、板書された内容が、ページごとに保存されているので、いちいち消さなくても次のページに進んでいくことができるし、前のページに戻ることもできる。

また、書画カメラを用いるという方法もある。通常の書画カメラは、講師の手元の紙に書かれたものを画面に投影するだけのものである。書画カメラがなくとも、スマートフォンやタブレットでも、スタンドさえあれば代用可能である。書画カメラを用いるときは、手元に番号を振った複数枚の紙を用意しておけば、物理的に紙を入れ替えていくことで、複数ページの紙を用いた板書が可能になる。

ちなみに、ズームのようなオンライン会議システムには、ブレークアウト・セッションという機能が備わり、参加者をグループに分割することができるため、グループ討議に用いることができる。

また、LMS（Learning Management System＝学習管理システム）、ならびにドロップボックス（Dropbox）、ワンドライブ（One Drive）、グーグル（Google）ドライブ、iCloudドライブ等々におけるようなクラウド上の共有フォルダを活用することも望まれる。

3　ケースメソッドの意義

ケースメソッドの意義は、先にも述べたように、マーケティングならばマーケティングに関する理論や手法を学ぶとともに、なによりもマーケティングについての考える力を身に付けることである。

ケースメソッドでは、企業が置かれた様々な状況を扱う。しかし、あるケースを勉強したとしても、そのケースと全く同じ状況などあり得ない。

ケースメソッドで特定企業の状況を扱うのは、あくまでも教材としてである。そのため、ケースのなかには、対象企業の秘密保持という理由から、意図的に数字を偽装したり、固有名詞を隠したりすることがある。そうしたからといって、教材としての価値が損なわれるわけではない。

時代的に古いケースも同様である。いかに古い時代を扱ったケースであっても、考え方を深化させる教材として有用な場合は少なくない。

ただ、あまりにも古い技術やインフラを前提としたケースの場合は、受講者が現在の技術やインフラとの間で混乱に陥る場合があり、そうしたケースは避けたほうがよいかもしれない。また、時代的に古いケースについては、受講者が直感的に抵抗を感じることがある。「こんな時代の状況を議論して、現代のマーケティングに役立つ示唆が得られるとは思えない。」といった抵抗感である。

正論としては、そうした不満には講師がケースメソッドの本来の目的を説明して対応すべきである。しかし、マーケティングを学びたい受講者に対して、ケースメソッドの目的についての説明で多くの時間を費やすのは得策ではないかもしれない。そのため、時代的には古いが教材としては出色のケースについては、時代だけを入れ替えて（時期を偽装して）使い続けることも珍しくはない。

ケースの後日談も、ケースメソッドの本来の目的からは、さして意味のあるものではない。とはいえ、口角泡を飛ばして議論を行った受講者が、対象企業が実際にはどのような決定を行い、それによりどのような結果を招いたのかを知りたがるのは無理からぬところである。したがって、まとめのレクチャーのような場面で後日談を紹介するのは、受講者へのサービスとしては悪くない。

ただ、注意すべきは、仮に対象企業がある決定を行って成功したからといって、それが正解というわけではないことである。このことは強調されるべきである。成功したならばなぜ成功したのか、失敗したならばなぜ失敗したのかを、できればクラス討議の内容と関連づけて考えることが望ましい。

新型コロナ危機はマーケティングにとっても未曾有の出来事である。マーケティングへのその影響は計り知れない。それだけに、本書で取り上げるケースは、新型コロナ危機のもとで、マーケティングに関してなにが起こっているのかを示すという役割も担っている。したがって、ケースの議論とは別に、これらのケースに関する後日談の紹介は、受講者の好奇心を満たす以上の意味があるであろう。

しかし、忘れてはならないのは、本書で取り上げたケースの本来の目的は、新型コロナ危機のもとでのマーケティング課題の検討を通して、新型コロナ危機を乗り切り、さらに新型コロナ危機収束後の新たな世界に備えるための考える力を磨き上げることである。

しかも、ケースメソッドの性格を考えれば、そこで培った考える力は新型コロナ危機関連に限定されるものではない。それは、新型コロナ危機と無関係な場面でも、役立つはずである。それゆえ、本書に掲載されたケースは新型コロナ危機のもとでのマーケティング課題を扱ったものではあっても、それらを用いた教育は、新型コロナ危機が収束した後でも十分に有効だと考える。

4 個別ケースから相対感と一般理解へ

ケースメソッドの大きな目的は、考える力を磨き深化させることである。

そのためには、受講者は、個々のケースでの検討や議論に加え、ケース間の関係を考える必要がある。

先にも述べたように、あるケースを勉強したとしても、そのケースと全く同じ状況などあり得ない。つまり、あるケースでの議論をそのまま現実の特定状況に適応できるということはあり得ない。

ではなにが大切かというと、あるケースである議論が行われたときに、なぜそうした議論が成り立ったのかを検討することである。このケースではこういう議論だった、別のケースではこういう議論だった、私の実務経験ではこうだったという、いろいろな状況の間で、相対的な関係を理解することが大切である。相対的な関係が分かってくると、このケースでなぜこういう議論が成り立ったかという条件が分かってくる。ケースとケースの相対的な関係、そして、このケースの議論が成り立つ条件はなにかを考えていくことが重要である。

相対感や条件理解が進むと、やがて一般的な理解が生まれてくる。一般的な理解のもとで、この場合にはこういう議論が必要だと考え出す力を醸成するのが、ケース教育の最終的な目標であろう。

もちろん、ＭＢＡの２年間でケース漬けになったとしても、ましてや数回のケーススタディで、このような考える力を身に付けることができるわけではない。しかし、たとえ数回のケーススタディであっても、考える力を醸成する出発点には立てるわけで、そのケーススタディをきっかけに日々の生活のなかでさらに考える力の醸成を心掛けていけば、いつしか一般的な理解に辿り着くものと期待される。

本書の意図も、そうした考える力を醸成する出発点の提供にある。

相対感の醸成はとくに重要である。例えば、特定の企業で働いているときに、その現状を他の状況との対応で相対化することができれば、一体なぜ現状が成り立っているのか、現在のやり方を成り立たせている条件はなになのかを考えることができるようになる。裏返せば、現状が成り立たなくなる条件、つまり現状否認の可能性への思索である。物事の仕組みを理解して、一体なにが変わり、なにが変わらないのかを考えていく能力は、こうして身に付いていくものと思われる。

あるいは、日本のグローバル化といったときに、最も重要なことは、グローバルな文脈のなかで日本の相対的な立ち位置を理解することである。日本の立ち位置を相対化したなかで、グローバル感覚も生まれてくる。ケースメソッドには、こうしたグローバル感覚を養うという効果も期待できる。

新型コロナ危機は、いくつかの場面で、従来のマーケティングのやり方を成り立たせてきた条件を消滅させ、新たなマーケティングのやり方を成り立たせる条件を生み出している可能性が少なくない。本書で取り上げたケースの分析、討論、推敲を繰り返すことにより、そうした条件とマーケティングのやり方の関係についての感覚を磨き上げることが望まれる。その結果として、自らが置かれている状況で一体なにが起こり、いかなる道へ進むべきかを、見極めることが可能になるものと思われる。

第2章

新型コロナ危機とマーケティング戦略

新型コロナの影響は、短期、中期のみならず、長期にも及ぶものと思われる。短期的・中期的には、コロナのもとで、いかにビジネスを継続し、さらに新たなビジネスチャンスを捉えるかが課題である。そこで求められるのは、ウイルス感染のリスクを避け、安全、安心を確保したうえで、できるだけ快適な生活を提供することである。

これに対して、長期的には、短中期の経験に基づく、様々な進化を見極め、それを組み込んだ最適なマーケティング戦略を策定しなければならない。以下では、まず分析の鍵となる、マーケティング戦略とはいかなるものかを解説したうえで、新型コロナ危機のもとでの、いくつかの典型的なマーケティング戦略課題パターンを取り上げ、それに対していかなる検討が必要になるかを考えていこう。

1　マーケティングとマーケティング戦略

マーケティングとは

例えば、あなたが、テレビ広告で興味を引かれたインスタントラーメンをコンビニの店頭でみつけ、価格も手ごろなので、試しに買ってみたら、その味がすっかり気に入って、また買いに行ってしまったとしよう。現代社会におけるこのような状況は、当該インスタントラーメン・メーカーのマーケティング活動による部分が少なくない。

インスタントラーメン・メーカーの観点から，こうした状況を作り出すためには，例えば，標的となる顧客を見定め，その顧客が特定の状況において気に入りそうな製品の開発をするというのは効果的であろう。また，その製品の出荷価格やメーカー希望小売価格をいかに設定するかも，重要である。さらに，その製品の存在を標的となる消費者に知ってもらうために，色々な広告を行い，コンビニをはじめ，この製品を売るのに適切な小売店で取り扱ってもらえるよう，手配する必要もある。

このような種々の手段（マーケティング手段）を動員して，販売を体系的・効率的・効果的に支援するのがマーケティングである。かのドラッカーの言葉を借りれば，「マーケティングの目的は，顧客について十分に理解し，顧客に合った製品やサービスが自然に売れるようにして，セリングを不要にすること」，なのである（Drucker 1974）。

もちろん，ここでいうセリングとは，「販売」ではなく，「売り込み」といったニュアンスである。つまり，無理して売り込まなくとも自然に売れていくような「仕組みや仕掛け」こそが，マーケティングなのである。

マーケティング手段は，4Pで知られる，製品（Product），価格（Price），プロモーション（Promotion），流通チャネル（Place）の四つのカテゴリーに分類される。また，マーケティング手段の組み合わせは，マーケティング・ミックスと呼ばれる。

マーケティング戦略

マーケティングを実施していくためには、市場環境（市場標的）や競争環境といった外部環境をできる限る正確に把握したうえで、そうした環境へのマーケティング・ミックスの適応を方向づける枠組みが必要になる。これがマーケティング戦略である。

マーケティング戦略とはなにかについて、最もよく知られている枠組みはＳＴＰと呼ばれるものである（Kotler and Keller 2006）。ＳＴＰとは、市場細分化（Segmentation）、標的設定（Targeting）、ポジショニング（Positioning）の頭文字をとったものである。

マーケティング戦略においては、まず、市場機会が識別されなければならない。つまり、どこにビジネスのチャンスがあるかの識別である。

そのうえで、対象となる市場のなかで、競争上の優位性という配慮を踏まえながら、どの部分を標的とするかが決められなければならない。

そのために、マーケティング戦略では、なんらかの基準によって、多様な購買がそれぞれのなかでは相対的に同質的ないくつかのグループ（セグメント）に区分される。すなわち、買い手のニーズは様々であろうし、同じ買い手であっても、場面によってニーズは異なる。こうした多様な購買をいくつかのセグメントに分けて、セグメントごとにマーケティング手段を適合させていくというのが、市場細分化の考え方である。

市場細分化では、なんらかの基準によって市場がいくつかのセグメントに分けられる。例えば、年齢によって市場をいくつかのセグメントに区分する、どこに住んでいるか（地理的特性）によって市場をいくつかのセグメントに区分する、どのようなライフスタイルをもっているかによって市場をいくつかのセグメントに区分する、といった具合である。

市場を細分化したうえで、当該マーケティング・ミックスにおいて標的とすべきセグメント（市場標的）が選択される。市場細分化の結果作られたいくつかのセグメントのなかで、どれを選ぶかの標的選択基準としては、それぞれのセグメントにおけるニーズの性格や競争の程度、それぞれのセグメントに対応する際の必要資源、社内外に有する強み・弱み、収益性、企業目標との関連、といった要因があげられる。

次はポジショニングである。ポジショニングとは、標的となるセグメントの顧客に提供される、差別的な価値の設計である。差別的な価値とは、ライバルが提供する価値とは異なる価値という意味である。差別的価値の提供は、いかなる差別的価値を提供するか（提供価値）、いかに価値を差別的方法で提供するか（提供方法）に分けることができる。例えば、QBハウスという廉価・短時間を特徴とする理美容チェーン店を例にとると、廉価・短時間での「手軽な理髪」というのが提供価値であり、それを実現するための独自の理髪のやり方や様々な設備・機器・備品が提供方法である。

図２－１　STPと選択内容

STP		選択内容	
S	市場細分化	市場標的	だれに
T	標的設定		
P	ポジショニング	提供価値	なにを
		提供方法	いかに

出所：筆者作成

マーケティング戦略策定のガイドライン

ＳＴＰの枠組みによって、だれに対して、いかなる価値をいかに提供するかが方向づけられる（図２－１）。こうした価値を実現するための具体的計画がマーケティング計画であり、その内容は４Ｐの組み合わせとしてのマーケティング・ミックスとして示される。あるいは、この枠組みによって、差別的優位性という観点から、マーケティング・ミックスに一貫性が提供されるといってもよい。

一般に、市場標的の設定や提供価値・提供方法のあり方には、膨大な可能性が存在し、新規性や独自性が重要な役割を果たす。マーケティング戦略策定にはクリエイティブな要素が強い、つまり創造的な思考が求められるというのはそのためである。

ただ、マーケティング戦略策定にはクリエイティブな要素が強いといっても、そこには一定のガイドラインはある。具体的には、（１）標的の絞り込みによる方法、（２）コスト・リーダーシップを目指す戦略、（３）競合他社との間に、顧客にとって意味のある違いを作り、独自の魅力をもって競争優位を目指そうという差別化戦略が知られている（Porter 1980）。

競争優位の源泉としての標的選択

差別的な価値提供の第1の方法は、市場標的の絞り込みによるものである。特定の市場セグメントに焦点を当て、そこに経営資源を集中させることによって、競争優位を確保しようという戦略である。つまり、市場標的の設定そのものが、競争相手に対して有利な立場をもたらすというわけである。

また、提供価値や提供方法に、一方を追求すれば他方が犠牲になるという、トレードオフの関係が含まれる場合には、資源や能力に独自性がなくとも、提供価値や提供方法の独自性、すなわち独自ポジションによる競争優位が期待できる。

例えば、多くのパソコンメーカーが販売会社や小売店を経由した間接流通を行っているとき、デルコンピュータのように、間接流通を放棄して、直接販売のみに集中すれば、間接流通における販売会社や小売店への気兼ねがない分だけ、競争上優位な立場に立てたわけである（注1）。

（注1）　これはデルコンピュータの成長過程のやり方で、市場地位を確保してからの同社は小売店経由の販売も行っていた。

コスト・リーダーシップ戦略

次に、ライバルが追随できないような低コストを目指すコスト・リーダーシップ戦略とは、経験効果（ある製品の単位当たり費用が、事業を始めてからの累積生産量が増すほど経験が蓄積されて、低下していくという効果）や規模効果（ある製品の単位当たり費用が、その操業規模が拡大するにつれて低下していくという効果）の活用、有利な原材料の確保等々、あらゆる面でコストの削減に努め、競合他社と比べ、コスト面での競争優位を確立していこうという戦略である。また、低コストを実現するための製品設計や工場配置、あるいは部品の共通化や幅広い顧客標的範囲が重要になる場合もある。

コスト・リーダーの地位を確保すれば、収益力の向上は言うに及ばず、顧客からの値引き要求や供給業者からの値上げ要求にも対応力を増す。

しかし、コスト・リーダーシップを有したからといって、品質やサービス水準が他社に劣ってよいということはないであろう。品質やサービス水準で劣ると、より低価格での販売を余儀なくされ、せっかくのコスト優位が利益に反映されなくなる。ただ、コスト・リーダーシップ戦略においては、他社と同等以上の品質やサービス水準は求められるものの、方向性はあくまでも、他社を凌駕するコスト地位であり、そうしたコスト地位を可能にする強みの構築がなによりも重要になる。

差別化戦略

３つ目の差別化戦略とは，競合他社との間に，顧客にとって意味のある違いを作り，独自の魅力をもって競争優位を目指そうという戦略である。差別化の手段には，製品の品質・特徴やデザイン，ブランド，顧客サービス，流通チャネルなど，様々なものが考えられる。近年ではとくに，機能面での差別化が行き詰まることも多く，製品がもっている情緒的価値（思い入れや愛着といった要素に基づく，機能的価値を超えた価値）や自己表現価値（製品を消費することで，自分自身もしくは理想的な自己イメージを表現できることによる価値（Aaker 2014））にも注目が集まっている。差別化戦略では，これら差別化次元のひとつあるいは複数において，他社の追随を許さない魅力が必要になる。また，標的を絞り込み，その標的にのみ魅力ある製品やサービスを提供するというやり方もありえる。

差別化戦略で成功し，顧客に独自の価値を提供する企業であると認識されれば，顧客の価格感度は低下して，支払い意思価格（Willingness To Pay＝WTP）が高まり，割増し価格の設定が可能になる。また，場合によっては，顧客が継続的に購買するという，ロイヤルティの形成，さらには他の人々への推奨などをもたらす好意的な態度の形成も可能になる。

それだけに，差別化戦略も収益性の向上を可能にするが，いかに差別化に成功し，顧客の支持を得たからといっても，顧客はそのために「金に糸目を付けない」ということは考えられない。つまり、差別化戦略においてもコスト削減努力は重要である。通常、差別化には割増しコストが必要であり、その割増しコストによってそれ以上の割増し価格が実現されなければ、差別化戦略としての成功は難しいわけである。

独自資源・能力と市場標的

マーケティング戦略の形成にあたっては、採用される提供方法が、他社の模倣・追随が困難な独自の資源や能力に基づくものであるほど、単に市場標的や提供価値において隙間を突くだけの場合と比べて、持続的競争優位に基づく成果も大きなものになる。つまり、独自資源や独自能力は、競争優位性の基盤として作用する。

しかし、いかに独自の保有資源や能力に基づいて製品を送り出しても、その製品に価値を認める市場標的が限られたものであるならば、あるいは市場標的にとってのその価値が小さなものであるならば、大きな成果を上げることは困難である。したがって、とりわけ独自な資源や能力を有する場合は、それらと市場標的とのマッチングがマーケティング戦略にとって重要な課題となる。つまり、そうした資源や能力によって生み出される製品にいかなる価値を見出すかは顧客の間で同じではないはずであり、その価値が最も大きくなる顧客を探し出し、標的とすることが、マーケティング戦略においては大切になる。

2　オンライン商談とマーケティング戦略課題

新型コロナ危機とオンライン商談

インターネットのようなコンピュータネットワーク上の取引である、電子商取引（Electronic Commerce＝EC）においては、アマゾン（Amazon）にみられるようなオンライン小売業者が従来から大きな割合を占めてきた。新型コロナ危機にあたって、アマゾン型オンライン小売業者が存在感を増したのはいうまでもないが、それに加えて別の形態も目立ってきた。それらは、新たな形態というわけではないが、従来は散見される程度であったものが、より広い範囲に普及することになった。

そのなかでも注目されるひとつが、ズームのような、オンライン会議ツールを用いたオンライン商談（接客）である。

例えば、住宅メーカーの積水ハウスや大和ハウス工業は電話やオンライン会議ツールを使って、顧客との打ち合わせを行っていた。住宅の打ち合わせでは、VR（仮想現実）の活用や離れた家族が参加できるといったメリットもあり、オンライン接客は新型コロナ危機収束後も有望視されていた（『日経産業新聞』2020年5月26日）。

生命保険でも、第一生命やアフラックなどで、オンライン接客への動きはみられたし（『日本経済新聞朝刊』2020年6月22日：『日本経済新聞朝刊』2020年6月29日：『日本経済新聞朝刊』2020年10月1日）、保険の窓口グループも、契約までの事前説明をオンラインで行うという取り組みを始めていた（『日本経済新聞夕刊』2020年6月22日）。この他、化粧品（『日経速報』2020年7月1日：『日本経済新聞朝刊』2020年9月17日）、オーディオ機器（『日経MJ』2020年7月17日）、マンション（『東洋経済』2020年7月4日）、スーツ（『日本経済新聞朝刊』2020年7月14日：『日経MJ』2020年8月26日）、百貨店（『日経MJ』2020年10月7日）などでも、同様の傾向が指摘されていた。さらに、工作機械（『日経ビジネス』2020年4月27日）や医家向け医薬品（『日本経済新聞朝刊』2020年6月22日：『日本経済新聞朝刊』2020年8月6日）といったB2B（Business to Business）の分野でも、オンライン商談への傾向はみられた。

こうした例は枚挙に暇がないが、これらの多くは、新型コロナウイルス感染症を回避するために、半ば強制的にオンラインに向かった、あるいはオンラインへの動きを加速させたものであった。つまり、周到なマーケティング戦略と実行計画のもとで行われた動きではなく、突発的な環境変化のためにやむを得ずとった動きであることがほとんどであった。そうである以上、この動きと一貫した形で、他の企業活動も調整していかなければならない。

マーケティングの観点からいうならば、外的な制約によりマーケティング・ミックスの一部の変更を余儀なくされたわけである。そうであるならば、この変更に応じて、一貫性を維持した形でマーケティング戦略全体を修正し、さらにそれに基づいて、他のマーケティング・ミックス要素を調整していかなければならない。

しかも、オンライン接客は、マーケティング・ミックス要素のなかで模倣するのも変えるのも最も困難だとされてきた流通チャネルに関わる。とりわけわが国では、過去において、優れた囲い込み流通チャネルが「鍵となる成功要因」になるケースが少なくなく、そこに量販店のようなあるいはオンライン小売業者のようなオープンなチャネル（特定メーカーに偏らない品揃えを有する）が登場することにより、企業間の競争地位が大きく変化するというケースが、これまた少なくなかった。それだけに、オンライン商談への傾向は、新型コロナウイルス感染症回避という短期的な傾向にとどまらず、わが国におけるマーケティングのあり方や企業間の競争地位にまで大きな影響を与えかねない（池尾 2003）。

例えば自動車の場合、オンライン商談は、新型コロナ危機のもとで世界を見渡せば珍しいものではなくなった（『日経ビジネス』2020年6月1日）。そこで問題となるのが、オンライン商談・販売におけるディーラーの役割である。オンライン商談をするのであれば、メーカーと消費者の間にディーラーが介在する余地は小さくなる。オンライン商談を前提とするならば、販売をメーカーからのオンライン直接販売に一本化するというのが効率的なのかもしれない。しかし、そうすればディーラーの役割は低下するわけで、ディーラーからの反発は避けられない。つまり、既存のディーラー・ネットワークが強力であるほど、ディーラーに不利益になる新規流通チャネルの採用は難しくなる。

一般に、新しいタイプの流通チャネルが登場してきたとき、既存の流通チャネルが充実しているメーカーほど既存チャネルのしがらみゆえに新規チャネルへの対応が遅くなり、既存チャネルのしがらみが少ない新興企業ほど対応が早くなる傾向にある。過去を振り返れば、こうした新たな流通チャネルの登場がメーカー間の競争地位を逆転させるといった事例は多い。

自動車メーカーのケース

そこで、架空の自動車メーカーを想定し、オンライン商談の登場を巡っていかなる論点と検討がありうるのかを考えてみよう。

日本の自動車業界では、いまだ囲い込み（特定メーカーの製品しか扱わない）の流通チャネルが存在する。

まず、わが国の自動車業界において、囲い込みとはいえ、メーカー直販ではなく、多くのディーラーが存在する理由を考えてみよう。小売店は消費者に販売するため、売上はその小売店に来店しうる消費者の数によって制約される。つまり、ひとつの小売店が吸引できる顧客は一定の空間的範囲内に限られる。したがって、メーカーが自ら全国をカバーしうる小売店網を作るためには、多数の小売店が必要になり、膨大な固定費がかかる。

また、各地のディーラーの多くは、それぞれの地方の独立の企業であり、それだけに、地域に根ざした人間関係を武器とした販売力を有する。また、資本構成にもよるが、旺盛な企業家精神が期待できる場面も少なくない。

これに対して、メーカーが消費者に直接販売すれば、最終的に消費者に製品が販売される小売段階を直接のコントロール下に置くことができるわけで、それにより、最終消費者に関するよりよい情報も得ることができる。また、小売マージンを自ら手にすることができる。

インターネットの登場はメーカーと消費者の直接的な接触を容易にしたが、自動車のような商品の場合はやはり顧客と営業担当者との双方向個別の直接的やりとりが必要であることが少なくなく、そうなるとやはり全国への拠点展開が不可欠であった。オンライン商談の登場は、試乗の方法などで工夫が必要とはいえ、これをメーカー自らが行うことを可能にした。

とはいえ、消費者への販売経験に乏しいメーカーがそれを自ら行うことが合理的なのであろうか。どのような場合に、どのような形で、メーカーが自らオンライン商談に乗り出すのが望ましいのであろうか。この状況において、どのようなマーケティング戦略の方向が考えられるであろうか。

話を単純にしておくために、あるメーカーの新規事業としての自動車の販売を想定しよう。

この想定のもとで考えられるひとつは、例えば高級ＥＶ車メーカーのテスラのように（Korosec 2019）、標的とする消費者の特性がオンライン販売に適していると判断できるならば、敢えて流通チャネルをオンラインの直接販売に絞り、直販ならではの方法で、直販ならではの価値を提供するという可能性が想定できる。マーケティング戦略の観点からいうならば、標的の絞り込みによる競争優位の追求である。ここでは、標的に合致した直販ならではの価値とはどのようなものかが重要な議論のテーマとなる。

また、コスト・リーダーシップ戦略ということで、価格感度の高い層に標的を設定し、流通コストの徹底的な節約のうえで低価格を目指すという戦略も考えられる。この戦略では、コスト削減のために、どのような方法を採用するかが検討の対象になろう。

これに対して、既存の流通チャネルをもつメーカーの場合は話がやや複雑になる。

ここでは、2つの論点が考えられる。ひとつは、メーカーが消費者に直接販売する直接流通をなんらかの形で採用すべきか、そしていまひとつは、もし採用するのであればどのような形で採用すべきか、である。

一般に、顧客の判断力が低く、営業担当者との人間的なつながりが重視されるほど、商談の部分は経験豊富なディーラーに委ねるのが効果的になる。また、既存ディーラーが質の高い多数の営業担当者を抱えているほど、商談の部分はディーラーに委ねるのが効果的であろう。

しかし、顧客の判断力は長期的には上昇傾向にある。したがって、長期的にはオンラインでの商談や販売への傾向が見通されるのであれば、メーカーとしての直接販売の実績作りやノウハウの蓄積は必要という考え方もあり得る。そのため、既存のディーラー・ネットワークを強みとしたリーダー企業であっても、オンライン商談の中心は既存ディーラーに任せつつも、特定顧客向けの部分、特定車種の部分、特定契約形態の部分について、自らオンライン商談に乗り出すという判断はありうる。この場合も、どのような標的にどのような価値を提供するのかのマーケティング戦略としての検討が行われることになろう。

また、いずれにしても、メーカーがオンライン販売に乗り出すのであれば、既存ディーラーの既得権益を侵害することになるので、いかにWin-Winの関係を築きあげていくかが課題となる。

逆に、既存チャネルが弱いのであれば、なんらかの顧客を重点標的として捉え、そこに向けて、メーカーならでは価値の提供を武器に自ら積極的にオンライン商談に乗り出すというマーケティング戦略も考えられる。とくに、市場地位が二番手以下の企業で、トップ企業が優れたディーラー網を強みとするならば、オンライン商談の本格化を差別化の好機と捉え、それに適したセグメントから切り崩しを図るというのは効果的かもしれない。この戦略のもとでは、切り崩すべきセグメントを選択するとともに、そのセグメントに適した提供価値とそれに応じた4Pが検討されなければならない。

要は、環境の急変で半ば強制的にオンライン商談が始まり、それに本格的に取り組むのに際し、自社の強みや弱みを踏まえながら、市場標的ごとにそれぞれの特性に応じたオンライン商談導入のマーケティング戦略を策定することである。そこで、重要な役割を果たすのが、競合企業と比べた既存ディーラーの力、ならびに各ターゲットにおける顧客判断力である。これらに応じて、マーケティング戦略を策定し、そのうえで、このマーケティング戦略を達成するための4Pが決定されよう。そうした4P決定のなかの流通チャネル政策に関する議論において、いかにディーラーとの友好な関係を維持しながら、このあるべき姿に移行するかが検討されることになるであろう。

ちなみに、現実には、オンライン商談を含め日本での自動車販売はディーラーが担当しているが、メーカーも、例えばトヨタは、定額制のサブスクリプションサービス（注2）をインターネットで直接受け付け、納車やサービスのみディーラーに委ねていた（『日経ビジネス』2020年6月1日）。また、日産も、サブスクリプションサービスの「クリックモビ（ClickMobi）」で、試乗やサービスなどでディーラーと連携しながらも、インターネットによる直接の受付を行っていた（『日本経済新聞朝刊』2020年7月14日）。

D2Cの台頭

こうしたメーカーの動きは、電子商取引に関するいまひとつの注目すべき傾向としてのD2C（Direct to Consumer）と軌を一にする。

もともとインターネット上では、だれもが最終消費者へ販売することが可能であるため、メーカーがそれを行うケースは珍しくなかった。これらも広い意味では、D2Cと呼んでよいかもしれない。しかし，流通業者経由の間接流通チャネルを有するメーカーは，オンラインでの直接販売が間接流通チャネルに不利益をもたらし，かれらの反発を呼ぶために，販売製品を分けるなど，衝突回避のための方策を巡らしてきた。

それが，近年は，新興企業を中心に，単に消費者に直接販売するだけでなく，自社サイトやSNS（Social Networking Service）などを用いて，消費者との間で密接なコミュニケーションを図るといった形がみられるようになってきた。典型的には，顧客との継続的な接点の維持により，顧客ニーズを継続的に把握し，それを顧客への提案や製品開発に活かすといった姿である。

ここで注目すべきは，オンライン上でやりとりされる書き込みの，性格の変化である。インターネットの登場によって多くの人々が書き込みを行い，それを他の人々が閲覧するという形でコミュニティが形成されるようになった。ただ，パソコンを前提とした当初のコミュニティにおいては，ややもすると書き込みは高関与の人に偏る傾向がみられた。例えばカメラについてのコミュニティであれば，投稿される情報は，マニアックで，カメラに対する関与が高い人向けで，一般消費者のニーズから乖離したものになる傾向があった（池尾２００３）。

それが，スマートフォンを主流とするSNS，とりわけインスタグラム（instagram）にお

（注２）　定額料金を支払うことにより，一定期間製品やサービスを利用できるようにするサービス。NetflixやApple Musicが有名であるが，自動車のような耐久消費財でも行われている。

いては、より関与の低い、言葉を換えていえば普通の消費者が、気軽に投稿するだけに、そこで得られる情報は、一般消費者のニーズにより合ったものになったと考えられる。もちろん、頻繁に投稿を行うインスタグラマーは、より多くのフォロワー、より多くの「いいね」を得ることへの関与は高いかもしれないが、そのためにはいっそう一般の人々のニーズに寄り添う必要があるわけであった。

その結果、インターネット上でやりとりされる情報が人々の購買行動に及ぼす影響も大きくなり、そのこともD2Cには、追い風になったものと思われる。

ショピファイ（shopify）やベイス（BASE）のように、メーカーのD2C進出を容易にするプラットフォームの存在も見逃せない。例えば、ショピファイは、D2Cを目指すメーカーに、ECサイトの構築、顧客管理、決済システムなどを、きわめて安い料金で提供するとともに、楽天と提携し、これらの企業が楽天に出店することも可能にしていた。ショピファイやベイスにサポートされたD2C企業は以前から存在していたが、こうしたプラットフォームの存在感を一気に高めたのはやはり新型コロナ危機であった（『日経MJ』2020年6月26日）（注3）。

例えば、益子焼で知られる栃木県益子町では、作家と顧客の商談の場である「陶器市」の開催が新型コロナ危機で困難であったため、ショピファイのプラットフォームを使ってウェブ陶器市を開催したところ、盛況を博し、しかも遠隔地からの購入者も多かったという（『日本経済新聞地方経済面北関東』2020年9月済新聞地方経済面北関東』2020年5月12日：『日本経

4日)。

この他、化粧品、アパレル、食品など様々な分野で新興企業が相次いでD2Cを取り入れたマーケティングを展開していた(注4)。それだけに、既存メーカーとしても、いつまでも手をこまねいているわけにはいかないであろう。

実際、既存企業のなかにも、例えばオンワードは試着専門の店舗を出店する一方で、注文は直販サイトで受けるという仕組みに取り組んでいた(『日本経済新聞朝刊』2020年10月21日)。さらに、ナイキ(『日経MJ』2020年6月19日)や日清食品(『日経MJ』2020年7月31日)など、D2Cに力を入れている企業は少なくなかった。

既存企業がこうしたD2Cに進出する際に留意すべきは、なぜいまD2Cが広まっているのかである。それには、様々な事情がかかわっているのであろう。益子焼の例では、新型コロナ危機により通常の商談の場が失われたからであった。また、ショピファイやベイスといった、サポート企業の存在も不可欠であった。これらは、ともに供給側の事情である。

さらに、消費者を取り巻くコミュニケーション環境が、スマートフォンとSNSの普及によ

(注3)　D2Cでは、いわばショールームとして、実店舗を期間限定で展開するという場合もみられた。例えばBASEは、そのための期間限定実店舗提供サービスを提供していた(『日経MJ』2020年6月26日)。

(注4)　例えば、『日経MJ』2020年6月26日:『日本経済新聞朝刊』2020年7月6日:『日本経済新聞朝刊』2020年8月7日:『日経MJ』2020年8月14日:『日経MJ』2020年8月19日:『日経MJ』2020年11月2日などを参照。

り激変し、その新たなコミュニケーション環境がD2Cとの親和性が高いということも指摘されなければならない。

しかし、マーケティングの研究・実務双方の観点から、より重要なのは、消費者のニーズがいかに供給の仕組みが整ったからといっても、需要のあり方次第によって、とるべきマーケティング戦略は異なったものになる。

「ロングテール」(注5)ともいいうるD2Cのあり方と対応したものになっているかである。いかに供給の仕組みが整ったからといっても、需要のあり方次第によって、とるべきマーケティング戦略は異なったものになる。

標的とする市場の大部分において、消費者がロングテールに見られるような極端に多様化した好みをもち、SNSのようなコミュニケーション手段を重視するということになると、既存メーカーとしても、抜本的な流通チャネル改革、ひいてはマーケティング戦略革新が求められる。

こうした状況においても、間接流通チャネルを有する既存メーカーとして、間接流通チャネルとD2Cをいかに矛盾なくマーケティング・ミックスのなかに組み込み、競争地位を高めていくかは、重要な戦略課題になるであろう。

3　オムニチャネルの新展開とマーケティング戦略課題

新型コロナ危機のもとでのオムニチャネル

消費者との接点に関しては、新型コロナ危機により、オンラインと実店舗を融合する試みも活発化していた。オムニチャネルである。

オンラインと実店舗をシームレスに連動させるというオムニチャネルの考え方自体は以前から注目されていた。その重点は、店舗の物流拠点化と専用アプリであった。前者には、店舗から の配送とクリック・アンド・コレクト（注6）が含まれる。クリック・アンド・コレクトとは、

（注5）　ある小売業者について、縦軸に売上げ、横軸に左から売上高が多い順に品目を並べると、右下がりの曲線が描かれる。この曲線は右へいくに従いゼロに近づく。この部分がテールである。アマゾンのような書籍（電子書籍を除く）のオンライン販売で、在庫を集中させ、膨大なタイトル数の販売が可能になると、テール部分が長く伸びていく。これがロングテールである。また、音楽のように、デジタル化された商品の場合は、在庫費用は事実上ゼロに近く、ロングテールはさらに長くなる（Anderson 2006）。
取扱い品目数が限られた小売業者においては、効率性の観点から、品揃えを売上高の多い品目（ヘッド）に絞らざるを得ないが、在庫費用が大幅に削減され多様な品目の取扱いが可能になると、従来はやむなくヘッド品目を購買していた需要が多様な品目に向かっていくことがある。D2Cはそうした多様化した需要に対応したものである可能性もある。

（注6）　BOPIS（Buy Online Pick-up In Store）ともいう。

オンラインで注文した商品を店内や専用駐車スペースで受け取るというものである。また、専用アプリは、実店舗内での買い物利便性の向上をめざしたものであった。このオムニチャネルが、一気に重要性を高めたのは、やはり新型コロナ危機による制約であった。

例えば、ザラ（ZARA）は、新型コロナ感染症のため、店舗に行きたくないとか店舗滞在時間を短くしたいという顧客の要望に応えて、電子商取引に注力し、オンラインで注文すると近隣店舗から発送する仕組みを作ったり、アプリや電子商取引サイトで見つけた服の店舗での試着をオンライン予約できるようにしたりしていた（『日経ビジネス』２０２０年６月22日：『日経ＭＪ』２０２０年８月14日）。

新型コロナ危機のなか、消費者との間にオンラインと店舗の双方の接点を有するという強みを活かして業績を伸ばしていたのは、アメリカの大手小売企業のウォルマート（Walmart）であった。

ウォルマートに代表されるアメリカの大手小売企業は、新型コロナ危機以前から電子商取引とともに、オムニチャネルには力を入れていた。ウォルマートの場合は、生鮮食品を扱い、オンライン対応店舗数の多さや価格の安さもあって、新型コロナ危機に際して大きく業績を伸ばした。その背景のひとつは、消費者が生鮮食品を必要としているにもかかわらず、店舗には行きたくないという状況において、店舗からの宅配や店舗での受け取りが好まれたからであった。つまり、多数の店舗を物流拠点として活用したわけである。

オンライン小売業者は、少数の物流センターに在庫を集中させることにより、ロングテールと呼ばれる数多くのニッチ商品の取扱いを可能にしてきた（Anderson 2006）。しかし、少数の物流センターへの在庫の集中は、消費者までの平均的な配送距離と配送時間を長くし、生鮮食品のような鮮度が求められる商品では不利になる。そのため、オンライン小売業者の代表格であるアマゾンにしても、生鮮食品の物流に力を入れていたが、新型コロナ危機の段階では、ウォルマートが有利な状況であったといわれていた（『DIAMOND Chain Store』２０２０年５月15日：『日経ビジネス』２０２０年６月１日）（注７）。

こうした動きは、日本でも例えばイオンや西友にみられるように、急速な広がりを示していた（『日本経済新聞朝刊』２０２０年８月７日：『日経ＭＪ』２０２０年11月６日）し、セブン‐イレブンをはじめとするコンビニも、店舗からのスピード宅配を始めていた（『日本経済新聞朝刊』２０２０年９月10日』）。

（注７）　アメリカでは、アマゾンも傘下のスーパーマーケットのホールフーズ・マーケットの店舗を活用したり、小型の配送センターを１５００カ所追加したりといった対応に乗り出していた（『日経ＭＪ』、２０２０年８月31日：『日経ＭＪ』、２０２０年10月11日：『日経ＭＪ』、２０２０年12月25日）。また、同社は、日本ではライフコーポレーションと提携し、生鮮品のオンライン販売に取り組んでいた（『日経ＭＪ』、２０２０年７月20日：『日本経済新聞朝刊』２０２０年９月１日）。

総合量販店チェーンのケース

では、このようなやり方がどのような場合に有効になるのかを、架空の総合量販店（GMS＝General Merchandise Store）チェーンを例にとって考えてみよう。

この総合量販店は、首都圏を中心に300店舗ほどをチェーン展開していたが、新型コロナ危機のなか、アマゾンなどオンライン小売業者が売上を伸ばしているのに対し、売上の伸び悩みに直面していた。この状況を打破するために、オンライン販売を強化しようとしたとき、アマゾンのように在庫を物流センターに集中させたほうがよいのか、ウォルマートのように店舗を物流拠点として活用したほうがよいのか、いずれであろうか。

状況を整理するために、2つの極端な案、すなわちすべてを物流センターに集中させる案と、すべてを店舗から発送する案を考えてみよう。現実的には、両者の組合せになるのであろうが、どのような組合せが望ましいのかを検討するためには、こうした極端な案を分析するのが分かりやすい。

まず、在庫をすべて物流センターに集中させれば、在庫や配送の効率を追求できるとともに、集中在庫のメリットを活かして、ロングテールを構成する、多様な品目を取り扱うことが可能になる。つまり、このやり方のメリットは、低コストと豊富な品揃えである。戦略的には、このやり方のなかで、コスト・リーダーシップを追求するのか、ロングテールによる差別化を追

図2-2　スピード・コスト・品揃え

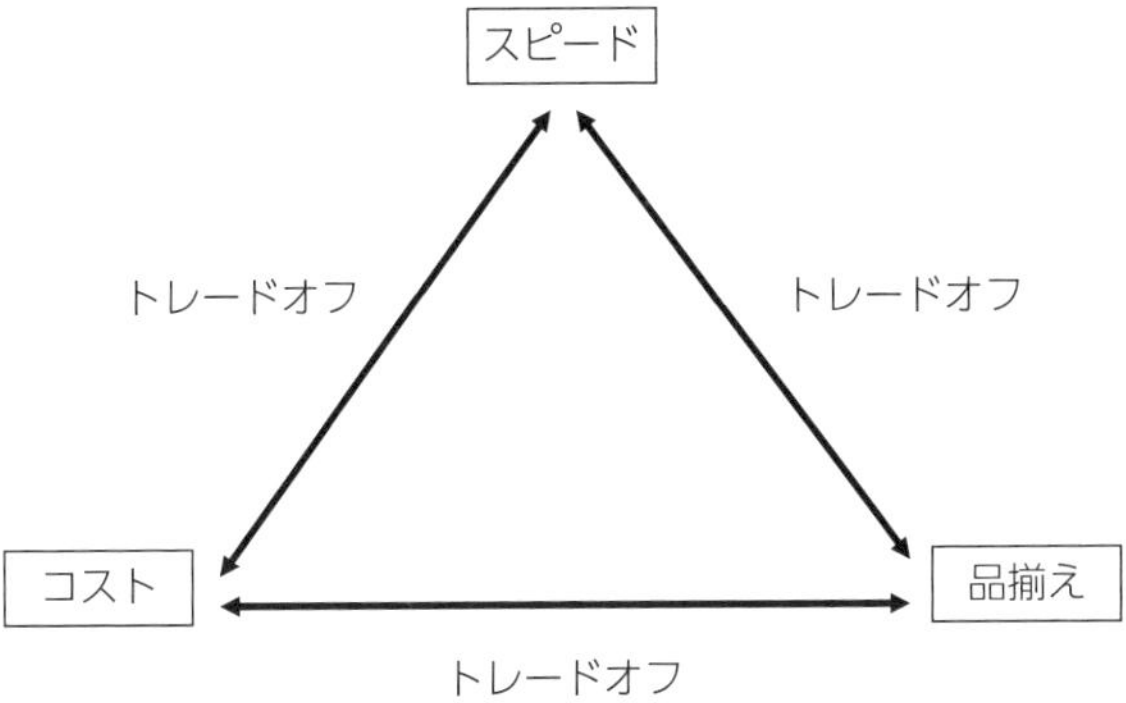

出所：筆者作成

求するのかが焦点になろう。

反対に、小売店舗を物流拠点と位置づけるオムニチャネル方式を採用すれば、クリック・アンド・コレクトのニーズに対応することもできるし、配送のスピードも増す。しかし、こうした分散在庫では、手作業の部分も多くなり、効率は犠牲になるし、在庫ポイントとしての店舗の数が増えれば品目数の拡大にも限界がある。

そうなると、重要なのは、クリック・アンド・コレクトやスピードがどのような場合に価値を高めるかである。生鮮食品の場合は、日常の買物であり、また腐りやすいという商品特性から、待つことの煩わしさやスピードが重視されるというのは分かりやすい。では、それ以外の製品の場合、どのような消費者のどのような製品の購買で、このやり方が有効になり、多少高くてもスピードを求めるという形で、ＷＴＰを高めるのであろうか。

図2-2にあるように、スピード、コスト、品揃えは、ひとつを一定とすると、残りの2つは、一方を追求すれば他方が疎かになるという、三つ巴のトレードオフの関係にある。例えば、品揃え（取扱い品目数）を一定とすれば、スピードを速くするためには在庫地点を多くする必要があり、そうすればコストは上昇する。そのため、スピード、コスト、品揃えのそれぞれがどのような場合に相対的重要性を高めるかを考える必要がある。

例えば、商品の種類によって、標的顧客の特性によって、店舗立地によって、これらの相対的重要性がいかに変化するかを議論するのは有益であろう。そうすれば、スピード重視の差別化戦略、コスト・リーダーシップ戦略、品揃えの豊富さ重視の差別化戦略がそれぞれどのような場合に有効になるかについての理解が深まるであろう。さらに、その延長線上において、スピード、コスト、品揃えの最適なバランスを達成すべく、物流センター発送と店舗発送の組み合わせを決定するという議論も可能になろう（注8）。

ところが、ライバルとして想定されるアマゾンは、「Everything Store」を標榜して膨大な総合的品揃えをもち、それらを巨大物流センターで集中的に在庫していた。ただ、規模の巨大さゆえに、物流センター（フルフィルメントセンター）の数も、2020年10月の段階で日本全国に21カ所と、決して少なくはない（『PR TIMES』、2020年8月24日）。また、マーケットプレイスと呼ばれる他社商品の販売においても、一部はアマゾンの物流センターで在庫し、発送していた。それに、最先端の技術と巨大な交渉力を駆使し、スピード、コスト、品揃えをある程度まで同時に達成してきていた（注9）。

そのため、このケースでは、小売店舗を有するこの総合量販店チェーンが、オンライン専業で巨大なアマゾンに対抗するために、とくに強みを発揮できる物流センター発送と店舗発送の組み合わせが、対象となる商品の種類、標的顧客、店舗立地とともに、探索されなければならない。つまり、スピード重視の差別化戦略、コスト・リーダーシップ戦略、品揃えの豊富さ重視の差別化戦略、あるいはこれらの組み合わせが、それぞれどのような商品の種類、標的顧客、店舗立地でとくに競争優位をもたらすかが論点になるであろう。

価格設定に関する論点

オムニチャネルにかかわるマーケティング上のいまひとつの論点は、同一商品の価格をすべて統一すべきか、それとも小売店舗とオンラインを分けるべきかである。

アマゾンのようなオンライン専業のＥＣサイトは、状況に応じて価格を変動させるダイナミック・プライシングを採用してきた。小売店舗がこのやり方を採用するためには、その都度

（注８）　例えば、アメリカでのウォルマートは物流拠点としての小売店舗に加え、大型物流センターからの直送も併用していたし、日本でもイオンや西友はいわゆるネットスーパー対応倉庫の建設を急いでいた（『日本経済新聞朝刊』２０２０年８月20日：『日本経済新聞朝刊』２０２０年９月１日）。

（注９）　アマゾンの仕組みと革新性については、本章末の補論を参照。

値札を変更しなければならず膨大な手間を要する。ただ、近年は、無線通信により商品棚の表示価格を即時に変更できる電子棚札が登場し（『日本経済新聞朝刊』２０２０年8月20日）、これを採用すれば、店頭価格とオンライン価格を連動させることが可能になった。店頭価格とオンライン価格を連動させることが可能になれば、オンラインと実店舗をシームレスに連動させることが可能になる。

他方で、店頭価格とオンライン価格を連動させれば、店舗をもつことによる多大な固定費を抱えながら、オンライン専業サイトとの日々の価格競争に晒されることになる。

しかし、オンライン価格と店頭価格を連動させないと、同じように店舗で商品を受け取るのであっても、オンラインで注文した場合と店舗で注文した場合では価格が異なるという事態が生じてしまう。

そもそも価格の決定には、費用特性、需要特性、競合状況、マーケティング目標など、様々な要因が影響を与える。オンライン購買・自宅受取り、オンライン購買・店頭受取り、店頭購買の三つの場合に分けたとき、これらの要因が一致するということはあり得ない。では、それらを反映してどのように価格設定を行えばよいのであろうか。

費用が異なるのであれば、費用差を課すというのは、比較的容易かもしれない。

三つの場合の間で標的が異なり、標的間で需要特性が異なるのであれば、通常は細分化フェンスの設定が検討されることになろう。

同じ製品について複数の価格が存在すれば、安い価格の製品に顧客は集中する。したがって、顧客セグメント別の価格設定を行うためには、顧客が支払意思価格に応じて適切な価格を選択するように、価格と価格の間に細分化フェンスを設ける必要がある（Dolan and Simon, 1996）。つまり、細分化フェンスとは、各セグメントの顧客が、別のセグメント向けの低価格品を購入しないようにするための仕掛けである。

例えば、航空会社が同じ路線の同じ飛行機において、ファーストクラス、ビジネスクラス、エコノミークラスを設けるのは、まさにセグメント別価格設定である。そこでは、支払意思価格の高い顧客が、エコノミークラスではなく、ファーストクラスを選択するように、様々な細分化フェンスが設けられている。チェックインの際の便宜、より快適なシート、よりよい食事や飲み物などがそれである。

ウェブルーミング（オンラインで情報を集め店舗で購買）やショールーミング（店舗で情報を集めオンラインで購買）が珍しくないなか、オンライン購買・自宅受取り、オンライン購買・店頭受取り、店頭購買の3つの場合の間で、同一価格にすべきか、あるいは価格を変えるならばいかなる細分化フェンスの設定が有効かが議論されることになろう。

4 新型コロナ危機にともなうその他の論点

新型コロナ危機による制約は、様々な製品やサービスを生み出してきた。それらは、結果として新たな標的、新たな提供価値、新たな提供方法を必要としてきた。そうである以上、マーケティング戦略の観点からは、標的、提供価値、提供方法の間で整合性を図っていかなければならない。

マイクロツーリズム

例えば、旅行業界は、コロナにより最もダメージを受けた業界のひとつであった。インバウンド需要や遠方からの来客需要が激減し、国内でも人々が密の状態で長距離を飛行機や電車で移動することへ抵抗を感じるなか、ホテルや旅館は近隣からの集客に力を入れていた。新型コロナ危機による制約のため、ホテルや旅館にとっては標的顧客の変更を余儀なくされたわけであった。

もちろん、この状況では、三密の回避と安心・安全の確保は大前提であろう。しかし、マーケティング戦略の観点からは、近隣からの集客といっても、従来来て貰っていなかった人々を新たに吸引するわけであるから、そうした人々に魅力的な新たな提供価値を考えなければならない。しかも、近隣の人々といっても、様々な人々がいるであろうから、そのなかでさらにどの部分を標的とし、それらの人々にどのような価値を提供するかを決定しなければならない。また、今回は、誰もが近隣からの集客を目指しているわけであるから、ライバルに負けないようなやり方で価値を提供する必要がある。

すなわち、マイクロツーリズム（近隣への日帰りや宿泊での観光）という動きを例にとっても、その市場で戦っていくためには、市場標的、提供価値、提供方法という、マーケティング戦略を考え、そのうえで、4Pを策定する必要がある。例えば、提供価値としては、従来の観光拠点やアクティビティ体験とは異なり、癒やしといった要素が強くなるのかもしれない（『日本経済新聞朝刊』2020年6月2日）。必要なのは、新型コロナ危機のもとで、あるいは新型コロナ危機後に、標的とする人々が旅になにを求めるのかを見定めることである。標的が変われば、提供すべき価値も変わり、発揮すべき強みも変わってくる。

生活様式の変化と生活体系アプローチ

新型コロナ危機に端を発する、人々の生活様式の変化にも注目する必要がある。感染防止のために、様々な施策や工夫が行われ、われわれは多くの場面で対面を前提としない生活を体験した。例えば、安全、安心のための接触回避の傾向は、同時に、電子商取引、テレワーク、自宅消費、近隣重視を加速化した。テレワークの浸透はさらに、電子商取引、自宅消費、近隣重視を要請した。もちろん、電子商取引やテレワークの浸透は、新型コロナ危機のもとで突如降ってきたわけではない。これらは従来から顕著な傾向であった。ただ、電子商取引やテレワークの浸透は従来から世界的に顕著な傾向ではあったが、日本はその傾向にやや立ち後れていた。その意味では、新型コロナ危機は、いわば強制的にデジタル化を推進し、わが国のビジネスのあり方を改善するとともに、新たなマーケティングのやり方や生活様式をもたらした。

こうした新たなマーケティングのやり方や生活様式は、新型コロナ危機収束後にどうなるのであろうか。間違いなくいえるのは、すべてが新型コロナ危機以前の状態に戻ることはあり得ないということである。では、元に戻るものがなにもないのかといえば、それもあり得ないであろう。では、コロナ収束後に、どの部分が残り、どの部分がさらに進み、どの部分が元に戻るのか。これらの見極めは、コロナ収束後に想定される生活様式の見極めにも通じる。

デジタル化はさらに進み、より効率的な仕組みが目指されるであろうが、どのような状況になろうと、重要な役割を果たすのは、人々にとって快適なのはどのような生活様式かである。

新型コロナ危機収束後に想定される快適な生活様式とはどのようなものになるかを考えるにあたっては、より集計水準の低い、生活者レベル、消費者レベルでの分析が必要になる。それを行ううえで、有効と思われるひとつは、かつて井関（1969：1974）によって提唱された、生活体系アプローチである。

生活体系アプローチによれば、**図2-3**にあるように、生活主体の資源配分行動である生活

図2-3 生活体系と消費行動

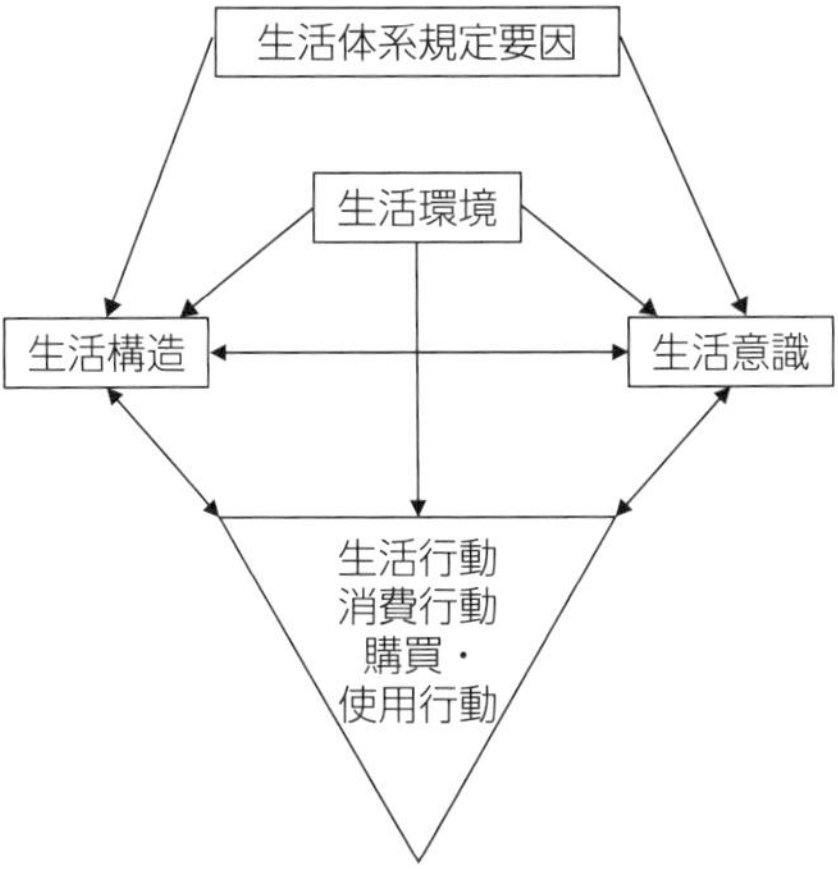

出所：井関（1974）ならびに青木（2010）をもとに著者作成。

行動は、生活構造と生活意識との相互依存関係のなかで規定される。ここで、生活構造とは、生活の空間的構成、時間的構成、生活習慣、社会・社交関係、財保有パターン、メディア接触パターン、家族内役割構造などであり、生活意識とは、環境についてのイメージ、価値態度、生活目標・設計、集団・階層帰属意識、経済的期待と見通し、消費意識、購買態度などである。さらに、これらは、人口動態、経済情勢、文化的風潮、交通・通信、文化・レジャー施設、商業施設といった生活環境要因によって規定されるとともに、生活構造と生活意識は、性別・年齢、職業、就業形態、学歴、所得の水準と形態、家族生活周期、居住地域といった生活体系規定要因によって規定される。消費行動や購買・使用行動を一部として含む生活行動は、日々の生活での反復によりパターン化される。これが、生活様式であり、消費様式である（井関１９７４：青木２０１０）。

このアプローチに基づけば、生活体系の規定要因である就業形態（テレワーク）や居住地域が変われば、生活構造や生活意識が変わり、その結果、生活行動、消費行動、購買・使用行動が相互依存関係のなかで変わっていくことになる。新型コロナ危機による生活体系規定要因の変化が、生活構造や生活意識の変化をともないながら、いかなる生活行動や消費行動をもたらすかは、きわめて興味深い今後の研究テーマであることは間違いない。

補論：アマゾンの仕組みと革新性

電子商取引は近年急速な広がりをみせている。その売り手のなかで、圧倒的な存在感を示しているのが、オンライン小売業者のアマゾンであろう。

アマゾンの仕組み

現在のアマゾンは、「Everything Store」を標榜しているが、その出発点は書籍販売であった。なぜ書籍販売から出発したのかといえば、書籍は種類が膨大で、実際の店舗ですべての本を取り揃えることは不可能なのに対し、電子商取引では、巨大な物流センターを設ければ、実店舗では考えられないような種類の品揃えが可能になるからであった。いわゆるロングテールの品揃えである（Anderson 2006）。

ただ、電子商取引では、品揃えは膨大であっても、実店舗におけるような店員のアドバイスが得られない。そこで、アマゾンでは、書籍についての情報提供や推奨に力を入れてきた。書籍に続いて、アマゾンは、音楽、ＤＶＤ、玩具、家電製品といった品目へと品揃えを拡大していった。

さらに、アマゾンは自らの販売サイトで、他の販売業者の商品の販売も始めた。マーケットプレイスである。これによりアマゾンは、単なる販売サイトから、さまざまな売り手と買い手の間の取引の場を提供する、ＥＣプラットフォーマーになっていった。

しかし、マーケットプレイスでは、場合によっては、アマゾンの商品と他の販売業者が販売する同じ商品、あるいはその商品の中古品が並んで販売されるということもある。つまり、自らのサイトで、自ら仕入れた商品と他の販売業者の商品を競争させているわけである。これは一見不合理にみえるが、このことによりアマゾンはさらに膨大な選択肢を顧客に提供することが可能になるとともに、新たな売れ筋商品の把握が可能になるというのが、創業者ジェフ・ベゾスの判断であった（Stone 2013）。

アマゾンの展開はこのように品揃えの拡大を特徴とするわけであるが、同時に価格切り下げにも大きな努力を払ってきた。そのためのひとつは、最先端の技術を駆使したきわめて効率的な物流システムの構築であった。こうしたコスト削減をもとに、価格引き下げ → 来客数増→売上拡大・サードパーティ増→固定費（サーバー・物流センターなど）有効活用→価格切り下げ、という循環を作り出してきた。それとともに、この売上拡大をもとに、運送会社や供給業者（メーカーなど）などに対して交渉力を発揮して価格切り下げを迫るということも可能になった（Stone 2013）。

さらに、顧客に対するスピーディな配送と配送費の無料化という、相反するサービス向上要因に取り組むために、アマゾンプライムという仕組みを考えついた。アマゾンプライムは有料会員制度で、顧客は年会費を支払ってアマゾンプライムの会員になると、様々なサービスとともに、個々の購買に関しては、多くの場合無料でスピーディな配送サービスを受けることができる。

アマゾンの革新性

こうしたアマゾンのやり方は、従来の小売業の慣行から考えれば、きわめて革新的なものであった。元来小売業では、標的顧客のニーズに合った商品を見極め、それらをできるだけ有利な条件で仕入れることが求められてきた。チェーン展開しながら仕入れを共通化して、規模の利益を享受するというのは、その典型的な姿である。例えば、コンビニの場合は、店舗あたりの平均的な取扱品目数は約３０００であるから、多くの候補品目のなかから取扱品目を厳選し、その限られた品目の集中仕入れによって交渉力を発揮する必要がある。

これに対して，アマゾンの取扱品目数は数千万，マーケットプレイスを含むと億単位だといわれている（成毛　２０１８）。そうなると，品揃えの厳選の重要性は相対的には下がり，むしろ物流センターでの集中在庫という利点をいかして，ロングテールまで含んだ品揃えの網羅性が重要性を高めるとみることができるであろう。マーケットプレイスで他の販売業者の商品や中古品まで扱うというのも，この観点から理解することができる。さらに，膨大な品揃えのなかから顧客が自分のニーズに合ったものを快適に探し出すことができるように，商品説明や推奨システムを充実させる必要があったわけである。

こうやってみてくると，アマゾンは電子商取引の特性を見極めて，従来の小売業とは全く異なる，きわめて合理的なビジネスモデルを作り上げていったことが分かる。

グローバル展開

アマゾンが電子商取引において作り上げた小売業の新たなビジネスモデルは，グローバル展開の可能性にも，大きな影響をもたらした。小売企業において，強みの根幹に大規模仕入れによる交渉力や規模の利益がある限り，グローバル展開には限界があると考えられてきた。というのは，顧客のニーズは国によって異なることが多く，複数の国々のための仕入れを共通化してしまうと，個々の国々のローカルニーズに合わなくなってしまうからである。そのため，グローバル小売業であっても，仕入れは国別に行うことが多く，グローバルメリットを発揮しにくかった。われわれの周りを見渡してみても、海外の大規模小売企業が成功を収めているという事例はあまり多くない。

ところが、アマゾンは日本を含め多くの国々で成功している。その理由は、アマゾンのもっている強みが、国が異なっても有効だということであろう。確かにアマゾンは巨大な販売力をもとに、運送会社や供給業者などに対して交渉力を発揮して価格切り下げを迫るということがあった。しかし、この交渉力はグローバルなものではないことが少なくない。いかにアメリカでの売上が大きくても、そのことによって、日本における供給業者との交渉が有利になるという部分はそれほど大きくないであろう。これに対して、効率的な物流システムや優れた推奨システムはどうであろうか。国によって売れ筋商品が異なっても、物流システム自体、推奨システム自体には大きな違いはない。アメリカで磨き上げた物流システムや推奨システムを、例えば日本へ移植することはそれほど困難ではないはずである。つまり、ビジネスの基盤が実店舗から電子商取引に移るにつれて、グローバルメリットが生まれ、グローバル展開が活発化したというわけである。

第3章

株式会社ヤッホーブルーイング

：ECチャネル政策（注1）

1 概　要

株式会社ヤッホーブルーイングはクラフトビール市場の拡大を牽引する同市場のリーダー企業といえる存在であった（注2）。クラフトビール人気の高まりに伴い、同社の売上も持続的な成長を遂げていた。

そうしたなか、新型コロナウイルス感染症の世界的な拡大という予期せぬ状況が生じた。その結果、日本においても人々の生活様式や購買行動の変化が起こっていた。特に、消費者が外出を控えてオンラインでの買物（以下、ＥＣと表記）を利用する傾向はこれまで以上に高まっており、同感染症の収束後においてもＥＣを利用するという行動は定着することが予想された。同社が、この急激に変化する市場環境に効果的に対応していくための課題のひとつとして、ＥＣチャネルの強化があげられた。強みや得意とする顧客層が異なるＥＣチャネルそれぞれの特徴をふまえて、ＥＣチャネルをいかに強化していくべきかという同社の課題の検討を通してＥＣチャネル政策のあり方を学ぶ。

2　ケース

創　業

創業の経緯

株式会社ヤッホーブルーイングは、1996年に株式会社星野リゾートの代表取締役社長である星野佳路氏により長野県軽井沢の地に設立されたビールメーカーである。日本の大手ビールメーカー各社が製造するビールのほとんどは「ラガー」と呼ばれる種類であったが、ヤッホーブルーイングは「エール」と呼ばれる日本の消費者には馴染みが少なかった種類のビールを専門に製造している(注3)。同社は画一的な味しかなかった日本のビール市場に豊富なバラエティを提供し、新たなビール文化を創出することをミッションとしており、ビール市場の中ではひと際ユニークな存在の企業であった。

(注1)　本ケースの作成にあたっては、株式会社ヤッホーブルーイングの小金澤由美子氏、ならびに望月卓郎氏にインタビューをさせていただいた。多大なるご協力に感謝申し上げたい。

(注2)　クラフトビールとは、小規模な醸造所が製造するビールであり、法律上の定義はないものの、大手メーカーのビールと比べて、味や香りなどで個性を出しやすいことが特徴である（『週刊東洋経済』2017年10月7日）。

創業のきっかけは、星野氏がアメリカのコーネル大学に留学した際に、小規模な醸造所で造られるエールビールに出会ったことであった。星野氏は、柑橘類を思わせる華やかな風味で味わい深いエールビールの美味しさに魅せられ、日本においても個性的な味わいのエールビールを広めたいという思いに至ったのであった（井手 2016）。

星野氏がビールの製造に参入することを決断したきっかけは、1994年の酒税法改正であった。酒税法改正以前は、ビールの醸造免許取得に必要な年間最低製造量が2000klと定められていた。これは1年間に大瓶に換算して約300万本以上を生産しなければならないことを意味したため、ビールの醸造メーカーとなるためのハードルはかなり高いものであった。しかし、1994年の酒税法改正により、年間60kl以上のビール生産（大瓶に換算して年間10万本弱）でビールの醸造免許を取得できるようになり、小規模なメーカーであっても参入が可能になった（井手 2016）。ヤッホーブルーイングはこの法規制の緩和を契機として、エールビールを専門に製造するビールメーカーとして創業したのであった。

地ビールブームとその後

1994年の酒税法の改正に伴い、1990年代の後半以降、日本各地には小規模なビールメーカーが数多く誕生することになった。全国各地に誕生した小規模メーカーが生産したビールは「地ビール」と呼ばれるようになり、全国的に地ビールブームが起こった。ヤッホーブルーイングも創業間もないころ、この地ビールブームという追い風に乗り、製品の製造が追いつかないほどに販売が好調であった。

しかし、２０００年ごろから地ビールブームに陰りが見え始め、まもなく同ブームは去ってしまった。当初、消費者は地ビールに対して物珍しさや観光地のプレミアム感を感じたために魅力を感じたものの、地ビールの価格が通常のビールよりも高価格であったことや、地ビールを製造するメーカーの製造ノウハウが十分ではなく、品質が安定しなかったことなどから、消費者が地ビールを継続して飲むことはなかったのであった。

ヤッホーブルーイングは創業当時からローカルな地ビールの製造ではなく、全国の家庭で親しまれるエールビールを製造することを目指していた（『東洋経済オンライン』２０１７年10月28日）。しかし、想定外の地ビールブームとその終焉により、消費者からは、観光地の地ビールと同じものとみられてしまい、売上が急減する状況に陥ってしまった。その結果、同社は創業から８期連続で赤字が続くという苦しい状況が続いたのであった。

（注３）　製造工程について「ラガービール」と「エールビール」とで共通する部分が多いが、発酵に用いられる酵母の種類によりこれらの違いが生まれる。日本において飲まれているビールの大半は「ラガー酵母」が使われているラガービールであり、ラガー酵母の場合は、発酵に最適な温度が５℃と低めである。それに対して、ヤッホーブルーイングが製造するビールでは「エール酵母」が用いられており、エール酵母の最適な発酵温度は20℃と高めである。ラガービールが冷やしてのど越しを楽しむビールであるのに対して、エールビールは発酵過程で様々な香りを発するようになるため、飲む際にもラガービールと比べると少しぬるめの温度で、香りを楽しみながら飲むビールである（井手 ２０１６）。

転機となった楽天市場での販売

日本を代表するECサイトである楽天市場が1997年5月に開設されると、ヤッホーブルーイングはその翌月には同サイトに出店しており（井手 2016）、ECの黎明期からオンラインでの販売を開始していた。ただし、当時は地ビールブームの真っ只中であり小売店頭での販売が好調であったため、ECによる販売には力を入れておらず、同社の楽天市場店はいわば開店休業状態といえるものであった。

しかし、2001年ごろに地ビールブームが終わると、小売業者の多くが地ビールへの関心をなくし、小売店頭での販売を維持することが難しくなってしまった。そこで、同社は小売業者を介さずに消費者に対して販売する方法として楽天市場での販売に力を入れることになったのであった（『日経ベンチャー』2008年11月号）。

当初のヤッホーブルーイングのECサイトは一般的なものであり、他のECサイトと比べても特徴のあるものではなかった。しかし、2020年現在、同社の代表取締役社長を務める井手直行氏は、楽天が開催する楽天大学での研修を通じてECサイトの運営ノウハウを学び、次第にユニークなサイト作りを進めていった（井手 2016）。たとえば、同社のECサイトではエールビールの製造方法から同社製品の特徴、飲み方の提案に至るまで幅広い情報が提供されていた。また、社員のメールマガジンを発行してオンライン上で顧客とコミュニケーション

図3-1　ヤッホーブルーイングの売上高の推移

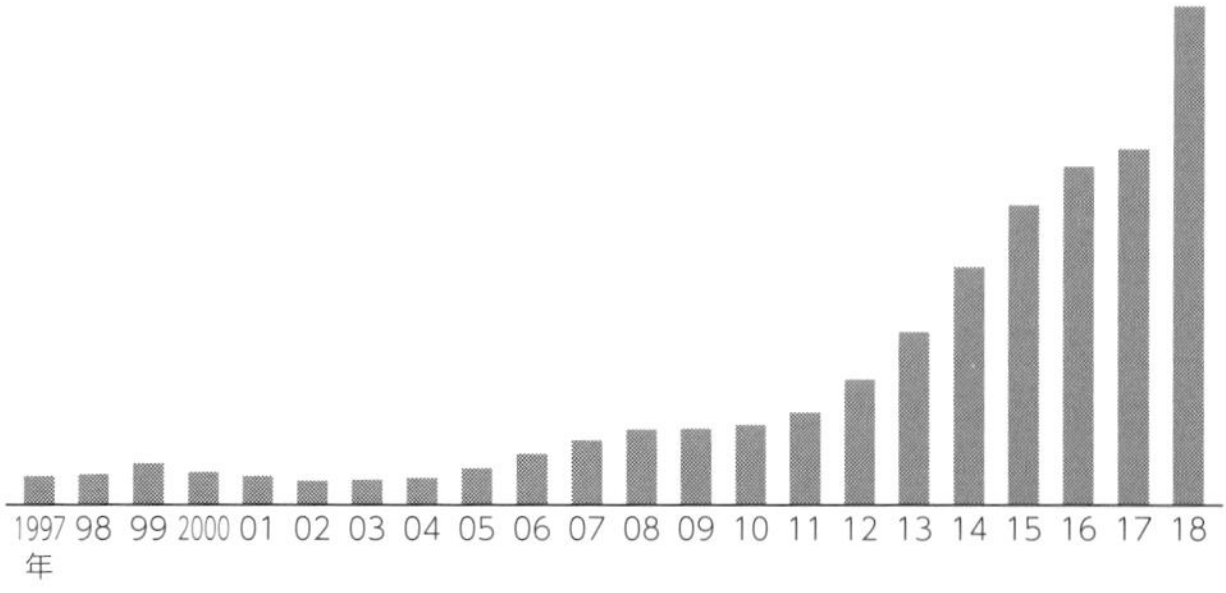

注：売上高の実数は非公表
出所：『日経ビジネス』2019年10月28日。

を図っていく取り組みも行われていた。このような取り組みの結果、次第にオンライン上で消費者の注目を集めるようになり、ECでの販売実績にもつながっていった（『日経ビジネス』2013年12月16日号）。

さらに、オンライン上での消費者の評判をきっかけに全国のスーパーマーケット（注4）やコンビニエンス・ストアからも注文が舞い込むようになった。ECで人気を博した結果が、小売店頭での取り扱いの拡大にもつながり、同社は一時の苦境を脱して再び成長軌道に乗ることができたのであった。そして、**図3-1**に示される通り、同社は持続的な成長を遂げていった。

キリンビールへの生産委託

ヤッホーブルーイングの売上が急激に成長するなかで生じた問題が、自社醸造所では近い将来に製造能力の限

（注4）本文中の「スーパーマーケット」には、GMS（ゼネラル・マーチャンダイジング・ストア）あるいは総合スーパーとも呼ばれる総合量販店ならびに食品中心の量販店（食品スーパー）を含む。

界に達してしまうということであった。高まる需要に対応するためにはさらなる設備投資が必要になるが、自社で設備投資を行うと、需要が減少したときのリスクが大きいという問題があった（『東洋経済オンライン』２０１７年10月28日）。その打開策として、同社は２００９年に大手ビールメーカー数社に製造委託を依頼したものの、製造規模が小さすぎるという理由で、この時点ではいずれのメーカーとも合意に至らなかった。そこで、同社は設備投資に伴うリスクを最小化する策として1年間の成長に見合う分だけの設備投資を毎年行っていき、将来的に大手ビールメーカーへの生産委託を見据えることにした。

２０１４年にようやく大手に製造委託を請け負ってもらえる最低ラインの製造量に到達したために、再度大手ビールメーカー数社に製造委託を打診した。その結果、最終的にはキリンビールとの提携に至ったのであった。２０１５年3月からは一部のビールの製造をキリンビールに委託しており、キリンビールの工場の製造能力も活用できるようになった。その結果、さらなる成長に向けたボトルネックであった、製造能力の問題を解決することができた。このことは全国チェーンの大手小売業者に納入できるだけの十分な製造能力を有することを意味し、大手小売業者での製品の取り扱いを促す要因にもなった。また、それに伴い生じた自社醸造所の余力を活用して既存製品の改良や新製品開発に注力できるようになった（『週刊東洋経済』２０１７年10月7日）。

酒類市場の動向

２０１７年度の国内の酒類市場規模は、メーカーの出荷金額ベースで約3兆５６００億円であった（注５）。ウイスキー、低アルコール飲料など一部好調な酒類はあるものの、全体的には市場の縮小傾向が続いていた。市場縮小の要因としては、まずは総人口の減少があげられた。酒類の顧客層である20歳以上の人口は１９９５年以降減少が続いており、酒類全体の需要基盤が縮小傾向であった。また、成人１人当たりの飲酒量も低下傾向であった。その主な要因は、若年層のアルコール離れであった（注６）。

若年層の間で健康志向や節約志向が高まっており、酒類への支出が控えられる傾向にあった。厚生労働省の平成30年「国民健康・栄養調査」の結果によると、飲酒習慣のある人は男性全体で33・０%、女性全体で８・３%という結果であった。また、男性に限ってみると、飲酒習慣がある比率が最も高いのは50代男性の45・０%であり、40代男性では35・６%、30代男性が26・７%、20代男性が10・６%と若年層になるほど飲酒習慣が低いという結果であった。女性についても同様の傾向がみられた。

（注５）　株式会社矢野経済研究所２０１９年7月16日プレスリリースより。
（注６）　株式会社三井住友銀行コーポレート・アドバイザリー本部による調査資料を参考に記述している。

図3-2　大手5社のビール類出荷量の推移

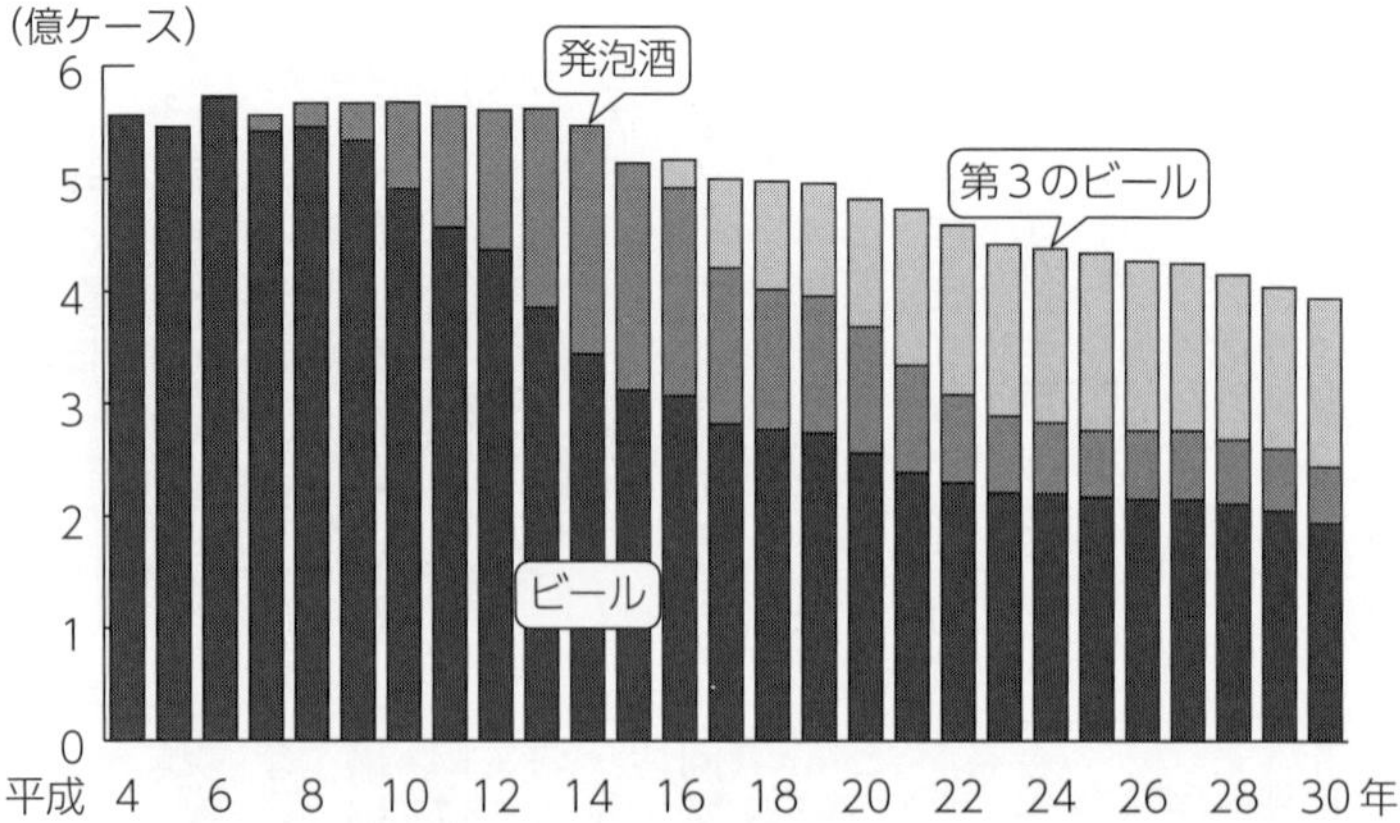

注：1ケースは大瓶20本換算。5社はアサヒ、キリン、サントリー、サッポロ、オリオンの各ビール会社

出所：産経新聞2019年1月16日オンライン記事。

ビール市場の動向

酒類全体の課税出荷量に占めるビールの割合は最大ではあるものの、**図3-2**で示される通り、その出荷量は1994年をピークに年々減少傾向にあった。2018年の「ビール類」（ビール、発泡酒、第3のビール）の課税出荷量は前年比で2・5％減の3億9390万ケースであった。その課税出荷量は年々減少しており、2018年時点でピーク時に比べて約3割の減少となっていた（注7）。

ビール市場が縮小している要因のひとつは、お酒を飲む際の消費者の選択肢が増えたことであった。消費者の間では価格が安い缶チューハイやハイボールなどの酒類の人気が高まっていた。また女性や若年層を中心にビールの特徴である苦みを敬遠する傾向も強まっていた。

２０１８年のビール市場におけるメーカー別シェアは、トップがアサヒビールの約37％、２位はキリンビールの約34％、３位はサントリービールの約16％、４位はサッポロビールの約11％であった（注８）。５位に位置しているのは沖縄県に本拠を置くオリオンビールであり、そのシェアは約１％であった。そして、市場シェアでオリオンビールに次ぐ企業がヤッホーブルーイングであった。

クラフトビール市場の拡大

ヤッホーブルーイングの創業者である星野氏がエールビールに出会った米国では、２０１９年の時点ではビール市場全体の売上高の約25％がクラフトビールであった（注９）。それに対して、日本のビール市場は大手４社による寡占市場であり、クラフトビールが占める割合は１％にも満たなかった（『日経ビジネス』２０１４年９月29日）。しかし、日本においてもクラフトビールの出荷比率は年々高まっており、ビール市場でのその存在感は次第に高まっていた（注10）。

日本においてもクラフトビールへの支持が高まっている要因のひとつは、消費者がビールの

（注７）『日本経済新聞』２０１９年１月17日記事より。
（注８）『日本経済新聞』２０１９年１月17日記事より。
（注９）米国のブルワーズ・アソシエーション（Brewers Association）の資料より。

味わいや香りのバラエティを求めるようになったことであった。大手メーカーが製造するビールのほとんどは「ラガー」と呼ばれる種類であり、味や香りに大きな違いはなく、のど越しを楽しむタイプのビールであった。他方で、クラフトビールの原材料や製法はさまざまであり、その味や香りも多彩であった。そのため、ビールの味わいや香りのバラエティを楽しみたいという新たな消費者のニーズに適したタイプのビールであった。

ヤッホーブルーイングがクラフトビールの常飲者を対象に実施した調査によれば、クラフトビールを選ぶ理由として最も多かったのは「選ぶ楽しみ」で、約3割の人がそう回答した。2位は「少し高くてもおいしいものが飲みたいから」で13・6％、3位は「コミュニケーションのきっかけになるから」で12・9％であった（注11）。

クラフトビール人気の高まりに伴い、大手ビールメーカーの中にも本格的にクラフトビール事業を強化する動きがみられた（『日経ビジネス』2015年3月30日）。その狙いとしては、若年層のビール離れが進むなかで、クラフトビールが若年層を獲得するための有効な手段になりうることがあげられた。ミレニアル世代を中心に若年層では酒類についての嗜好が多様化しており、自分の好みや食のシーンに合わせて、その日に飲むものを選びたいというニーズが高まっていた。こうした若年層のニーズに対応していくためには、バラエティ豊富で個性的な製品が多いクラフトビールの開発は有効な策と考えられたのであった。そして、新型コロナウイルス感染症の拡大を機に「家飲み」需要が高まると、家でもバラエティ豊富なビールを楽しみたいという消費者は一層増加することになり、クラフトビールの人気はさらなる高まりをみせていた。

製品の特徴

ヤッホーブルーイングは、味や香りが様々な15種類以上のバラエティ豊富なエールビールを製造していた。その中でも同社の主力製品といえるのは、創業当時から生産をしている「よなよなエール」であった。この製品は柑橘系の香りや、ほんのりとした甘みが特徴的な琥珀色のビールであった。そのユニークなネーミングには、日本においても夜な夜なエールビールを楽しんでほしいという同社の思いが込められていた。

２００８年には、主に30代から40代の男性をターゲットとして、苦味用のホップを多く使用して強い苦みを効かせた「インドの青鬼」を発売した。２０１２年には、主に女性をターゲットとして、苦みを抑えて、フルーティさとハーブを効かせた香りが特徴的な「水曜日のネコ」

(注10)　クラフトビール人気の高まりに伴い、新たにクラフトビール事業に参入する企業は増加傾向であった。帝国データバンクによる調査では、その企業規模は小規模零細な企業がほとんどであるという結果であった。同調査では、クラフトビール製造を「主業」とするメーカーは54社のうち９割は売上高が10億円未満であり、その７割が従業員10人に満たないという結果が示されている（株式会社帝国データバンク２０１８年８月８日プレスリリース）。

(注11)　株式会社ヤッホーブルーイング２０１８年10月23日プレスリリースより。

を発売した。

これらの製品はいずれも同社の定番製品といえるブランドに成長していた。これらの定番製品の価格帯は250円から300円であり、大手メーカーのスタンダード・ビール（1缶200円前後の価格帯）と比べると、やや高い価格帯であった。ただし、ほとんどのクラフトビールはその生産量の少なさから価格帯は300円から600円であり、クラフトビールというカテゴリーの中では同社の定番製品は比較的安価であった。

また、同社の製品には少量限定生産のものもあり、そのひとつが2011年に発売された「ハレの日仙人」であった。この製品は、通常の10倍以上の時間をかけて長期熟成させたビールであり、7~10%というビールとしては高めのアルコール度数が特徴であった。長期熟成ビールは熟成に半年から数年という長い時間と手間を要するために、国内では限られた醸造所でしか製造されていない希少性が高いビールであった。「ハレの日仙人」はその製品名が示す通り、人生における節目のお祝い事の席などで飲用されることを想定した製品であった。

2014年からはコンビニエンス・ストア大手のローソンと、20代から30代の若年層をターゲットとしたオリジナルのクラフトビールを共同開発し、全国のローソングループ酒販店で販売された。その製品名は「僕ビール、君ビール。」というユニークなもので、味わいは新鮮な若い果実のような香りと、ホップによるキリッとした苦味を感じられる個性的なものであった。「僕ビール、君ビール。」は、一般的なビールは苦手という若年層からも支持される製品となっ

図3-3　ヤッホーブルーイングの主な製品群

出所：株式会社ヤッホーブルーイング提供。

た（注12）。なお、コンビニエンス・ストア業界でオリジナルのクラフトビールを発売するのは、これが初めての試みであった。

ヤッホーブルーイングの製品の特徴としては、**図3-3**に見られる通り、製品パッケージとして基本的に缶を採用していることもあげられた。瓶を採用する場合と比べて、缶での製造の場合は充填機の導入に必要なコストが高く、かつその設置にもより広い敷地を要するため、クラフトビールのメーカーは製品パッケージとして瓶を採用する傾向があった。しかし、同社は、創業当時に大手ビールメーカーの缶と瓶の比率が逆転したことなどを考慮して、最初から缶を製品パッケージとして採用していた。

このことは後に製品の流通において大きなメリットをもたらすことになった。まず、缶の場合は瓶と比べて圧倒的に重量が軽いため、より安い物流費で全国に流通させることが可能であった。また、大手小売業者の店頭では、缶での販売を前提として棚が作られている場合が多く、缶ビールとすることで大手小売業者での

（注12）2020年3月にローソンと共同開発したクラフトビールは全面リニューアルされ、その製品名は句読点が省略された「僕ビール君ビール」へ刷新された。

図3-4　ヤッホーブルーイングの顧客の捉え方

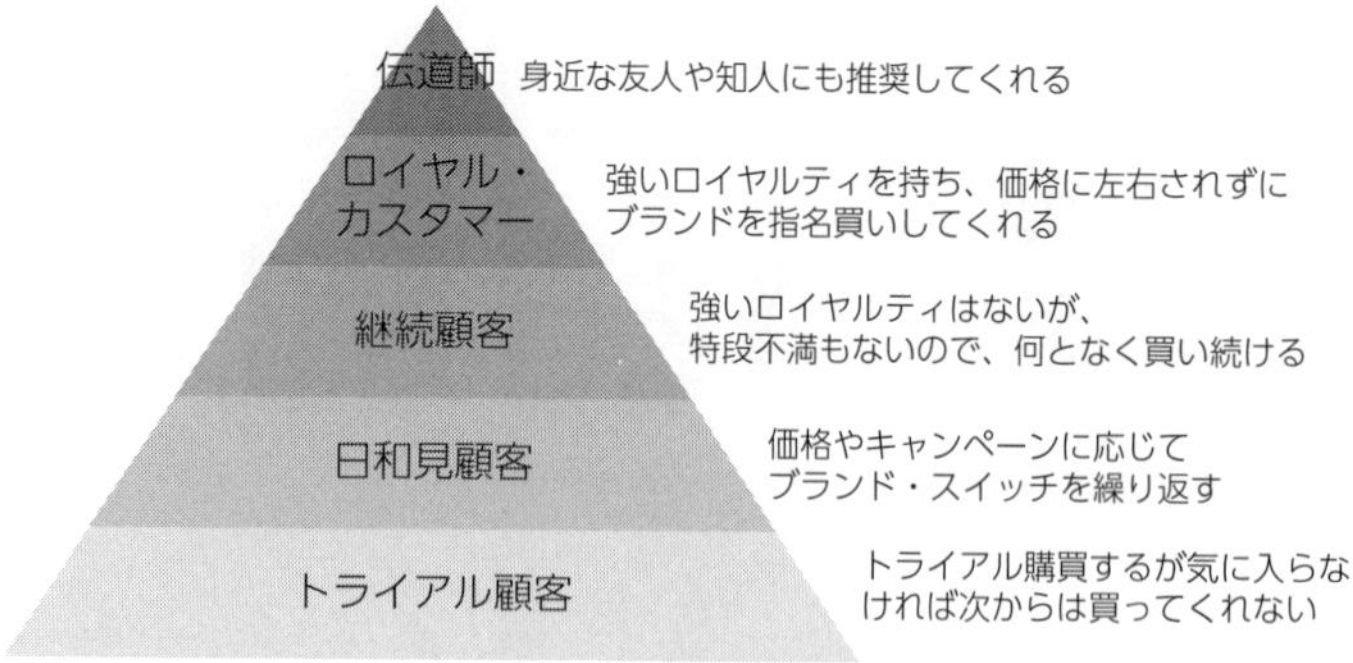
伝道師
身近な友人や知人にも推奨してくれる
ロイヤル・カスタマー
強いロイヤルティを持ち、価格に左右されずにブランドを指名買いしてくれる
継続顧客
強いロイヤルティはないが、特段不満もないので、何となく買い続ける
日和見顧客
価格やキャンペーンに応じてブランド・スイッチを繰り返す
トライアル顧客
トライアル購買するが気に入らなければ次からは買ってくれない

出所：株式会社ビジネス・フォーラム事務局のオンライン記事をもとに著者作成。

取り扱いにおいても有利に働く傾向があった。さらに、製品の品質保持という点では、瓶と比べて缶は光を透過せず、酸素をほとんど含まない状態での充填も可能であり、ビールの品質を維持するという点においてもメリットがあった。

顧客の特徴とファン向けイベント

若い世代のビール離れが進むなかにおいても、ヤッホーブルーイングの製品は20代から30代の若年層から高い支持を得ていた。また、同社の製品に対して強い愛着をもつ熱心なファンが存在していることも同社の顧客の特徴であった（『日経ビジネス』２０１８年11月19日）。同社では、**図3-4**で示される通り、同社のミッションに共感しており、同社製品に対する強いロイヤルティがあり、その魅力を周囲に推奨してくれる顧客を特に「伝道師」と呼んでいた。そして、このような熱心なファンによるクチコミやソーシャルメディア上での情報発信は、新たな顧客を開拓するうえで大きな効果をもたらしていた。そのため、同社ではファンとの関係性を重視しており、その関係性を強化するための様々な取り組みが行われていた（注13）。

２０１０年から「宴」と呼ばれるイベントを開催しており、その目的は同社のファンと社員が一緒に自社製品を飲みながら相互のコミュニケーションを図っていくことであった。当初は40名規模のイベントであったが、次第にその規模を拡大していき、屋外会場に数千人のファンが集まる「よなよなエールの超宴」と呼ばれる大規模なイベントを開催するまでになった（『日経クロストレンド』２０１９年1月号）。その他にも、ファンが同社のビールの製造工程を実際に見学できる「よなよなエール大人の醸造所見学ツアー」を開催していた。また、同社は自社ECサイトの「よなよなの里」やソーシャルメディアも積極的に活用し、オンライン上においても顧客との直接のコミュニケーションを図っていた。このように同社では、マスメディアを用いた一方向的なプロモーションではなく、顧客との丁寧な対話が重視されていた。

ただし、新型コロナウイルス感染症の拡大を機に、当面の間はリアルな場でのイベント開催は難しくなってしまった。そのため、２０２０年5月末と6月はじめには、急遽オンラインでのイベントである「よなよなエールの〝おうち〟超宴」が開催されることになった。オンライ

（注13）　大内（２０１９）：『日経デザイン』２０１５年11月号、同12月号。

ンでのイベントでは距離に関係なく全国から気軽に参加できるという特徴があり、2回のオンライン・イベントの視聴者数は延べ約1万人であり、これは同社が開催したイベントの中では最も多い参加者数であった。

企業カルチャー

ヤッホーブルーイングの従業員数は約150名と大手ビールメーカーと比べると小規模な組織であったが、同社には個々の従業員のパフォーマンスを最大限に発揮するために独自の組織や制度が設けられており、特徴的な企業カルチャーも根づいていた。

まず同社の組織の特徴は、フラットな組織構造であった。同社の役職の階層は少なく、社長、部門を束ねるガッホーディレクター、各業務部門のマネジメントを行うディレクター、そして一般社員の4つの階層のみであった。また、各部門のディレクターは、毎年1回行われる事業戦略プレゼンテーションで選ぶことになっていた。希望者は自ら立候補して全従業員の前で、自分の部門をどのように導いていきたいかについてプレゼンテーションを行い、従業員アンケートをもとに、各部門のディレクターが決定していた。

同社のフラットな組織風土を表すユニークな制度として「ニックネーム制」があった。これは社内では社長から新入社員まで従業員全員がお互いにニックネームで呼びあう制度であり、従業員同士の心理的な距離を縮めることを目的としていた。また、個々の従業員の特性・長所を可視化したうえで、全従業員で共有する仕組みが設けられており、この仕組みは適材適所の人材配置を行うために重要な役割を果たしていた（『日経デザイン』、2016年6月号）。

こうしたユニークな組織や制度をもつ同社には、従業員が高い自主性をもって業務に取り組むとともに、役職や部署、年齢の違いに関わらず自由に議論を行えるカルチャーが根づいていた。そして、このような企業カルチャーは独自性のある製品開発を下支えする重要なものであった。

流通チャネル

流通チャネルの特徴

ヤッホーブルーイングの売上の大部分がスーパーマーケットやコンビニエンス・ストアなどの小売業者経由であった。特に首都圏の小売店に力を入れており、首都圏での小売配荷率はかなり高い割合に達していた。そのため、同地域では多くの消費者が同社製品を馴染みのあるブランドとして認知していた。ただし、首都圏以外の地域では小売配荷率は相対的に低く、ブランド認知も首都圏に比べれば低い状況であった。小売店に次ぐ同社の流通チャネルの柱はＥＣチャネルであった。その他の主な流通チャネルとしては、飲食店への業務用ビールの卸販売、創業の地である軽井沢地域での販売、公式ビア・レストランを通じた販売があった（注14）。また、同社の醸造所が位置する長野県佐久市に対する「ふるさと納税」の返礼品としても同社製品が採用されており、ふるさと納税制度の利用者数の伸びに伴い、同制度を通じた販売も一定の割合を占めていた。

予期せぬ新型コロナウイルス感染症の拡大は同社の流通チャネルにも大きな変化をもたらしていた。まず消費者が外食を控える傾向は依然として続いており、飲食店に卸している業務用ビールの需要は大幅に減少していた。しかしその一方で、いわゆる「家飲み」需要は伸びており、自宅でもバラエティ豊富なビールを楽しみたいという消費者ニーズが高まっていた。そのためスーパーマーケット、コンビニエンス・ストアなどの小売業者において同社製品の売れ行きは好調であった。また、消費者が買物の際には外出を控えてECを利用する傾向も高まっており、同社のECチャネルの売上も好調に推移していた。

消費者の購買行動が大きく変わる中で、そのひとつであるECの利用拡大という流れは今後も続き、新型コロナウイルス感染症の収束後も定着することが予想された(注15)。そのため、同社がポストコロナを見据えた流通チャネル政策を描くうえでは、同社のECチャネルの強化は重要な課題であった。また、テレワークの普及を機に都心部から地方へ移住を検討する人が増加傾向であり、長期的には地方への人口移動が増加することも予想されていた。そのため、首都圏以外の地域での販売強化は一層重要になると考えられた。ECチャネルには、もともと店頭で手軽に購入できない地域をカバーするという役割があったために、首都圏以外の地域での販売強化を図るという意味においても同チャネルの強化は重要であった。

ECチャネルの特徴

ヤッホーブルーイングが運用するＥＣチャネルには特徴が異なる複数のＥＣチャネルがあり、主なものとしては次の３つがあげられた。

１つ目は、同社の自社ＥＣサイトである「よなよなの里」であった。自社ＥＣサイトでは、各ＥＣチャネルの中でも最も多様な製品が販売されており、「よなよなエール」などの定番製品に加えて、数量限定製品や期間限定製品も販売されていた。

また、「ひらけ！　よなよな月の生活」と呼ばれる定期宅配サービスが提供されていた。このサービスは毎月決まった数量の製品が定期的に宅配されるサービスであり、同サービスの会員は毎回好みの製品を自由に組み合わせて購入でき、一般の販売価格よりも割安な価格で購入することができた。さらに、定期宅配サービスの会員に対しては、限定製品を一般販売に先行して優先的に購入できることや、ファン向けイベントの先行予約など豊富なベネフィットが提供されていた（大内　２０１９）。

２つ目は、楽天市場やヤフー（Yahoo!）ショッピングなどのＥＣプラットフォーマーでの販

（注14）　ヤッホーブルーイングのクラフトビールを味わえる公式ビア・レストラン「YONA YONA BEER WORKS（よなよなビアワークス）」は東京都心を中心に8店舗展開していた（２０２０年9月時点）。

（注15）　ＭＭＤ研究所が２０２０年10月31日から11月2日の期間に実施した「コロナ禍での総合ＥＣサイトに関する調査」の結果によれば、総合ＥＣサイト利用経験者のうち、「２０２０年４月以降にＥＣの利用を始めた」と回答した利用者が４・８％であり、「２０２０年４月以降、利用頻度が増えた」と回答した利用者が21・３％であった。

売であった。これらのＥＣプラットフォーマーでは定番製品を中心に販売されていた。ＥＣプラットフォーマーにおいては出店している店舗間での価格競争はあるものの、ヤッホーブルーイングの出店サイトでは、自社ＥＣサイトと同じ価格で販売を行っていた。また、ＥＣプラットフォーマーでは、たとえば、父の日に向けたギフト特集が組まれるなど贈り物の特集ページが開設されることが多く、ギフト需要が高いことも特徴的であった。

３つ目は、アマゾンなどのオンライン小売業者への卸販売であった。オンライン小売業者へ卸販売している製品は定番製品が中心であった。オンライン小売業者を通じた販売では、製品の販売価格は各オンライン小売業者によって決められていた。また、自社ＥＣサイトやＥＣプラットフォーマー上での販売では受注処理からその後の製品の発送処理を自社で担う必要があるのに対して、オンライン小売業者経由での販売では、それぞれのオンライン小売業者のシステムを通じて受注処理から製品の発送までが行われた。しかも、オンライン小売業者に対して製品を卸売りする際には、ある程度のロットで一括納品することができるため、物流コストの面では他のＥＣチャネルと比べてメリットがあった。

これらのＥＣチャネルを比較すると、まず異なるのはサイトの集客力であった。楽天市場のような大手ＥＣプラットフォーマー、そしてアマゾンに代表される大手オンライン小売業者の集客力は圧倒的に高いものであった。それに対して、自社ＥＣサイトの場合は、基本的には既に同社のことや同社製品を認知している消費者がアクセスするため、他のＥＣチャネルと比べてその集客力は相対的に低いものであった。

また、サイト上で提供されているコンテンツにも違いがみられた。自社ECサイトでは最も充実したコンテンツが提供されていた。たとえば、製品の基本的な情報に加えて、自社醸造所の最新情報や同社製品に合う料理のレシピなど同社のファンにとって関心が高い記事や読み物が数多く提供されていた。また、これらのコンテンツはソーシャルメディアと連携されており、消費者がオンライン上で手軽に記事を共有したり、コメントしたりすることも容易であった。

このように自社ECサイトは流通チャネルとしての役割だけではなく、顧客とのコミュニケーションの場としての役割も担っていた。コンテンツの制作には費用と労力を投じる必要はあるが、消費者に対して情報発信を行っていくメディアとしては非常に自由度が高いものであった。

それに対して、ECプラットフォーマーでは自社でコンテンツの管理は可能であるものの、中心となるコンテンツは販売されている個々の製品の特徴など消費者が買物をする際に役立つ情報が中心であり、そのコンテンツの種類は自社ECサイトに比べれば限定的であった。

オンライン小売業者では、製品に関する情報の提示は基本的にはそのオンライン小売業者により行われており、メーカーであるヤッホーブルーイングによるコンテンツの管理は困難であった。

ポストコロナを見据えたECチャネル政策

新型コロナウイルス感染症の影響により、ECを利用する消費者は増加傾向にあった。同社がこうした市場の変化に効果的に対応していくためには、ECチャネルの強化は重要な課題であった。ただし、同社がもつ３つのECチャネル（①自社ECサイトでの販売、②ECプラットフォーマーでの販売、③オンライン小売業者を通じた販売）は、それぞれその特徴や強み、あるいは得意とする顧客層が異なると想定されるため、ECチャネルの強化にあたってはこれらをふまえた慎重な判断が求められた。同社がポストコロナを見据えて、これらの３つのECチャネルを、どのような優先順位で強化するべきかは、重要な意思決定であった。

3 設問

1 大手4社による寡占状態であるビール市場において、ヤッホーブルーイングが急成長を遂げることができたのはなぜでしょうか。
2 同社の強みと弱みについて整理してください。
3 新型コロナウイルス感染症の収束後に、同社がオンラインでのイベントを継続していくとすれば、どのようなターゲットに対して、どのような価値を提供していくべきでしょうか。
4 同社は、自社ECサイトでの販売を今後も推進していくべきでしょうか。また、推進していくべきとすれば、自社ECサイトでの販売はどのような顧客層に対して特に有効でしょうか。

5　新型コロナウイルス感染症の影響によりECを利用する消費者が増加しており、同感染症の収束後もECを利用するという消費者の行動は定着することが予想されます。同社がこうした消費者の購買行動の変化に効果的に対応するためには、同社の3つのECチャネル（①自社ECサイトでの販売、②ECプラットフォーマーでの販売、③オンライン小売業者を通じた販売）を、どのような優先順位で強化するべきでしょうか。

第4章

株式会社コスメネクスト
：オムニチャネル政策（注1）

1　概　要

アイスタイルグループの株式会社コスメネクストが展開するアットコスメストア（@cosme STORE）は、同グループのクチコミサイトのアットコスメ（@cosme）と連携した実店舗の化粧品専門店であった。アットコスメストアは、アットコスメの認知度を背景に順調に成長を遂げてきた。

２０２０年の新型コロナ危機のもとで、消費者の実店舗における化粧品購入頻度は減少したが、電子商取引（以下、ＥＣ）における化粧品購入頻度が増加したことで、その成長は新たな局面を迎えていた。そうしたなか、新たな成長機会として、同じグループ内のＥＣサイトであるアットコスメショッピングと連携を強め、実店舗とＥＣサイトの境界をなくしていく方向も検討されていた。

実店舗の化粧品専門店として成長していたアットコスメストアが、今後、ポストコロナを見据えて、実店舗の展開をいかに進めていくべきかの検討を通じて、実店舗とＥＣサイトの融合のあり方を学ぶ。

2　ケース

２０２０年7月、株式会社コスメネクスト（以下、コスメネクスト）代表取締役社長遠藤宗氏は、同社が手掛けている化粧品専門店の今後の展開について、考えを巡らせていた。

アットコスメストアは、日本最大の化粧品に関するクチコミ情報を中心とした美容系総合サイトアットコスメがプロデュースする実店舗の化粧品専門店であり、２００７年にスタートした。特徴としては、通常、百貨店、ドラッグストアなど業態ごとに販売されているブランドを一堂に会し、消費者は様々な化粧品を比較検討することができた。このような特徴をもつ店は他になかったため、アットコスメストアは、消費者に支持され、順調に出店を重ね、売上を伸ばしていた。２０２０年1月には、原宿駅前に１３００㎡の売り場面積を持つ旗艦店となるアットコスメ東京もオープンし、さらなる店舗展開も計画していた。

しかし、アットコスメ東京をオープンして、ほどなく起こった新型コロナ危機の影響で、三密を避けるため、消費者の実店舗における化粧品購入頻度は減少し、売上は大きく減少した。

（注1）　本ケースの作成にあたっては、株式会社コスメネクスト代表取締役社長遠藤宗氏、株式会社アイスタイルコーポレートコミュニケーション室マネージャー野田智子氏にインタビューをさせていただいた。多大なるご協力に感謝申し上げたい。

表4-1　化粧品のチャネル

制度品流通	卸を通さず、直接ないしは系列の販売会社などを通じて契約した百貨店、化粧品専門店などに、化粧品を流通させること。美容部員によるカウンセリング販売が基本である。
一般品流通	問屋経由で、量販店、ドラッグストア、コンビニエンスストアなどに化粧品を流通させること。セルフ販売が基本である。
訪販品流通	店舗販売によらず、訪問販売員により化粧品を流通させること。
通販品流通	通信販売により化粧品を流通させること。
直販品流通	基本的には制度品販売に準ずるシステム。特に海外のメーカーが、輸入化粧品を主として百貨店等で直接化粧品を流通させること。
業務用流通	卸を通じて、理容店、美容店、エステティックサロン向けにヘアケア化粧品、スキンケア化粧品等を流通させること（業務用トイレタリーは含まない）。

出所：矢野経済研究所『化粧品マーケティング総鑑（2018年版）』をもとに著者作成。

その一方で、アットコスメがプロデュースするECサイトの売上は、コロナ禍において、逆に躍進した。こうした状況を踏まえて、遠藤氏は、ECサイトとの兼ね合いのなかで、実店舗がアイスタイルグループのなかで、どのような役割を担っていくべきか、コロナ禍からその先のポストコロナも踏まえた上で、方針を示さねばならなかった。

化粧品業界（注2）

日本の化粧品業界市場規模は約2・5兆円であった。メーカーシェアとしては、化粧品の1位は花王で子会社のカネボウ化粧品を合わせると（注3）シェアは15・5％だった。2位は資生堂でシェアは14・1％、3位はコーセーで子会社のアルビオンを合わせる（注4）と9・0％となっていた。化粧品のチャネルとしては、**表4-1**に示するようなチャネルがあり、構成比としては、1位が一般品流通で41・9％、2位が制度品流通で16・0％、3位が訪販品流通で12・5％となっていた（**付属資料4-1**を参照）。なお、制度品流通におけるメーカーシェアの1位は資生堂、一般品流通においては花王が1位となっていた。

化粧品業界には多くの企業が参入しており、各企業は年代別や価格別、肌タイプ別など多種多様な化粧品ブランドを展開していた。また、販売価格を安定させる目的やブランド力を維持する目的のために、チャネルを絞る企業や、チャネル別にブランドを展開する企業も多数存在していた。例えば、2020年時点、資生堂の「クレ・ド・ポー ボーテ」やコーセーの「コスメデコルテ」は、原則、美容部員による対面でのカウンセリング型販売で、百貨店や化粧品専門店でしか購入することができない高価格帯のブランドとして展開されていた。資生堂の「マキアージュ」や「インテグレート」、コーセーの「ヴィセ」や「ファシオ」は、消費者が店頭に並んでいるものを自分の手にとって購入するセルフ型の販売を行い、ドラッグストアなどで気軽に購入することができる中・低価格帯のブランドとして展開していた。

（注2）　化粧品業界に関しては、矢野経済研究所『化粧品マーケティング総鑑（2018年版）』、梅本（2016）、千田（2017）にもとづいて記述している。
（注3）　2020年時点、カネボウ化粧品は、花王の完全子会社である。2004年、化粧品部門がカネボウ株式会社より分離されカネボウ化粧品が設立された。2006年、カネボウ化粧品は花王の完全子会社に移行した。
（注4）　2020年時点、アルビオンは、コーセーの連結子会社である。

表4-2　化粧品のカテゴリー

スキンケア化粧品	化粧水、美容液、モイスチャークリーム、乳液、洗顔クリーム・フォームクレンジング、パック、マッサージ・コールドクリーム、日やけ止め、その他
メイクアップ化粧品	ファンデーション、口紅、おしろい、アイブロウ、マスカラ、アイメイクアップ、ネイルカラー、リップクリーム、ほほ紅、その他
ヘアケア化粧品	シャンプー、ヘアトリートメント、整髪料、ヘアリンス、ヘアスプレー、セットローション、ヘアクリーム、ヘアカラー、その他
フレグランス化粧品	オーデコロン、香水
男性用化粧品	ヘアケア化粧品、スキンケア化粧品、ひげそり用化粧品、その他

出所：矢野経済研究所『化粧品マーケティング総鑑（2018年版）』。

百貨店などでのカウンセリング型の販売では、消費者は、美容部員のアドバイスによって自分に合った化粧品を購入することができた（注5）。化粧品カウンターでは、実際に化粧品を試して使用感や色味を確認する「タッチアップ」（注6）もしてもらえたので、化粧品選びに失敗する可能性は低かった。ただ、消費者によっては、高価格帯の化粧品を次々と提案され、購入しなければならないとプレッシャーに感じてしまうこともあった。

一方、ドラッグストアなどでのセルフ型の販売では、消費者は、豊富な種類の中から自分で自由に選択して購入できるという楽しみがあった。中・低価格帯の化粧品が中心で、価格面においても気軽に購入しやすかった。ただ、化粧品の詳細な情報は自分で集めなければならず、化粧品が自身の肌に合わないこともあり、アフターフォローもないため、自分に合った化粧品を見つけるのが難しい面もあった。

表4－2に示したカテゴリー別の市場動向としては，化粧水や美容液など，皮膚を健やかに保ち，肌質自体を整えることを目的としたスキンケア化粧品が46・6％を占めていた。2番目はファンデーションや口紅など，顔を装い，飾り，美化することを目的としたメイクアップ化粧品で，22・6％であった。3番目はシャンプーやヘアトリートメントなど，髪の手入れや手当てをすることを目的としたヘアケア化粧品で17・5％であった（**付属資料4－2**を参照）。

スキンケア化粧品の比率が非常に高いため，各メーカーとも，いかにスキンケア化粧品を拡販するかに注力していた。スキンケア化粧品に関して，消費者は，固定的に同一ブランドを使い続け，なかなかブランド・スイッチはせず使い続ける傾向にあった。したがって，スキンケア化粧品の新規顧客を獲得しようとするブランドは，まずはテスターや試供品でその製品が肌に合ってよい製品であることを知ってもらう必要があった。一方，メイクアップ化粧品に関しては，ブランドを特定していない消費者が多く，流行に左右される程度も大きく，スキンケア化粧品に比べると，新しい顧客を獲得しやすいと考えられていた。

（注5）　美容部員は，顧客にメイクアップ化粧品やスキンケア化粧品のアドバイスを行い，化粧品を販売する。接客では初めにカウンセリングによって顧客の悩みを聞き，最適な化粧品を提案する。

（注6）　「タッチアップ」は，企業側にも顧客側にも双方にメリットがあると考えられている。美容部員側は自社の製品を肌で感じてもらうことができる。顧客側は実際に化粧品を試して使用感や色味を確認することができる。加えて化粧の流れやテクニックを教えてもらえるというメリットもある。

図4-1　アイスタイルグループ3つのビジネス

出所：アイスタイル会社資料をもとに著者作成。

アイスタイルグループの概要

アイスタイルグループの中核である株式会社アイスタイル（以下、アイスタイル）は、1999年に現代表取締役社長である吉松徹郎氏によって創業され、同年、化粧品のクチコミサイトアットコスメをスタートした。化粧品に関するデータベースを核に、2020年時点では、**図4-1**にあるように、メディア、ECサイト、実店舗と領域を広げ、3つのビジネスを融合したビジネスを展開していた。

クチコミサイト：アットコスメ

アットコスメは、化粧品に関するクチコミ情報を中心とした美容系総合サイト

図4-2　アットコスメ（クチコミ情報を中心とした美容系総合サイト）

出所：アイスタイル会社資料。

であった。**図4-2**はアットコスメのサイトの概要である。2020年6月時点で、登録ブランド数は3万9000ブランド、受発注や在庫管理を行う場合の最小の単位である登録SKU（注7）数は化粧品を中心に34万件におよび、クチコミの総件数は1580万件で、日本最大級のサイトとなっていた。

「敏感肌の乾燥肌で

（注7）「SKU」とは、Stock Keeping Unit（ストック・キーピング・ユニット）の略で、受発注・在庫管理を行う場合の最小の単位をいう。単品で管理するために、品目をデザインやサイズ、色などで細分化して分類する。

図4-3　アットコスメの利用状況

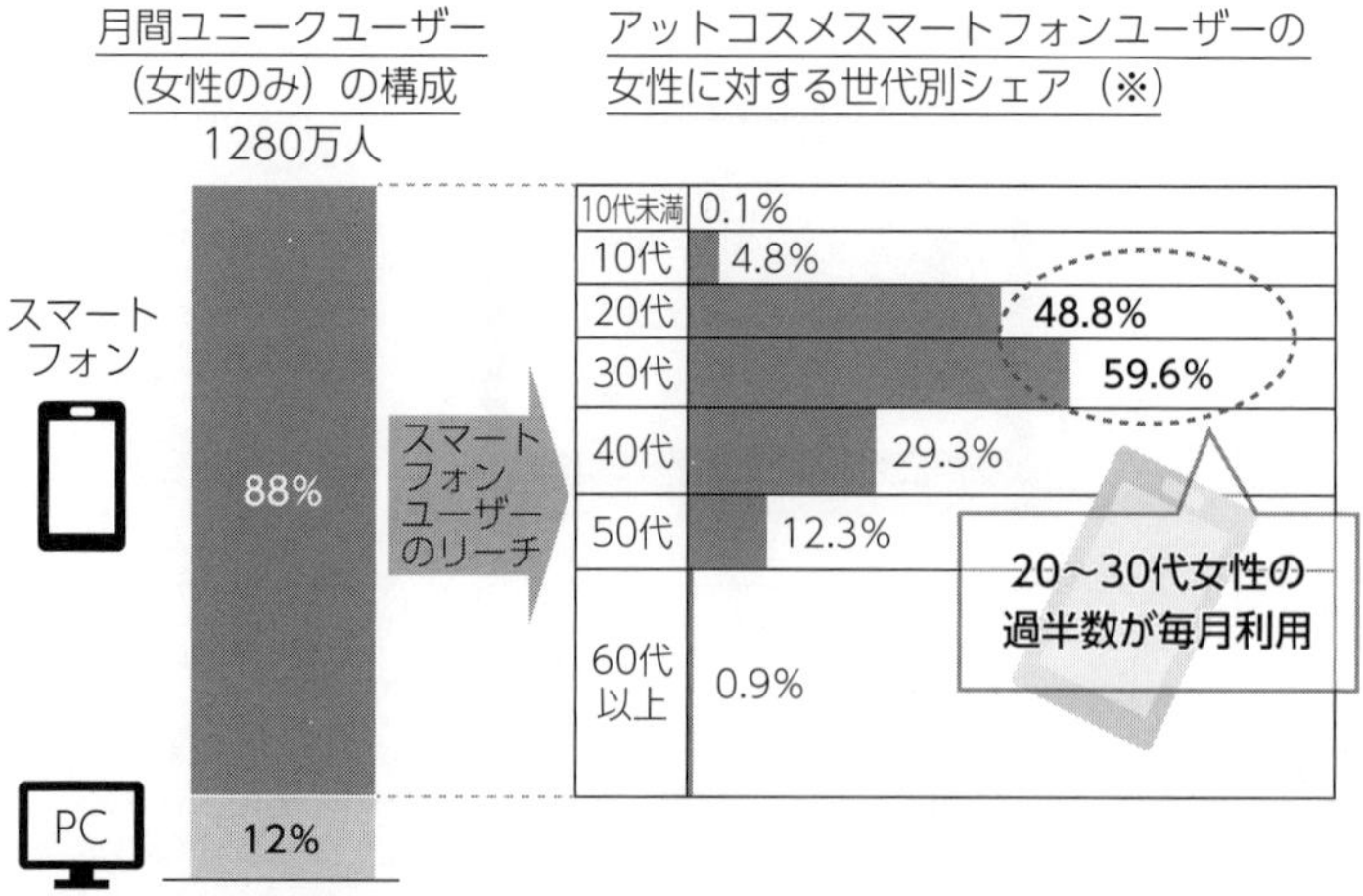

注：総務省人口統計（2020年1月確定値）2020年6月末時点のPC・スマホ・FPのUU数と会員分布より推計
（※）各世代の高さは、各世代の人口ボリュームを表している
出所：アイスタイル会社資料。

いままで化粧水をつけるとピリピリしたり、ベトベトしたりと合わないものが多かったけどこれは違いました。リピートします！」「値段の割に特にこれといって効果がない……。ニキビできた。」といった生の声がリアルタイムで公開されており、誰でも自由に見ることができた。

アットコスメは、月間ユニークユーザーが1320万人、会員登録数は610万人であった。**図4-3**はアットコスメの利用状況の詳細である。月間ユニークユーザーのうち、女性は1280万人であったが、うち88%がスマートフォンから、12%がPCからとなっていた。世代別シェアでは、10代未満が0・1%、10代が4・8%、

20代が48・8%、30代が59・6%、40代が29・3%、50代が12・3%、60代以上は0・9%となっていた。アットコスメのコアユーザーは、20~30代の女性であった。

主なコンテンツとしては、カテゴリーやブランド別など人気の商品をランキングで表示する「ランキング機能」があった。また、「キーワード、ブランド、カテゴリーなどから商品の検索ができる機能」があり、投稿者の年代や肌質で絞り込むなど、細かい条件設定が可能であり、商品のスペックや投稿されたクチコミがわかるようになっていた。

データベースに関しては、消費者やメーカーからの信頼を保つ取組みを行っていた。例えば、なりすましを防ぐ手段として、携帯電話番号を利用した個人認証を実施していた。また、人の目によるクチコミ全件チェック（24時間365日の有人監視）も実施していた。このように、不正を排除し、健全性を保つ取組みを重層的に行っていた。

ECサイト：アットコスメショッピング（注8）

アットコスメ設立の3年後の2002年に、ECサイトとして運営を開始したのが、「cosme.com」であった。2008年には、アイスタイルの100%出資の連結子会社として、株式会

（注8） ECサイトに関しては、株式会社エスキュービズムのホームページにおける自社サービス・プロダクト導入事例紹介としての、コスメ・コム、アイスタイルの社員へのインタビュー記事（2019年7月アクセス）にもとづいて記述している。

社コスメ・コム（以下、コスメ・コム）が設立され、ECサイトの事業部門は独立した。その後、２０１５年に、サイトはリニューアルされ、クチコミサイトのアットコスメと連携を強化する目的で、サイトの名称は「アットコスメショッピング（@cosme SHOPPING）」に変更された。

このECサイトでは、アットコスメに掲載されている全てのブランドを取り扱えるわけではなかった。例えば、「このブランドに関しては、原則、百貨店と化粧品専門店のみでしか販売しない」というように、化粧品メーカーがチャネルを選択し、それ以外では販売しないということが多々あった。そうした背景もあって、リニューアル前の「cosme.com」の時には、バイヤーが一押し商品を売るセレクトショップという位置づけにとどまっていた。

しかし、コスメ・コムは、クチコミサイトのアットコスメを運営するアイスタイルの１００％出資の子会社であり、少しでもアットコスメで掲載しているブランドの取扱数を増やすべきだという考えもあった。そこで、リニューアルに際しては、メーカーが自ら商品を出品できるマーケットプレイス型ECサイトとしての機能が導入された。

セレクトショップ型でバイヤーの一押し商品を販売するだけにとどまらず、マーケットプレイス型で、メーカーが自ら商品のよい所を伝えることができるようにと考えられたのであった。よって、リニューアル後は、メーカーは、従来通りコスメ・コムに商品を卸して販売することもできたし、アットコスメショッピングにマーケットプレイス型で商品を出品・販売することもできるようになった。

これにより、チャネルを絞って販売しているブランドも、ブランドのイメージや価格などをある程度コントロールすることが可能だと考え、アットコスメショッピングへの参加を前向きに検討、実施するようになった。例えば、リニューアル前後で、百貨店取扱ブランドである「ディオール」(注9)や「ドルチェ＆ガッバーナ」(注10)、オーガニック・ナチュラル系ブランドの「ジョンマスターオーガニック」(注11)「パンピューリ」(注12)などが新たに加わった。

結果として、アットコスメショッピングのブランドの取扱数は増加し、それにより、消費者側の選択肢が増えたことで、アットコスメショッピングを使う消費者の数も増加していった。2020年時点では、全てではないが、ドラッグストアブランドから百貨店ブランドまで業態の垣根を超えた、幅広い品揃えを持つ日本一の化粧品専門ECサイトとなっていた。アットコスメで人気の商品を買える公式ECサイトとして、特にアットコスメのコアユーザーの20代～30代女性を中心に認知され、アットコスメの1320万人のユーザーのうち、100万人ほどがアットコスメショッピングで買物をするようになっていた。

(注9)　ディオール（Dior）は、フランスの高級ブランド。
(注10)　ドルチェ＆ガッバーナ（DOLCE & GABBANA）は、イタリアの高級ブランド。
(注11)　ジョンマスターオーガニック（John Masters Organics）は、アメリカの高級ブランド。
(注12)　パンピューリ（PAÑPURI）は、タイの高級ブランド。

ただ、アイスタイルグループのなかでは、別会社の実店舗アットコスメストアを運営するコスメネクストのほうが、従業員数からみた会社規模も売上規模も大きく、グループ内のプレゼンスとしては、ＥＣサイトを運営するコスメ・コムはやや低い位置づけにあった。しかし、２０２０年、新型コロナ危機の影響により、ＥＣサイトの売上高が大躍進したことで、改めてその成長の可能性がグループ内でも注視されることとなっていた。

実店舗：アットコスメストア

設立経緯（注13）

１９９９年にクチコミサイト「アットコスメ」を立ち上げ、成長軌道に乗せていた吉松社長であったが、気になることがあった。それは、アットコスメでのランキング上位商品と、百貨店やドラッグストアなどで置かれている商品との乖離であった。アットコスメで人気のある商品が、百貨店やドラッグストアで取り揃えられていたかというと、そうではなかった。

吉松社長はこのように言っている。「ドラッグストアなどの店舗の人たちが考えるのは、『How to Sell』。メーカーとの関係のなかで、いかに安く仕入れるか。そして仕入れたものをいかに売り切るか。メーカー側はそれがわかっているので、初期ロットの多い製品に販促費をつけ、店舗側はそれを仕入れて棚に並べる。ネット上では『この化粧水がいい』という声があふれかえっているのに、店舗に行くと、相変わらず大手メーカーごとの棚割りで、メーカーが主導した製品が並んでいる。店舗側が『How to Sell』の発想から抜け出せない限り、この構造は変わらない」。

そこで、吉松社長が考えたのが、「自分たちで店舗をもつ」ことだった。「『How to Sell』ではなく、『What to Buy』の思想で、顧客の声を聞き、本当に望むものを仕入れて、提供する店舗が必要だ。」「業界が変わらないなら、自分たちで変えればいい。」そう思って店舗をつくろうとした。しかし、メーカーからも株主からも役員からも、大反対された。「売り場に立ったこともないのに、業界を甘くみてはいないか」と散々の反応で、辞めていった役員もいた。

しかし、「ここを突破しないと変化は訪れない」と考え、周囲の反対を押し切って、2007年、東京・新宿のルミネエストにオープンさせたのが、「アットコスメストア」1号店であった。ただ、周囲の反対が強かったこともあり、出店にあたっては、株式会社たしろ薬品が出資するコスメネクストに協力を依頼して、店舗運営をスタートした。

そこで吉松社長が出会ったのが、後にアットコスメストアを運営するコスメネクストの代表取締役社長となった遠藤宗氏であった。遠藤氏は、当時、化粧品販売会社のたしろ薬品に勤務し、次のように考えていた。「例えば、消費者が今日使っている化粧品、マスカラ、シャンプー、ヘアワックス。なぜ、いま使っているものを選んだのだろうか。身体に触れるものだから、本

（注13）　アットコスメストアの設立経緯に関しては『東洋経済オンライン』２０１２年11月30日、『ITmedia ビジネスオンライン』２０１５年05月21日、『日興フロッギー』２０１７年12月28日にもとづいて記述している。

来は色々な情報を吟味して買いたいはず。でも化粧品に関する情報の多くは、企業側が発信するものだけに限られている。そんな環境でよいのだろうか。消費者が本当に必要な情報に触れられない状況を、何とかできないか。」

遠藤氏は、「アイスタイルはユーザーやメーカーに関するデータベースを持っていて、自分は小売のノウハウを持っている。そしてどちらも、見ている先は消費者。一緒に、消費者のための化粧品店をつくってみたい」と、吉松社長と意気投合して、アットコスメストアの1号店の出店にあたった。そこから、実店舗アットコスメストアの運営は、小売の経験がある遠藤氏が中心に担っていくこととなった。

なお、アイスタイルは、その後、2008年に、アットコスメストアの運営会社であるコスメネクストに資本参加して、連結子会社化（出資比率98・5％）し、本格的に店舗事業の運営を開始することとなった。遠藤氏は2007年、コスメネクスト設立時より取締役に就任していたが、その後、2014年に代表取締役社長に就任した。

消費者主体の店舗づくり

〝消費者のための化粧品店〟としてスタートしたアットコスメストアだったが、最初は試行錯誤の繰り返しだった。例えば、アットコスメのランキング上位商品のサンプルを置いたりもした。アットコスメのランキング上位商品で、アットコスメストアでは販売の取扱いができなかったものに関しては、自社負担で買ってきて並べて、サンプルを提供し、購入を希望する消費者に対しては、近隣の取扱店を紹介するということまで行ったこともあった（注14）（『beBit』2016年10月11日）。あくまで消費者を中心に据え、消費者が、試せて、体験できて、これまで知りえなかったよい商品と出会える空間を提供することを愚直に目指していった（注15）。

その結果、徐々に消費者からの支持を集め、1号店の新宿店は、2015年時点で、1日の平均来店客数が約2500人にのぼり、化粧品専門業態としては日本一の売上を誇る店舗となった（『商業施設新聞』2016年9月6日）。そして、アットコスメストアの店舗は全国に増えていった。

そうした実績を受け、取引のなかったメーカーから、アットコスメストアに製品を置きたいと声がかかることも増えていった。また、かつては、例えば百貨店といった特定チャネルのみでしか販売しないと頑《かたく》なだったブランドが、期間・店舗を限定する形であれば、アットコスメストアに製品を置いてもよいと軟化の姿勢を見せることも多くなった。これには、背後に、ク

（注14）　2020年時点、アットコスメストアでは、実店舗ごとに、原則アットコスメのランキングにもとづきながら、入荷が可能となった商品のなかで、ランキングを作成し、陳列していた。但し、2020年1月に開業した旗艦店アットコスメ東京では、アットコスメで週間ランキングを獲得した商品を展示し、アットコスメのランキング結果と完全連動させていた。

（注15）　空間づくりの一環として、利用者の肌が美しく見えるよう化粧水などの基礎化粧品コーナーとメイクアップ用品のコーナーで、照明や床を変えている店舗もある（『日経MJ』2014年4月4日）。

チコミサイトのアットコスメの影響力の拡大もあった。アットコスメは、登録者数を増やし、日本一の化粧品クチコミサイトとして、消費者からの認知度も高くなっていた。そのため、化粧品メーカーもアットコスメの公式の実店舗であれば、消費者からの認知・信頼もあるため、イメージもよく、流通チャネルとして悪くないと考えるようになっていた。また、アットコスメストアは、消費者主体といっても、価格面に関しては、基本的に値引きはしない方針をとっているため、メーカーとしては希望小売価格が守れるという安心感もあった。

実店舗の特徴

アットコスメストアは、2020年時点では、「試せる」「出会える」「運命コスメ」という3つのキーワードで実店舗の特徴をまとめ、消費者に訴求していた。

1つ目の「試せる」としては、ウェブサイト上では提供できない実店舗独自の価値として、実際に試せることを重視し、店内にある商品のほとんどにテスターを用意し、顧客が自由に使用感を確かめることができるようにしていた。店内には鏡を多く設置し、水栓を配置し、使い捨てのチップ・コットンも用意することで、消費者が、様々な化粧品を気兼ねなく何度でも試せるような工夫をこらしていた（**図4-4**を参照）。

2つ目の「出会える」としては、アットコスメに寄せられたクチコミをもとに人気商品をランキング形式で展示したり、店舗ごとに来店客に気付きを提案するブランド横断型の編集企画

図4-4　「試せる」店舗づくり

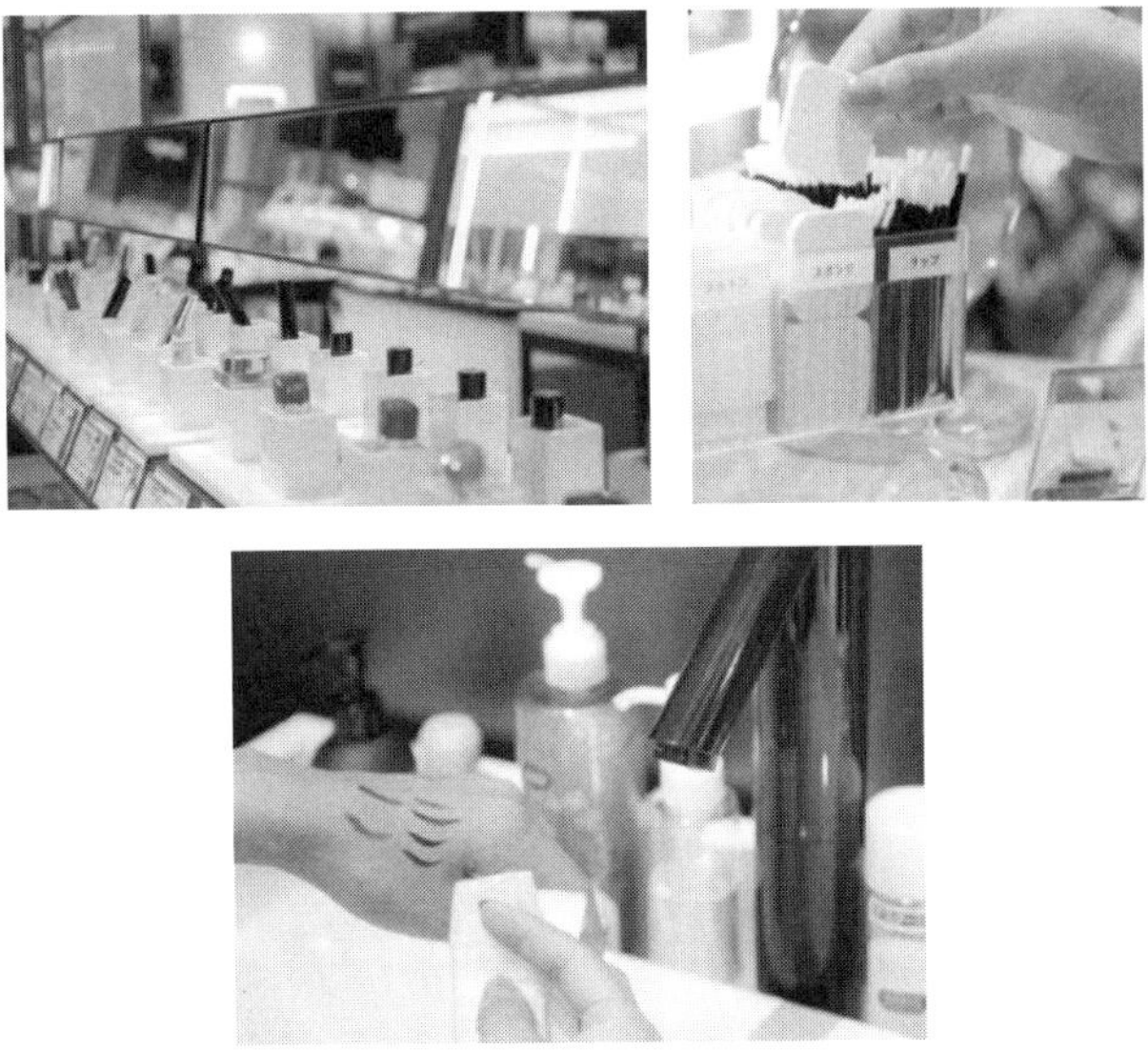

出所：コスメネクスト会社資料。

売り場を展開したりするなど、ブランドや価格にとらわれず、いま、注目を集めている化粧品と出会える場を提供していた。メーカーのチャネル政策との兼ね合いで、販売が難しい商品もいまだあるが、粘り強く交渉を続けることにより、取扱数はかなり増加していた。これにより、通常、百貨店、ドラッグストアなど業態ごとに販売されているブランドを、消費者はアットコスメストアで見比べ、比較検討することが可能となっていた。

最後の「運命コスメ」に関する取り組みとしては、主に百貨店で取扱うような価格が高いラグジュアリーコスメと呼ばれるような化粧品から、ドラッグストアで取扱うようなプチプラコスメと呼ばれる価格が安い化粧品まで、幅広く商品提案ができる、スタッフを配置していた。つまり、消費者が「運命的」とも思えるような、適切なコスメ選びを、どこかのメーカーに偏ることなく〝中立的〟な立場で手助けするスタッフを教育し、配置していた。ただし、商品提案はあくまでも消費者が希望する場合に限っていた。百貨店のカウンターのように、必ずスタッフが付くというわけではなかった。したがって、消費者は気軽に店舗に入ることができ、相談したい時に相談することができるようになっていた。

このような、消費者主体で考えた3つの特徴を持つことにより、アットコスメストアは、百貨店ともドラッグストアとも異なる存在感を示していた。

実店舗展開

2007年に1号店である新宿店を出店して以来、アットコスメストアは、出店を重ね、2020年時点では、国内23店舗の規模になっていた（**表4-3**を参照）。2020年1月には、原宿駅前に、アットコスメの旗艦店となり、初の路面店となる、3フロア構成で400坪もの売り場面積を持つアットコスメ東京をオープンした（注16）。アットコスメ東京は、国内最大級の品揃えで、インバウンド（注17）需要も見込み、アットコスメストアの3つの特徴を継承する一方、「テクノロジーとリアルの新たな融合で、ユーザーとブランドをつなげる」という目標をめざす店舗として新たな試みも取り入れていた。

（注16）アットコスメ東京の店舗の外観・内装などに関しては付属資料4-4を参照。

（注17）観光用語としてのインバウンドは、外国人が日本を訪問する旅行のことをいう。逆に、アウトバウンドは、日本人が国外へ出かけていく旅行のことをいう。

表4-3　アットコスメストアの実店舗展開

アットコスメストア（国内：23店舗）

ルミネエスト新宿店	2007年3月OPEN 2016年9月改装	238㎡
上野マルイ店	2008年11月OPEN 2017年2月増床	350㎡
ルミネ池袋店	2012年4月OPEN 2019年9月増床	333㎡
ルミネ有楽町店	2014年2月OPEN	224㎡
TSUTAYA EBISUBASHI店	2014年11月OPEN	297㎡
マルイファミリー溝口店	2015年10月OPEN	271㎡
神戸マルイ店	2016年5月OPEN	162㎡
T-SITE COSME 枚方店	2016年5月OPEN	89㎡
TSUTAYA 熊本三年坂店	2016年6月OPEN	228㎡
TSUTAYA 札幌美しが丘店	2016年9月OPEN	234㎡
池袋サンシャインシティ店	2016年10月OPEN	162㎡
TSUTAYA 函館蔦屋書店	2016年11月OPEN	264㎡
アミュエスト博多店	2017年3月OPEN 2019年2月増床	142㎡
ルクア大阪店	2017年3月OPEN 2020年4月増床	181㎡
名古屋タカシマヤ ゲートタワーモール店	2017年4月OPEN	182㎡
アピタタウン 金沢ベイ店	2007年11月OPEN 2017年4月増床	228㎡
ルミネ大宮店	2018年3月OPEN 2019年3月増床	241㎡
ららぽーと富士見店	2018年3月OPEN	244㎡
マリエとやま店※	1987年9月OPEN 2018年9月増床	191㎡
TSUTAYA MARK IS 福岡ももち店	2018年11月OPEN	241㎡
イオンモール高岡店	2002年9月OPEN 2019年9月増床	240㎡
イオンモール高崎店	2006年10月OPEN 2020年4月増床	254㎡
ニュウマン横浜店	2020年6月OPEN	323㎡

アットコスメ東京（1店舗）

原宿店	2020年1月OPEN	1300㎡

注：アットコスメストアの店舗の区分　大型店＝100坪以上（330㎡）
　　中型店＝70～100坪（230㎡～330㎡）　小型店＝70坪以下（230㎡以下）
出所：コスメネクスト会社資料をもとに著者作成。

遠藤氏は、アットコスメ東京の営業を開始する際、次のように語っていた。「アットコスメ東京は単に売上を伸ばすことを目標にするのではなく、『お客様がブランドとつながる体験をいかに作ることができるか』ということを重視して店作りを行った。肌解析やバーチャル・メイク、外国人のお客様に対しては多言語で商品の説明を表示するＪＡＮコード翻訳リーダーや翻訳アプリを取り入れていたが、それは店頭をＩＴ化したいということではなかった。お客様にバーチャルテクノロジーを通じてさまざまな体験をしてもらいたい、ということであった（『impress』２０２０年1月14日）。」つまり、遠藤氏は実店舗での〝体験価値〟を重視し、インバウンド需要も見込んだ上で、多くの消費者の来店を期待・予想していた。

吉松社長からは、小売で利益をあげる必要性が説かれるとともに、「初年度売上40億円」という目標もあたえられていた。しかし、1月、ようやくオープンにこぎつけた直後、新型コロナ危機の影響により、アットコスメ東京も、他の全国のアットコスメストアも、状況が大きく変化することとなってしまった。

新型コロナ危機の影響

化粧品業界への影響

新型コロナ危機により、化粧品業界を取り巻く環境にも大きな変化があった。２０２０年4月～5月にかけては、多くの百貨店や化粧品専門店は、緊急事態宣言に伴う営業自粛を余儀な

表4-4　新型コロナ危機時代に売れなくなったモノ（注18）

順位	カテゴリー	分類	金額前年比（%）
1	鎮暈薬（酔い止め）	医薬品	13.1
2	口紅	化粧品	26.3
3	日焼け・日焼け止め	雑貨	36.7
4	テーピング	雑貨	41.5
5	ビデオテープ	雑貨	43.1
6	制汗剤	雑貨	46.6
7	頬紅	化粧品	48.5
8	ファンデーション	化粧品	50.7
9	おしろい	化粧品	53.7
10	化粧下地	化粧品	55.2

出所：『DIAMOND online』、2020年5月18日。

くされた。その後、5月下旬に緊急事態宣言は解除されたものの、消費者の在宅勤務の増加や、マスクを着用する生活スタイルの定着により、特に口紅や頬紅などマスクで肌が隠れる部分のメイクアップ化粧品の売上が減少した。また、訪日外国人旅行者が激減することにより、化粧品業界には、厳しい状況が続いた。

表4-4は、新型コロナ危機時代に売れなくなったモノに関するランキングであるが、トップ10の中に、化粧品が5つも入っていた。

経済産業省の生産動態統計によると、日本国内の化粧品出荷金額は、消費税増税直後の2019年10月に前年同期比減少に転じていた。その後、減少が続き、新型コロナウイルス感染症拡大による訪日外国人旅行者の減少が顕著になった3月に

（注18）ここではTOP10のみ記載しているが、元は30位までのランキングで、その他、化粧品では、14位にアイシャドー、24位にアイライナー、26位に香水・コロン、28位に美容液もランクインしている。

は、同6・6％に減少幅が拡大し、緊急事態宣言が発令された4月には同25・7％の大幅減少となった（経済産業省『生産動態統計調査』2019年、2020年）。

また、観光庁によると、2019年の訪日外国人旅行者は、過去最高の3188万人と7年連続で過去最高を更新していたが、新型コロナ危機により2020年4月に前年同月比マイナス99・9％の2900人まで減少していた（観光庁『訪日外国人旅行者数・出国日本人数（統計情報）』2020年）。入国制限措置が緩和されても、訪日外国人旅行者がすぐに新型コロナ危機以前の状況に戻るとは考えられず、4000億円規模あるとされるインバウンド化粧品市場は、数年にわたり大きなダメージを受けることが予想されていた。

一方、化粧品関連企業の動向に目を向けると、やはり、コロナ禍による極めて厳しい経営業績が見受けられた。例えば、資生堂は、全世界的な経済活動の停滞や消費マインドの低下などにより、2020年第2四半期（2020年1月1日～2020年6月30日）の売上高が、前年同期比26％減の4178億円となっていた。地域別の売上高を見ると、売上構成比36％を占める日本事業の減収が目立ち、前年比31・9％減の1505億円となっていた。緊急事態宣言を受けた営業自粛や、BC（ビューティーコンサルタント）（注19）が顧客にタッチアップすることが難しくなったことにより、百貨店などで販売する高価格化粧品の販売が縮小したことも売上縮小の一因として考えられていた（資生堂『第2回半期決算説明資料』2020年）。

アイスタイルグループへの影響(注20)

旗艦店のアットコスメ東京のみならず、アットコスメストアの23店舗中19店舗が、4～5月の2カ月弱、休業を余儀なくされた。そのため、実店舗を運営するコスメネクストとしては、2020年6月期通期決算において、当該期間の休業店舗の売上はゼロとなり、減収となった。一方、ECサイトのアットコスメショッピングの方は、緊急事態宣言に伴う外出自粛要請の影響や、「一時取扱可能製品」と呼ばれる、普段ECに製品を卸さないブランドが、実店舗を持つ企業が運営するECに対してのみ期間限定で販売を許可した製品の寄与もあり、大幅増収となった。実店舗とECサイトを合わせた全体の売上高で見ると、実店舗は減収したものの、ECサイトがそれを補って余りあるほど大きく増収したため、全体としては増収となっていた（**図4-5・図4-6**を参照）。

コロナ禍における実店舗の状況

5月下旬の非常事態宣言の解除に伴い、アットコスメストアは、地方の店舗から順次営業を

（注19）　化粧品業界においては、美容部員のことをBA（ビューティーアドバイザー）やBC（ビューティーコンサルタント、ビューティーカウンセラー）などと呼ぶ。各メーカーによって呼び方は幾分異なるが、どれも美容部員のことを指す。

（注20）　アイスタイルグループ全体の連結売上高推移に関しては、**付属資料4-4**を参照。

図4-5　ECサイトと実店舗の売上高推移

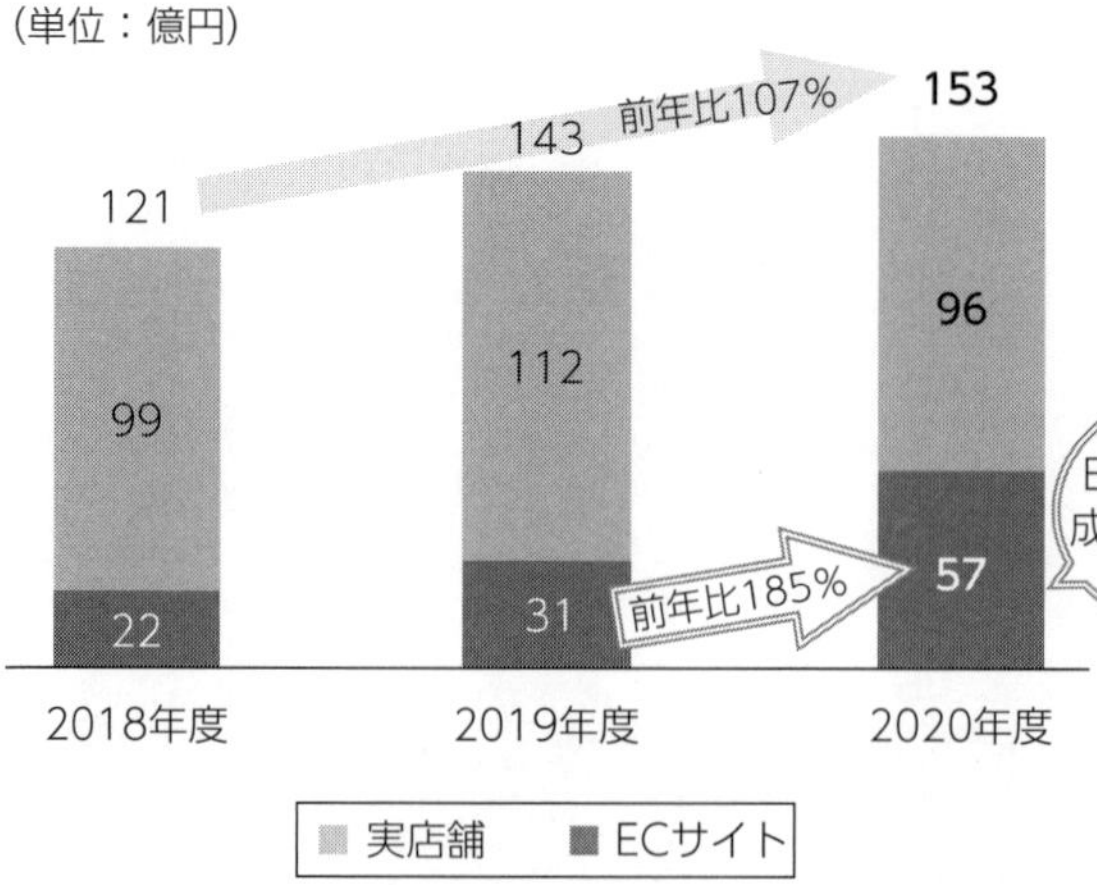

出所：アイスタイル会社資料。

図4-6　ECサイトの売上高

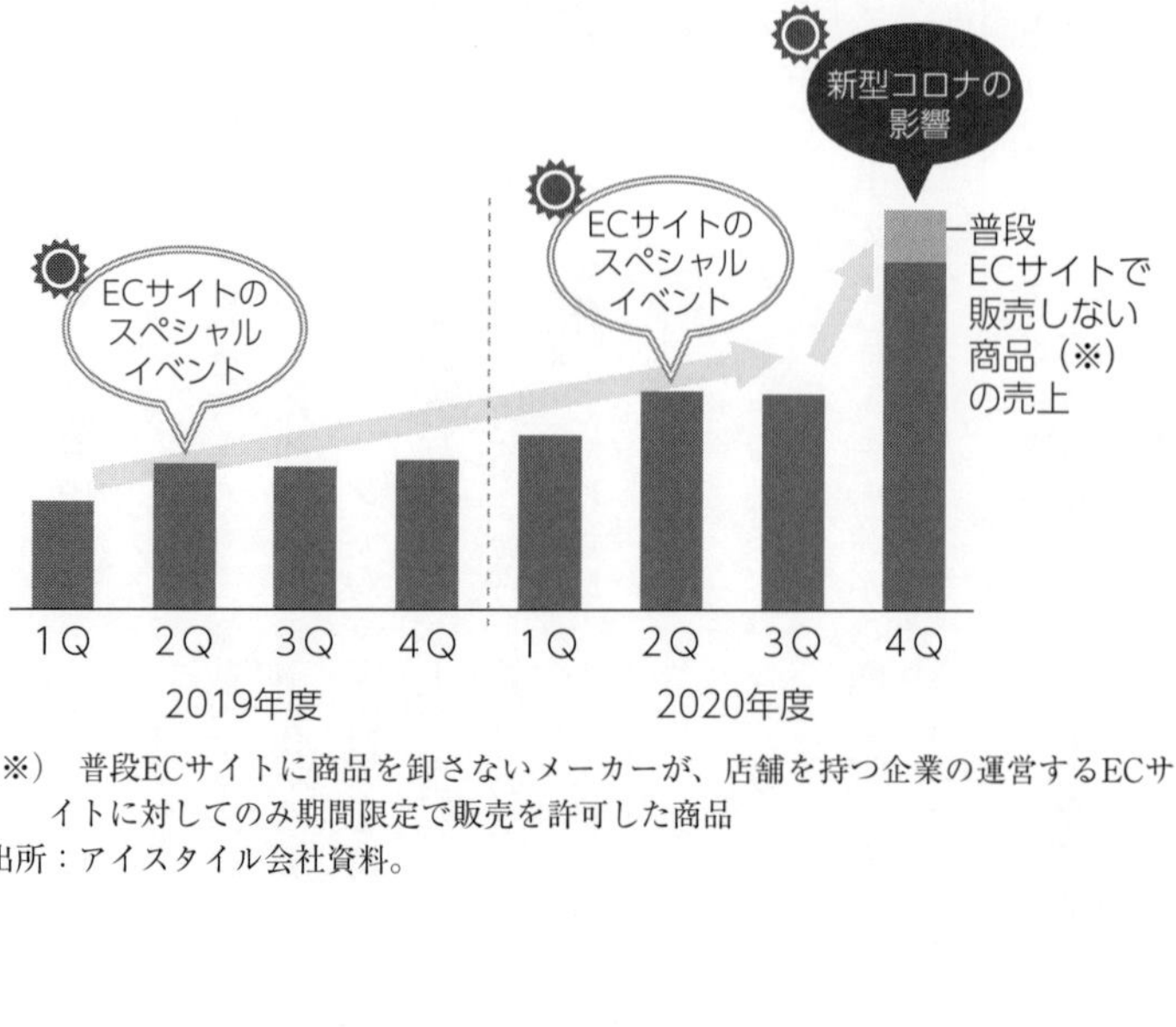

（※）　普段ECサイトに商品を卸さないメーカーが、店舗を持つ企業の運営するECサイトに対してのみ期間限定で販売を許可した商品

出所：アイスタイル会社資料。

再開していった。6月上旬からは都内の主要店舗も再開し，全店が営業再開となった。実店舗の売上水準は新型コロナ危機以前までは回復しないものの，徐々に回復する傾向は示していた（図4-7を参照）。

新型コロナ危機のもとでの実店舗の取り組みとして，顧客の肌に直接触れるタッチアップを自粛し，肌測定器の利用を停止していた。また，テスター使用時には，直接指などで触れることなく，スポンジやチップなど使い捨てアメニティの使用を徹底するよう，店内で注意喚起の紙を配布するなどして呼びかけていた。

ただ，実店舗を訪れる消費者の中には，カウンセリングを希望する人もいたため，顧客の肌に直接触れない形でのコンサルティング・サービスを拡充していた。具体的には，タブレットを用いて，クチコミサイトのアットコスメと連動させながら商品情報を提供したり，紙ベースの「コンサルティング記録用紙」を用いて化粧の方法などをアドバイスしたりしていた。消費者はスタッフのアドバイスを受けながら，自分で使い捨てアメニティを用いて，テスターを使用した。

このように，新型コロナ危機前とは異なる形で，サービスを行うことにより，「化粧品は，失敗したくないから，店頭で実際に色味や使用感を試してから買いたい。」とか，「自分で最適な商品選択ができるか不安なのでアドバイスが欲しい」（注21）などと考える消費者を中心に，ばらつきはあるものの，徐々に実店舗に客足は戻りはじめていた。

図4-7　実店舗の月別売上高

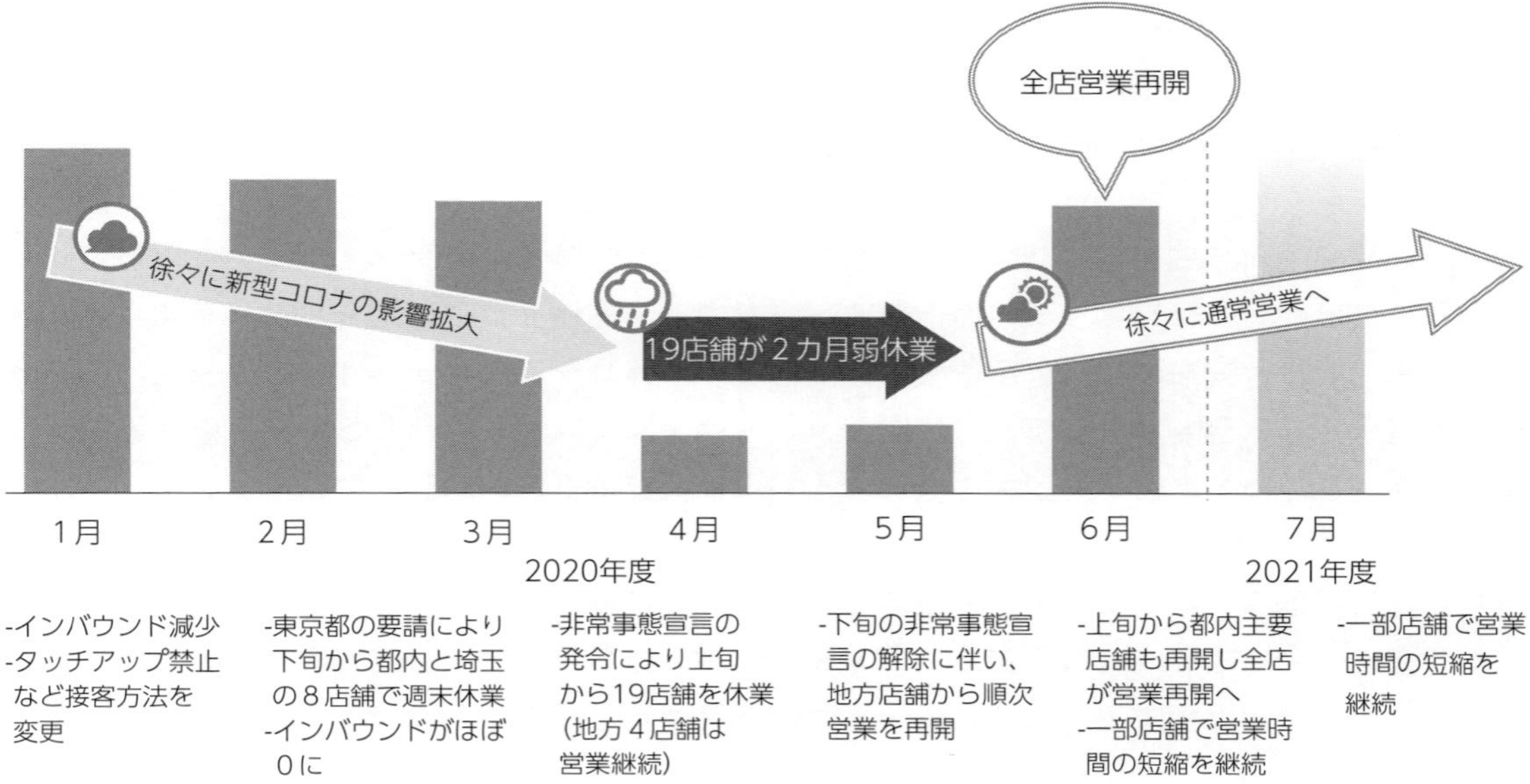
全店営業再開
徐々に新型コロナの影響拡大
19店舗が２カ月弱休業
徐々に通常営業へ
1月
2月
3月
4月
5月
6月
7月
2020年度
2021年度
-インバウンド減少
-タッチアップ禁止など接客方法を変更
-東京都の要請により下旬から都内と埼玉の８店舗で週末休業
-インバウンドがほぼ０に
-非常事態宣言の発令により上旬から19店舗を休業（地方４店舗は営業継続）
-下旬の非常事態宣言の解除に伴い、地方店舗から順次営業を再開
-上旬から都内主要店舗も再開し全店が営業再開へ
-一部店舗で営業時間の短縮を継続
-一部店舗で営業時間の短縮を継続

注）年度は会計年度（７月～6月）
出所：アイスタイル会社資料。

一方で、三密を避けるために不要不急の外出自粛を続け、「新型コロナ危機をきっかけにＥＣでの買物を経験し、今後もＥＣで購入することが増えそう」と考える消費者もいて、実際に、ＥＣサイトのアットコスメショッピングの売上は増加していた。アイスタイルが２０２０年にアットコスメ会員約1万人に対して行った、ＥＣ利用や意識に関するアンケート調査結果によると、「新型コロナ危機の影響でＥＣで化粧品を買うこと」については48％が「増えた」と回答していた。なお、新型コロナ危機収束後の購入方法に関しては、「化粧品をＥＣで購入することが増えそうか」という問いに対し、29％が「はい」、71％が「いいえ」と回答していた（注22）。

ポストコロナに向けた課題

そうした状況の中、遠藤氏は、ＥＣサイトとの兼ね合いのなかで、実店舗がアイスタイルグループのなかで、どのような役割を担っていくべきかについて3つの代替案があると考えていた。

（注21）消費者の声は、アットコスメに寄せられたクチコミから引用。
（注22）株式会社アイスタイルが２０２０年にアットコスメ会員を対象に行った「美容とスキンケアに関するアンケート」調査結果より。

表4-5　化粧品・医薬品EC市場規模とEC化率

	EC市場規模	EC化率
2014年	4,415億円	4.18%
2015年	4,699億円	4.48%
2016年	5,268億円	5.02%
2017年	5,670億円	5.27%
2018年	6,136億円	5.80%
2019年	6,611億円	6.00%

出所：経済産業省『令和元年度 内外一体の経済成長戦略構築にかかる国際経済調査事業（電子商取引に関する市場調査）』、2020年。

メインの販売拠点

第1の案は、いままで通り、同じグループとはいえ、別会社でもあることから、ECサイトはECサイト、実店舗は実店舗と考え、一定の距離を置いた形で、グループ内のメインの「販売拠点」として実店舗を位置づけるという案であった。この案の支持者達によれば、コロナ渦においては、実店舗の売上は減少しているものの、新型コロナ危機収束後は、元の水準まで戻っていく可能性があると主張された。理由としては、化粧品は、やはり「店頭で実際に試してから購入したい」という要望が強い商品であり、**表4-5**にあるような経済産業省のデータをみても、化粧品業界におけるEC化比率は、全産業のEC化率を下回っている(注23)ということがあげられた。よって、新型コロナ危機収束後においても、それほど劇的にEC化率が上がることはなく、これまで通り、販売拠点としての実店舗を重視すべきだという意見であった。

この案のメリットは、まずは、実店舗として大きな売上が計上できるというものであった。実店舗を運営するコスメネクストの売上が上がるため，社員のモチベーションも維持しやすいと考えられた。

しかし，他方で，問題もあった。化粧品のＥＣ化率は全産業平均よりも低いとはいえ，確実に年々伸びていることから，コロナ禍において化粧品のオンライン購入を経験した消費者を中心に，ＥＣに移行する人が増加していくことが懸念された。実際，実店舗が休業中は，ＩＰなどでＥＣサイトへ誘導していたが，ＥＣサイトで一度購入を経験した消費者の中には，今後も使いたいという声が一定数あった。特に，そのなかでは，既に商品を知っている「リピート購入」の場合に関して，ＥＣサイトを利用したいという声が多くあがっていた。そのため，こうした状態が続けば，同じグループでありながら，別会社同士であることもあり，市場や顧客セグメントをめぐって，チャネル間（実店舗とＥＣサイト）で，コンフリクトが生じる可能性が考えられた。

ショールームとしての役割

第２の案は，ＥＣサイトとの連動を強め，実店舗とＥＣサイトの垣根を取り払っていき，実店舗はショールームとしての役割を果たすというものであった。この案の支持者達からは，新

（注23）例えば，２０１９年のＥＣ化率を見ると，ＢtoＣ-ＥＣ（消費者向け電子商取引）の平均ＥＣ化率が６・76％なのに対し，化粧品・医薬品ＥＣ化率は６・00％である（経済産業省『令和元年度 内外一体の経済成長戦略構築にかかる国際経済調査事業（電子商取引に関する市場調査）』２０２０年）。

型コロナ危機の影響でECサイトの利用が急増したが、今後もECサイトで化粧品を購入するという流れは継続・上昇するのではないかという主張がなされていた。ただ、化粧品は「実店舗で実際に試してから購入したい」という要望も強いため、結果として、ポストコロナにおいては、「実店舗で商品情報を収集し、ECサイトで購入する」(注24)消費者が増加すると考えられていた。したがって、そうした実店舗とECサイトの連動をふまえた上で、実店舗はショールームとしての役割を果たしていった方がよいのではないかという意見であった。

この案のメリットは、これまで実店舗は「商品を販売する場所」であったが、ECサイトからの購入が主軸となれば、実店舗では在庫のためにスペースを割く必要がなくなるため、店舗運営コストを抑えられることであった。また、仮に店舗スペースが同じであっても、いままで在庫のためのスペースとして確保していた場所を、商品陳列のためのスペースに変更すれば、消費者が試せる化粧品の数が増加するため、消費者にとっても、メリットがあった。

ただ、実店舗のショールーム化を進めた場合、いままでのECサイトのための物流センターでは、在庫量をまかないきれないため、より大きな物流センターが必要となり、多額の投資がかかることが予想された。また、実店舗とECサイトの連動をうまくやらない限り、実店舗で化粧品は試すものの、価格比較をしてアットコスメショッピング以外の他のサイトで購入する消費者が現れることも懸念された。この問題に関しては、例えばアプリでアットコスメストア店内の専用QRコードを読み込むとアットコスメショッピングと連動し、簡単に買物処理ができるといった仕組みを早急に作る必要があった。

物流拠点としての役割

第3の案は、第2案同様、ECサイトとの連動性を強め、実店舗とECサイトの垣根を取り払っていく案であるが、第2案とは異なり、実店舗から在庫をなくしていくのではなく、むしろ在庫を持ってECサイト注文の受取りに活用するというものであった。つまり、消費者が「クリック・アンド・コレクト」(注25)できるよう、各地の実店舗に物流センターとしての機能を持たせ、一元管理されている実店舗の在庫でECサイト注文に対応するという案であった。

この案の支持者達からは、第2案の支持者同様、ECサイトで化粧品を購入するという流れは継続・上昇するのではないかという予想がなされていた。しかし、第2案では送料がネックになり、伸び悩む可能性があることも指摘された。ECサイトは、2020年時点、1回の購入金額が、税込5500円以上で送料無料となるため、少額の買物だと消費者は送料を負担しなければならなかった。ECサイトで購入後、送料無料の実店舗受け取りという選択肢を用意

(注24)　実店舗で商品を確認し、購入はインターネットで行う消費者行動を「ショールーミング」という。日本でショールーミングは2010年頃から家電量販店で広がり始めたとされる（『日経産業新聞』2017年9月28日）。

(注25)　「クリック・アンド・コレクト」(Click & Collect) とは、ECサイトで注文した商品を、最寄りの店舗などピックアップポイントで受け取る方法である（『日経MJ』2017年2月10日）。

すれば、消費者の送料負担もなくなり、ＥＣサイトは更に伸長していくのではないかという意見であった。

この案には、消費者が実店舗に店頭受け取りに来た際、追加購入をするというメリットも考えられた。「試せる・出会える・運命コスメ」というキーワードで買物自体の楽しさを訴求する実店舗では、店内に入ってから何を買うか決める消費者も多いため、来店することにより、ついで買いをしていく可能性は高いと考えられた。

消費者の利便性が増すこともメリットとしてあげられた。消費者は商品を受け取った際、必要に応じて、店頭スタッフから詳細な使い方の説明を受けることもできた。また、ＥＣサイトだと配達に時間を要して日をまたいでしまうが、クリック・アンド・コレクトだと、店内に在庫があれば、注文当日に注文品を受け取ることができた。つまり、ＥＣサイトを利用しながら、即座に入手したいという消費者ニーズに対応できるものであった。

しかし、デメリットとしては、現状、実店舗とＥＣサイトでの品揃えは一致していない上、店舗ごとの品揃えも異なっていた。ＥＣサイト・実店舗間あるいは実店舗間同士で、在庫データの共有化も行われていなかった。したがって、ＥＣサイトで注文した商品の実店舗での受け取りという流れを作るには、品揃えをある程度、一致させた上で、実店舗内、ＥＣサイト用倉庫を含めて、リアルタイムに在庫／商品情報の開示を行う統合型情報システムを構築しなければならなかった。ただ、２０２０年時点では、実店舗とＥＣサイトが別会社に分かれているため、統合型情報システムを構築していくためには、コミュニケーションのあり方を含め、組織間の調整が大きな課題となると考えられた。

意思決定

遠藤氏は、それぞれの案によって、今後の実店舗の展開の仕方も変わってくるため、これら3つの案のなかで、どれをとるべきかについて、早急に考えを吉松社長に伝える必要があった。

付属資料４－１　化粧品の流通チャネル別市場規模

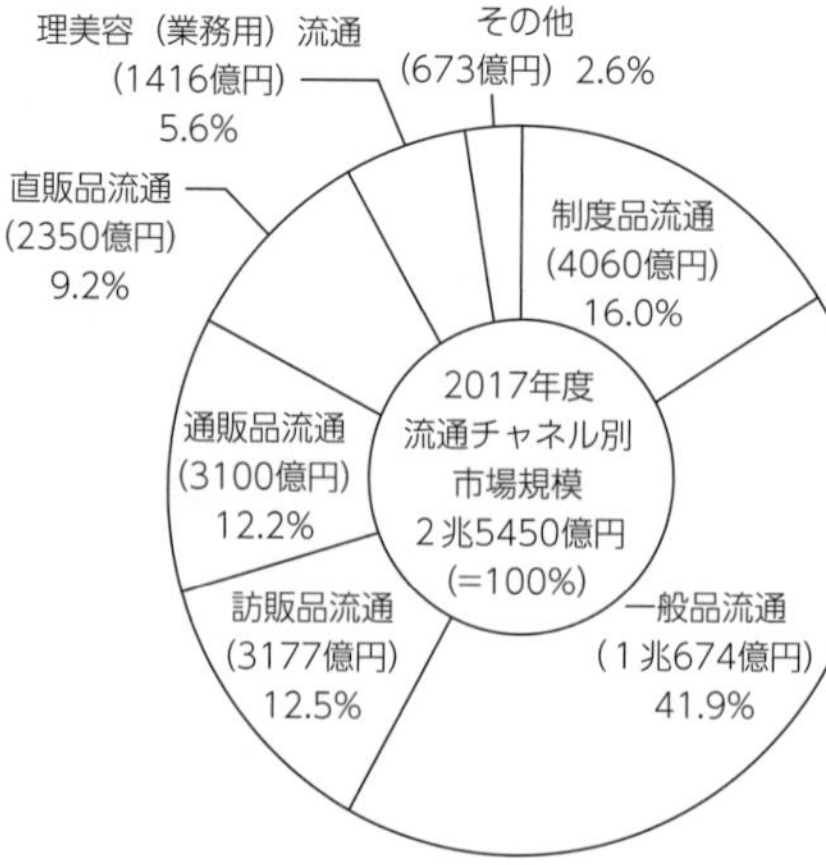

（メーカー出荷金額ベース）

出所：矢野経済研究所『化粧品マーケティング総鑑（2018年版）』。

付属資料４－２　化粧品のカテゴリー別市場規模

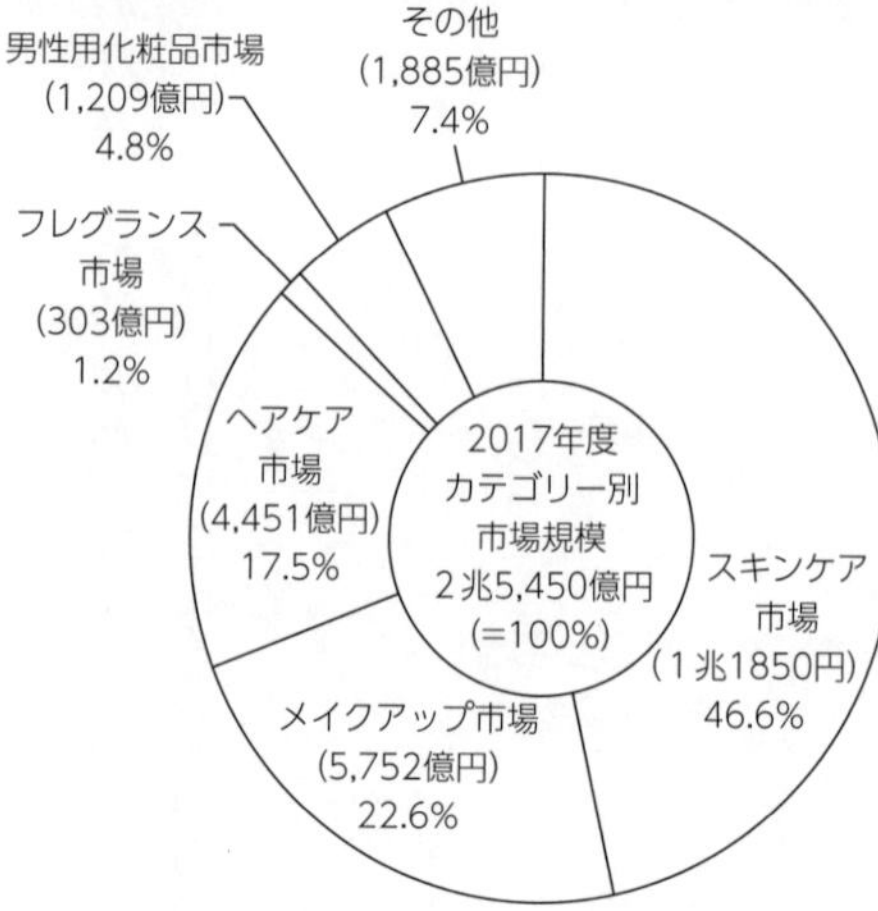

出所：矢野経済研究所『化粧品マーケティング総鑑（2018年版）』。

付属資料4-3　旗艦店アットコスメ東京

注：(上) 実店舗外観　(左中) スタッフによるアットコスメデータを利用したカウンセリング (左下) 肌解析機器　(右) アットコスメに連動した週間ランキング上位品の陳列
出所：コスメネクスト会社資料。

付属資料４-４　アイスタイルの連結売上高推移

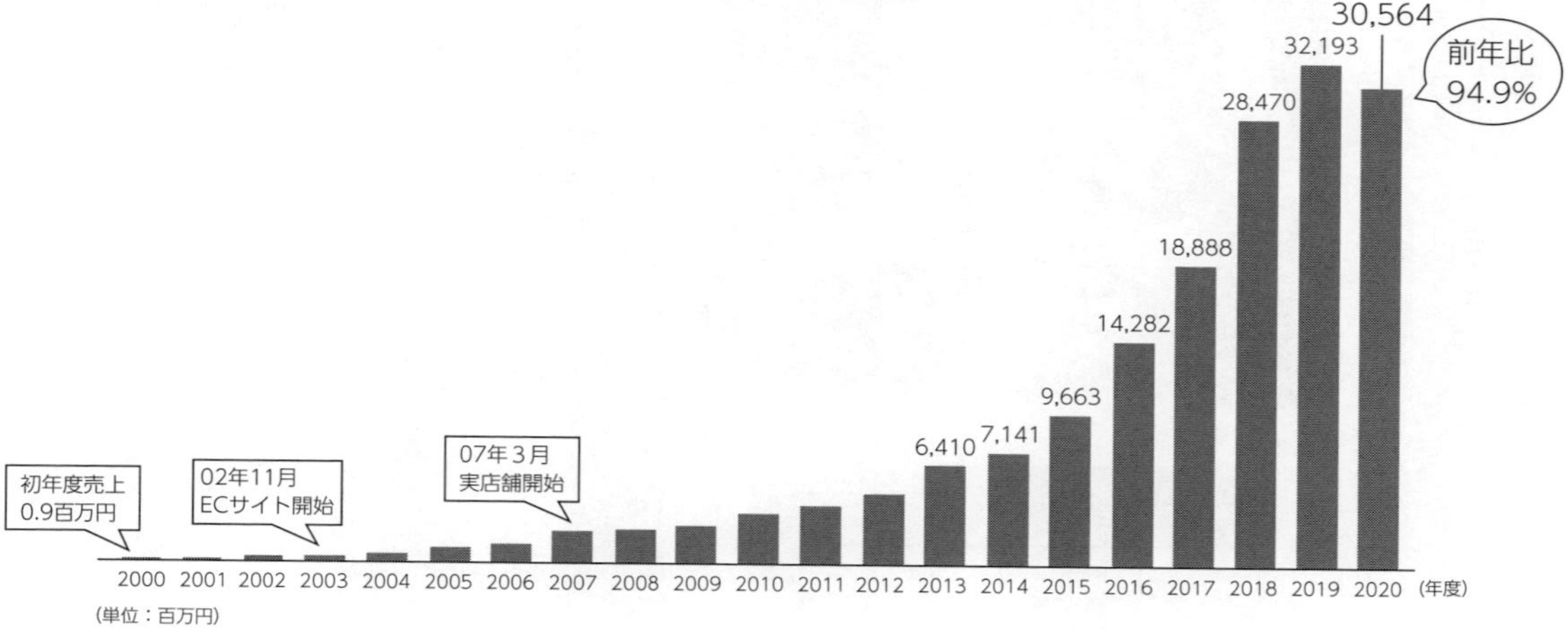

出所：アイスタイル会社資料。

3　設　問

1　インターネットのクチコミサイトアットコスメにとって、実店舗のアットコスメストアの意義はどのようなものでしょうか。

2　消費者にとって、ドラッグストアや百貨店の化粧品ブランドコーナーと比較したアットコスメストアの魅力と欠点はどのようなものでしょうか。

3　百貨店の化粧品売り場で化粧品を売っているメーカーが、アットコスメストアに同じ製品を供給することは、メーカーにとっていかなる利点と問題点を生む可能性があるでしょうか。

4　ポストコロナを見据えたとき、遠藤氏は、アットコスメストアがアイスタイルグループのなかで担っていくべき役割について、3つの代替案のうちどの案を採用すべきでしょうか。

第5章

株式会社アッシュ

：ネット・プロモーション政策（注1）

1 概　要

アッシュは、スタイリッシュでデザイン性に優れたヘア・スタイルとホスピタリティを、リーズナブルな価格で顧客に提供する美容サロンであった。アッシュは、暖簾分けフランチャイズというオリジナルの仕組みを背景として、順調に成長を遂げていた。アッシュは、卓越した技術力に加え、オンライン媒体を通じたネット・プロモーションを駆使することで、指名顧客を育成する努力を続けていた。

そうしたなか、新型コロナ危機は、他の美容サロンと同様に、アッシュに多大な影響を与えた。アッシュとしては、コロナ禍においては、これまで以上に有効なネット・プロモーション政策によって、指名顧客を育成していく必要があった。

本ケースでは、アッシュにとって有効なネット・プロモーション政策を検討することを通じて、コロナ禍のもとでのプロモーション政策のあり方を学ぶ。また、ポストコロナにおける美容サロンの顧客行動を展望することによって、新型コロナ危機の収束を見据えたプロモーション政策についても考察する。

2 ケース

株式会社アッシュ（以下、アッシュ）は、東京・神奈川・千葉・埼玉に127店（2020年9月現在）の美容サロンを直営・フランチャイズで運営する企業であった。1997年に第1号店をオープンして以来、アッシュは着実な成長を遂げていた。2019年に至るまで5年連続で増収を記録し、店舗売上は104億円を達成した。アッシュは、地域で最も評価される美容サロンとしての地位を確立しつつあった。

アッシュの成長の原動力は、何と言っても、若い美容人材を大切に育て、大きく成長させ、活躍する場を与える仕組みにあった。オリジナルの教育システムによって若い美容師を育成したうえで、暖簾分けフランチャイズの仕組みによって、アッシュのオーナーとして独立させる機会を与えていた。残念なことに美容業界では、美容師がサロンから離脱してオーナーになるとき、そのサロンとトラブルになることが少なくなかった。しかし、アッシュでは、この仕組みによって、美容師はサロンと円満な関係を保ちながら独立できた。アッシュの創業会長であ

（注1） 本ケースの執筆にあたり、株式会社アルテサロンホールディングス創業会長吉原直樹氏、および、同社取締役常務執行役員宇田川憲一氏に対して、複数回にわたってインタビューをさせていただいた。多大なるご協力をいただいたことに、感謝申し上げる。

る吉原直樹氏は、暖簾分けフランチャイズについて次のように述べている。

「当社の『暖簾分けフランチャイズ』方式は、人の信用とつながりによって成り立っている。絆を大切にしたオリジナルの独立支援モデルといえるでしょう。」

（ドリームゲート事務局 2008）

2020年3月下旬から始まった新型コロナウイルスの感染拡大は、多くの企業活動に甚大な影響を与えた。アッシュもその例外ではなかった。アッシュは、政府の緊急事態宣言を受け、4月に入り約1カ月間の臨時休業の措置を取った。休業を終えた6月の業績は、客単価については昨年を上回ったものの、来店客数は昨年と比べて10％以上減少してしまった。

この困難のなか、業績を維持している店舗がアッシュにはあった。それらの店舗の特徴は、美容師を指名する継続顧客が、他店に比べて多いことであった。この事実が示しているのは、新型コロナウイルスの感染拡大の懸念が収束しないなかでは、指名顧客の育成がこれまで以上に重要になることであった。

言うまでもなく、指名顧客の育成は、アッシュにとって従来から重要な課題であり続けていた。そのためにアッシュは、確固とした技術に裏打ちされた美容技術を養成してきた。また、様々なマーケティング手段を駆使してきていた。アッシュの自社サイトとホットペッパービューティー（HOT PEPPER Beauty）という、2つのオンライン媒体を通じたネット・プロモーション政策は、その努力の一環であった。

アッシュは、新型コロナウイルス感染の懸念を契機とした顧客行動の変化を考慮しながら、これらのオンライン媒体を、これまで以上に有効なネット・プロモーション政策の手段として使用することで、高い確度で指名顧客の育成をしていく必要があった。そのために、自社のウェブサイトやホットペッパービューティーにどのような役割を担わせ、値引きクーポンを利用していくべきなのかについて模索が続けられていた。

美容サロン業界の現状

美容サロン市場と経営

美容院・美容室（以下、美容サロン）業界の国内市場は、現状縮小していく傾向がみられていた（注2）。事業者の売上ベースでみると、美容サロン市場は2018年では1兆5000億円程度の規模であったが、その規模は2010年と比べて約5％程度減少していた（矢野経済研究所 2018）。その一方で、美容サロンの店舗数は増え、店舗間の競争は激しさを増していた。厚生労働省衛生行政報告例によれば、2018年の全国の美容サロンの店舗数は、25万

（注2）　美容とは、美容師法によれば、パーマネントウェーブ、結髪、化粧などの方法により、容姿を美しくすることである（厚生労働省「美容師法概要」）。美容サロンにおいて、髪のカッティング・サービスが提供されているのは、それが容姿を美しくするための美容行為の一部とされているためである。

図5-1　大手理美容チェーン　売上高

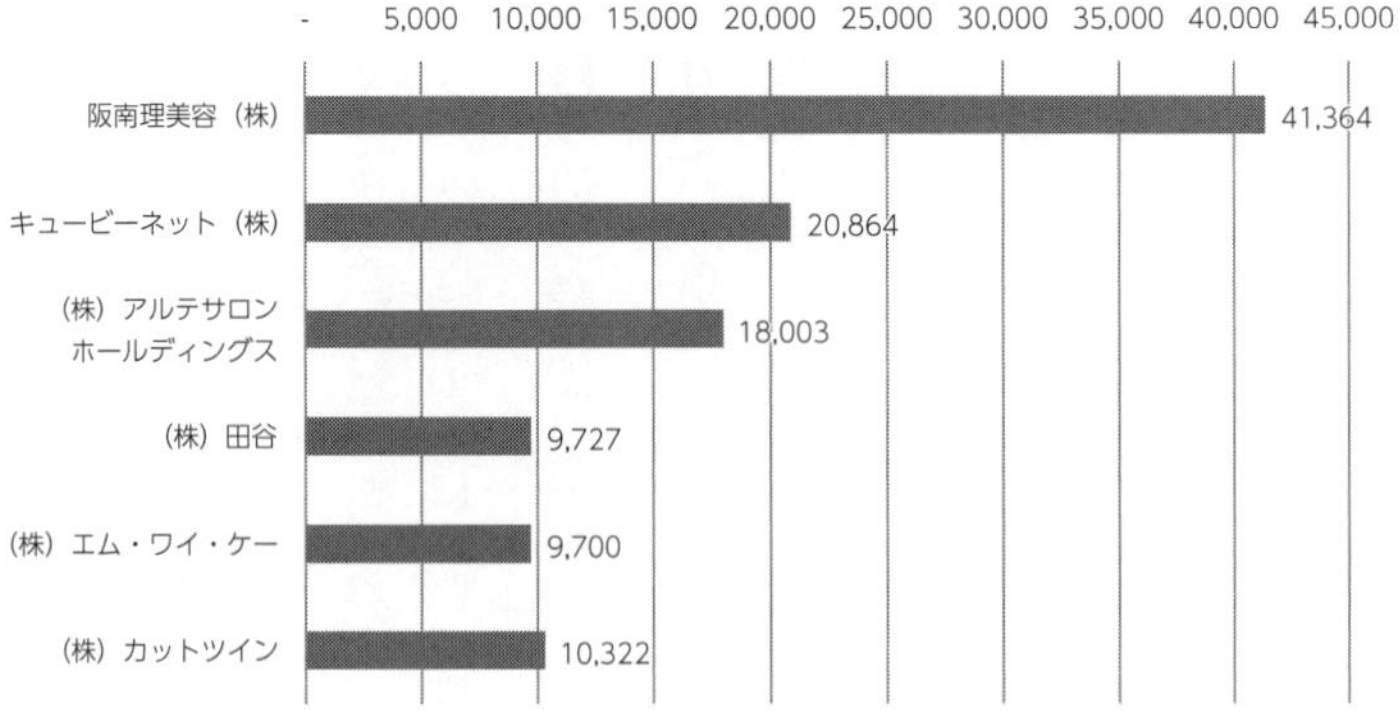

注：単位 百万円
出所：『日経MJ』、2019年11月６日をもとに著者作成。

１０００店ほどであり、２００８年と比べて、13%ほど増加していた（**付属資料５-１**）。アッシュが出店している都県には、全国の店舗数の約22%が集中していたが、その数は前年と比べて増加傾向にあった。２０１７年と比べた２０１８年の美容サロンの店舗数は、東京１０２・８%、神奈川１０２・２%、千葉１０１・７%、埼玉１０１・９%となっていた。

個々の美容サロンの多くは小規模であった。美容サロンの９割近くが、小規模な個人経営であり、従業員規模が10名以下の施設で８割を超えていた（厚生科学審議会生活衛生適正化分科会　２０１８）。２０１７年における美容サロン当たりの美容師数は、平均で２・11人であった（厚生労働省　衛生行政報告例　２０１７）。

近頃では、チェーン展開を採用したり、株式上場したりする大規模な美容サロンも現れてきていた。アッシュの親会社である株式会社アルテサロンホールディングスは、そのような大規模グループのひとつであり、売上高は全国3位であった（付属資料5－2）。図5－1には、一部の大手理美容チェーンの売上高が示されている。

ただし、大手チェーン企業の売上規模は、市場規模全体のなかでは、さほど大きくなかった。図5－1の理美容チェーン上位5社を合計しても、2019年の理美容全市場の4・69％程度にしかならなかった。

美容サロンのタイプ

美容サロンは、大別して4つのタイプに分けることができた（吉原 2012）。第1はプレステージ・クラスのサロンであった。このようなサロンは、店舗数は多くはないものの、出店地域を大都市のファッショナブルな一等地に限定していた。一等地で強烈な存在感を打ち出しつつ、高い技術に裏打ちされた高品質のサービスを高価格で提供することに特徴をもっていた。例えば、1977年に表参道に設立された「ピークアブー（PEEK-A-BOO）」は、このクラスの代表的なサロンであった（注3）。原宿や銀座などに9店舗を出店しており、卓越した技術に裏付けされながら、顧客を捉える新たなスタイルを提供していた。ディレクターによるカットとカラーリングの料金は1万7000円程度であった。

（注3）　ここの記述は、ピークアブーウェブサイトによる。

第2は、プレミアム・サロンであった。プレミアムは、価格は若干抑えながらも、都市部から郊外にも広がる地域に広く出店し、その地域で評判を高めていこうとする、いわば地域一番店を目指すサロンであった。本ケースのアッシュは、このタイプであった。アッシュは、東京23区に加え、東京郊外、横浜、川崎、相模原、千葉や埼玉といった地域に、130近くの店舗を出店しており、トップ・ランクのクリエイティブ・ディレクターによってカットとベーシック・カラーの施術を受けると1万4080円となった（注4）。

第3は、カジュアル・タイプのサロンであった。立地はプレミアムとはさほど変わらないものの、より気軽に利用できる価格帯でサービスを提供するサロンであった。例えば、「Agu.」は全国47都道府県に400店におよぶ店舗を出店し、レディース・シャンプー・カットとフル・カラーリングで6200円からとなっていた（指名料1000円）（注5）。

第4は、ポピュラー・サロンであった。このタイプは、利便性の高い立地に出店しながら、低価格で限定的なサービスを提供するサロンであった。その代表例は、10分程度のカットサービスを1200円という低価格で提供することに特化したヘアカット専門店「QBハウス」であった（注6）。QBハウスは、2019年において国内560店舗以上を展開しており、その約9割の店舗は、駅や駅周辺の施設やショッピング・センター内の好立地にあった（『PRESIDENT Online』、2019年6月11日）。

また、アルテサロンホールディングスの子会社、株式会社C&Pによって事業展開される、

「チョキペタ（Choki Peta）」はカットとカラーの専門店であった（注7）。15分程度の施術でカット・サービスを提供し、前髪カット（500円）、根元染カラー（1900円）などの絞り込まれた種類のサービスを低価格で提供していた（**付属資料5-3**）。チョキペタは、2020年9月現在で57店舗を出店していた。

美容サービスにおけるカウンセリング

カウンセリングの意義

そもそもカウンセリングとは、依頼者が抱える問題や悩みについて相談を受け、専門知識や技能によって援助することである。このようなカウンセリングの技術が、とりわけプレステージやプレミアムのサロンの美容師のサービス提供にとって重要だと言われていた。

カット、カラーリング、ヘア・ケアなど、美容サービスの主たる部分は、完成型が顧客ごとに異なってくるため、厳密に言えば、同じものがふたつとない「一品物」であった。そのため、顧客が満足する完成型を作りあげるには、多様な顧客のニーズや悩みと美容師の専門技術とが、

（注4）株式会社アッシュウェブサイトによる。
（注5）株式会社AB&Companyおよび、B-first株式会社 ウェブサイトによる。
（注6）キュービーネットホールディングス株式会社ウェブサイトおよび、QBハウスウェブサイトによる。
（注7）株式会社C&Pウェブサイトによる。

サービス提供場面ごとに適切にマッチングされる必要があった。カウンセリングは、このようなマッチングにおいて重要な役割を果たしていた。

美容カウンセリングの項目

美容サービスにおけるカウンセリングには、次のような項目が含まれた（『SAYFORT ライフマガジン』、2017年4月17日）。第1は、多岐にわたる顧客のニーズや悩みに美容師が耳を傾けることであった。顧客のニーズには、セミロングやボブにして欲しいといった、全体的なヘア・スタイルに関することはもちろんのこと、トップをふわっとさせたい、髪を軽くして欲しい、後頭部に丸みが欲しいなどの、スタイルの一部に関するものもあった。また、自分に似合うスタイルがわからないといった漠然としたものや、髪のクセがいやだ、まとまらないといった、髪に関する悩みも多く聞かれた。

第2は、顧客の現状の髪や頭皮の状態を把握し、その診断を顧客にわかりやすく説明することであった。美容師は、この段階で、自宅での髪の手入れの方法を聞き取ることもあった。その聞き取りから、髪がダメージを受けている理由がわかり、施術の提案やケア商品の推奨に活かすことができた。

第3は、顧客の好きなファッション、職業や趣味などを聞き出すことであった。これらの要素は、適切なヘア・スタイルに関係すると言われていた。例えば、クール系のファッションを好むならショート・カットが良いだろうし、ラブリー系ならロングでガーリーな雰囲気なカットが合うと言われていた。

第4に、美容師は、これらの聞き取りから総合的に判断して、当日の施術メニュー（カット・スタイル、カラーリング、トリートメントなど）を提案した。この段階では、顧客の要望とは異なる方法を提案することもあった。提案の際には、仕上がりイメージを顧客に的確に伝えることも、期待とのギャップを少なくするために大事なことであった。また、施術後のケアの方法についても提案することがあった。

アッシュのマーケティング

アッシュの沿革

アッシュの創業者 吉原直樹氏は、当初から美容師の道を志していたわけではなかった（吉原 2012）。大学を卒業する1978年、吉原氏は海外で働くことを夢みて、海外展開に積極的であったタカラベルモント株式会社に入社した。そこで、理美容室で利用する器具や消耗品を取り扱う子会社に配属された。これが、吉原氏と美容業との出会いであった。

その後、吉原氏はその経験を活かして、大手美容室チェーンに転職することになった（ドリームゲート事務局2008、吉原 2012）。そこで、彼はマネジャーとして現場の美容師と接し、様々な苦労を共にするうちに、現場の美容師たちが、美容師の資格をもたない吉原氏の指示に耳を傾けてくれなかったため、自らも美容師の資格を取得することを決意した。

美容師資格の取得を契機に、吉原氏は、彼らの職人としての気持ちや向上心が理解できるようになった（吉原 2012）。吉原氏は、この経験から美容師の職人としてのプライドを尊重し、彼らの思いを理解しながら技術を向上させることで、サロンそのものを変えられることに気がついた。

美容サロンの経営の知識に加え、美容技術も身につけた吉原氏は、自らの店を持つことを熱望し、それを実行に移していった（吉原 2012）。彼は美容室チェーンに所属しながら、1986年、横浜線大口駅前の駄菓子屋の2階に、自身の店舗「ヴィクトリア」をオープンした。続いて、2号店「メイフェアー」をスタートするのを機に完全に独立し、1988年に有限会社アルテ（1997年12月に組織変更し、株式会社アルテ）を立ち上げた（注8）。

最初の出店から10年が経つ頃、ついにアッシュが誕生した（吉原 2012）。店舗数が拡大していた1997年、相鉄線二俣川駅に「アッシュ」の1号店を出店したのであった。この店舗は、開店直後から非常に好調で、初の月売上1000万円を超え、年商1億円を稼ぎ出した。その5カ月後、「アッシュ」白楽店をオープンすると、初月の売上で800万円以上を記録した。こうしたヒットにより、「アッシュ」は、アルテにとってシンボル的な名称となっていった。それまでは、サロンの名称はバラバラであったが、その後に続く新店については「アッシュ」を用いていくことになった。

その後、アッシュは飛躍的な発展を遂げていった（吉原 2012）。1999年に都心進出の1号店として代官山にアッシュを開店させ、既存の店舗もアッシュにブランドを統一した。その後、2000年には渋谷に、2001年には銀座といった日本のファッション集積地にまで順調に出店を続けていった。2006年7月、株式会社アルテは持株会社へ移行し、社名を株式会社アルテサロンホールディングスへと変更すると同時に、完全子会社として株式会社アッシュが設立された。

このようなアッシュの歴史は、ブランド・ポジションを向上させるプロセスそのものであった（吉原 2012）。スタート時はリーズナブルな価格帯で展開するカジュアルなサロンから出発し、その後、技術やホスピタリティに磨きをかけることで徐々にブランド・イメージを向上させてきた。渋谷や銀座のような都心の一等地での成功もあり、地域での評判を獲得するプレミアム・サロンにまで成長してきた。アッシュの売上高の推移は、**図5-2**に示されている。

アッシュは、フランチャイズ形式を採用することで、成長してきた。2020年9月現在において、全店舗のうち、フランチャイズ店の比率は85%となっていた（注9）。

（注8）　株式会社アルテサロンホールディングスウェブサイトによる。
（注9）　株式会社アルテサロンホールディングスウェブサイトによる。

図5－2　アッシュの売上高の推移

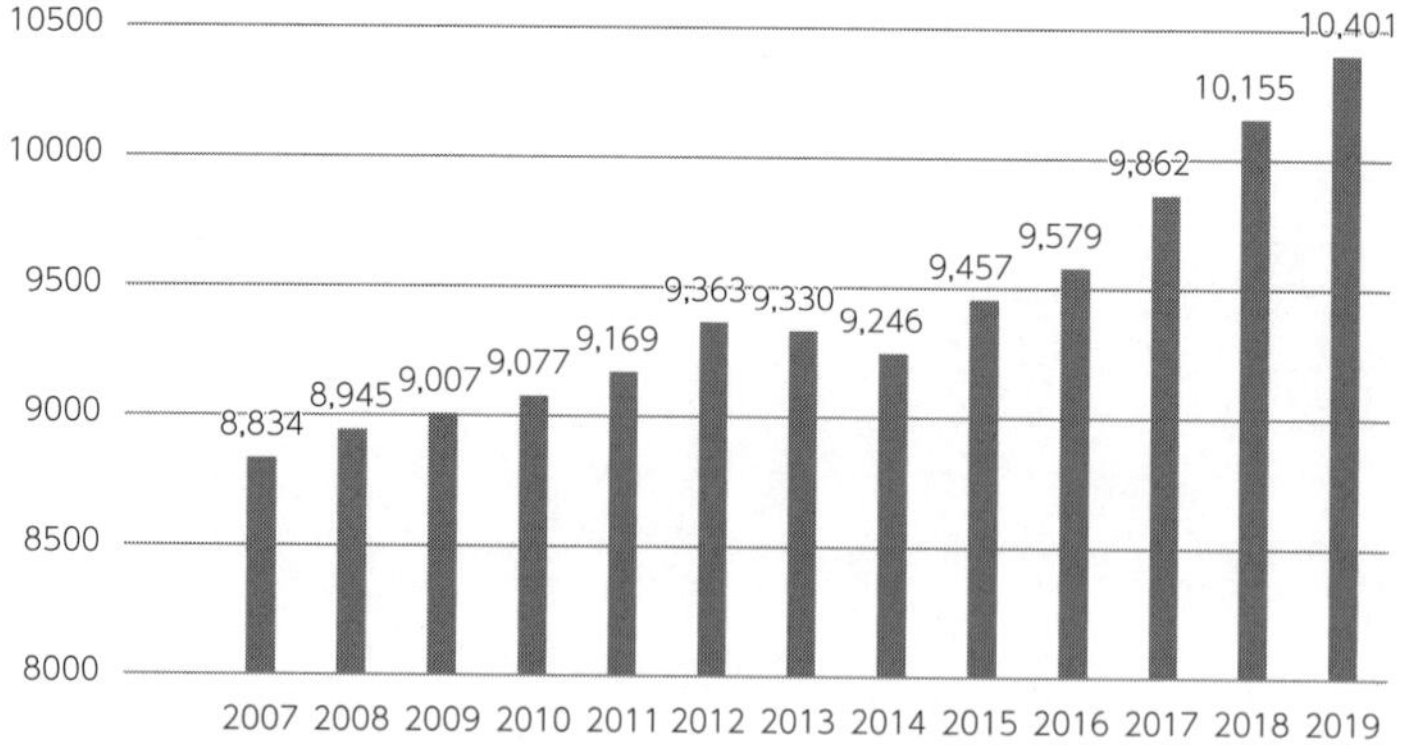

注：単位 百万円。
出所：株式会社アルテサロンホールディングスウェブサイトをもとに著者作成。

アッシュのコンセプト

アッシュのコンセプトは、3つの要素から構成されていた（注10）。第1は、地理的な利便性であった。都心の一等地にのみ進出しているプレステージ・クラスのサロンとは異なり、アッシュの店舗は渋谷・銀座から概ね電車で1時間半程度の地域内に立地していた（**付属資料5-4**）。また、その多くは駅に近い好立地を有しているため、顧客は駅での買物のついでや仕事帰りにサロンに立ち寄ることができた。第2は、高い技術力であった。アッシュは創業時から社内教育に力を入れており、技術を売りにするサロンとしての自負があった。第3は、ホスピタリティであった。アッシュでは、顧客がサロンでの時間をリラックスして楽しく過ごしてもらえるよう、接客にも磨きをかけていた。

アッシュとしては、これらの3つの要素のうち、技術力をコンセプトの中心に据えていた。アッ

図5-3　アッシュの店舗内観（銀座店）

出所：株式会社アルテサロンホールディングス提供。

シュの特徴は、高い技術力によって支えられた質の高い美容サービスを、リラックスした雰囲気のなかで、気軽に立ち寄れる立地と料金で提供することにあった。アッシュの店舗例とカット料金は、それぞれ、**図5-3**、**表5-1**に示されている。

アッシュの顧客特性

アッシュの顧客には、一般的な美容サロンとは異なるいくつかの特徴があった。第1は、客単価の高さであった。アッシュを訪れる顧客の客単価は、女性が8133円、男性が4884円であり、平均的な美容サロンの単価（女性6677円、男性4185円）を上回っていた（注11）。なお、**付属資料5-5**では、年代別の顧客人数と客単価が示されている。

（注10）株式会社アッシュウェブサイトによる。
（注11）株式会社アルテサロンホールディングスウェブサイトおよび、株式会社リクルートライフスタイル ホットペッパービューティーアカデミー（2019）による。

表5-1　アッシュのカット料金

美容師ランク	カット料金（税込）
クリエイティブ・ディレクター	7,480円
ディレクター	6,380円
トップ・スタイリスト	5,280円
スタイリスト	4,180円

注：指名料金 550円
出所：株式会社アッシュウェブサイトをもとに著者作成。

また、**付属資料5-6**は、客数と客単価の推移である。

第2は、男性利用者の比率が高いことであった。アッシュの2019年の利用者の性別比率は、女性が57・7%、男性が42・3%となっていた（注12）。男性の美容サロンの過去1年の利用率は、2012年には29・9%であった。この比率は、2019年には34・9%にまで伸び、増加傾向にあったが、いまだに美容サロンの主たる顧客が女性であることは間違いなかった（注13）。

第3に、継続顧客が多いことであった。アッシュの継続利用率は、一般的なサロンよりも高いと考えられていた。美容サロン全体としてみれば、ひとつの店舗を使い続けている顧客は、女性66・2%、男性71・6%であったが（注14）、アッシュは、それよりも高い85%程度の継続率を目指していた。**付属資料5-7**では、一般的な美容サロンの利用実態、および、美容サロンの継続理由が示されている。

第4は、オンラインの情報源を利用している顧客が多いことであった。オンラインの情報源、すなわち、アッシュのウェブサイト、オンラインのホットペッパービューティー、個人集客アプリ（minimo）（注15）を通じて来店したアッシュの顧客は、2017年で

55・9％、2018年で65・5％であった（注16）。それに対して、美容サロン全体でみると、予約・クチコミサイト（ホットペッパービューティーなど）、まとめ・キュレーションサイト（注17）、SNS、キーワード検索を通じて美容サロンを知った顧客の合計は、女性30・1％、男性31・7％にとどまっていた（注18）。

ホットペッパービューティーの役割

わが国の美容サロンは、ホットペッパービューティー（以下、HPB）の存在を無視することは難しかった。HPBは、4万5000店もの美容サロンが参画する、日本最大級の美容ポータル・サイトであった（HOT PEPPER Beauty 最新データ集）。顧客からすると、クチコミ情報なども含めて、多くのサロンの特徴を共通のフォーマットで比較し、自分の好みにあっ

（注12）株式会社アルテサロンホールディングスウェブサイトによる。
（注13）株式会社リクルートライフスタイル ホットペッパービューティーアカデミー（2019）による。
（注14）株式会社リクルートライフスタイル ホットペッパービューティーアカデミー（2016）による。
（注15）minimoは、美容師の検索・予約アプリである。顧客は美容サロンではなく美容師個人を予約する。4万人以上の美容師が掲載され、東京の20歳台前半の女性25％が利用していた（minimoウェブサイト）。
（注16）株式会社アルテサロンホールディングスウェブサイトによる。
（注17）特定のトピックの情報を集め、それをオンライン上に公開するサービスのこと。このサービスのうち美容系の情報を集めたものがある。
（注18）株式会社リクルートライフスタイル ホットペッパービューティーアカデミー（2017）による。

たサロンや求める価格のサロンを探し出して予約までできる便利なツールであった。
HPBは、美容サロンにとって、有料でサロン情報を掲出できるコミュニケーション媒体の役割を果たしていた。サロンは、立地やサロンの特徴、クーポンやメニュー、スタイリストの情報、ブログ記事を掲載することができ、サロンの特徴を訴求することができた。また、HPBを通じて来店後のお礼メール、キャンペーンの告知メールも出すことができた。

ただ、美容サロンにとっては、HPBへの出稿料金は決して安いものではなかった。掲載料として、東京中心部での高価格プランで月70万円、低価格のプランであっても月10万円が必要であると言われていた（コールフォース株式会社 2017）。掲載料金を多く支払うと、特集で店舗を紹介できたり、店舗の情報量を増やせたり、こだわり検索でヒットしやすくなると言われていた。

また、サロンにとって、HPBはプロモーション媒体の役割も担っていた。HPBの各サロンのページには、「初来店の方」「2回目以降来店の方」に分けて値引きクーポンが掲載され、激しい価格競争が常態化していた。アッシュのサロンも、その多くがHPB上で「1万4080円→9900円」などと値引き幅を示しながら低価格訴求をしていた。これに対して、銀座や表参道に立地するプレステージ・クラスのサロンは、ほぼ低価格の訴求をしていなかった。HPBに掲載されているクーポンは、「似合わせカット」や「立体感と動きがあるカット＋ハイライト＋カラー」などという技術メニュー訴求が主であり、値引きはほとんどなかった。また、それらのサロンのHPBのサイトでは，「2回目以降」向けクーポンは，ほとんど掲載されていなかった。そのため，2回目以降に利用する顧客は，サロン独自のウェブサイトから直接予約することになった。

HPB経由で集客した顧客を，継続顧客に育成するのは容易ではないと言われることがあった（WEB集客大学 2019）。その理由のひとつは，HPBに登録した顧客は，HPBからのメールによって常に競合サロンの情報や，競合サロンの値引きクーポンに触れるためであった。また，HPB経由でサロンを利用すると料金の2％がポイントとして貯まった。そのポイントを他のサロンで利用できることも継続顧客になりにくい理由であると考えられた。

アッシュの場合，2019年の新規顧客についてみると，HPB経由で予約してくる顧客は，アッシュのサイトから直接予約をする顧客を上回っていた。そのため，アッシュにとって，HPBによる集客力は無視できるものではなかった。アッシュとしては，HPBをうまく活用しながら集客することが重要となっていた。

アッシュのウェブサイトの役割

アッシュの自社のウェブサイトは，コミュニケーション媒体として大きな役割を果たしていた。まず，ウェブサイトでは，各店舗が得意とする技術が訴求されていた。例えば，ある店では，「【女性の髪に輝きを】美髪特化型サロン　一歩先ゆく技術と知識で圧倒的な艶めきと潤いのある髪質デザインを提供しております」と、その店の個性が表現されていた。

その他にも、アッシュの技術力を訴求するように工夫されていた。例えば、施術メニューのタイトル冒頭に、最新・流行メニュー、悩み・改善メニューの提案など、カウンセリング力や技術力を反映したワードなどが挿入されていた。例えば、「しっかりくせを伸ばしたい方」「艶髪ダメージレス」などの表現は典型的なものであった。他の美容サロンが、「おしゃれ度UP！」「新規様限定☆」「平日限定18時迄」といった表現を用いているのとは対照的であった。また、アッシュのサイトには各店舗のブログがあったが、そこでの記事内容も技術に重点を置いていた。ある店舗の全ブログ記事のうち、75％がヘア・スタイルや施術メニューの記事であった。同種の投稿は、あるカジュアル・サロンでは25％程度にとどまっていた。

スタイリストの自己紹介でも美容師の能力が訴求されていた。それぞれの美容師のターゲット顧客、持っている美容技術、解決できる顧客の悩みまで表現されていた。以下は、5年目のスタイリストの自己紹介の要約である（注19）。

> **●ブリーチしないピンク系カラーのスペシャリスト**
> お客様の個性を活かし、より素敵に見せられるヘア・カラーを提案いたします。ヘアだけでなく、色彩コーディネータの知識を活かし、メイクやファッションも含めたトータルでアドバイスさせていただきます。お客様のライフ・スタイルや肌色に合わせたヘア・カラー・デザイン

を提案させていただきます。

アッシュの自社サイトは、HPBと同じく予約システムでもあった。各サロンは、予約時に取得された顧客の情報をもとに、顧客と個別にコミュニケーションをとることができた。具体的には、来店のお礼メール、定期的なメール・マガジン、キャンペーンのお知らせなどを送ることができた。また、顧客一人ひとりの個別ニーズに合わせた施術メニューを紹介することで、次の来店を促したり、自社サイトの美容技術のコンテンツへと引き込んだりすることもできた。アッシュでは、HPBで予約をしてきた顧客にも、来店時に自社独自のメール配信システムへの登録を勧めていた。

その一方で、アッシュの自社サイトは、HPBと同様に、プロモーション媒体の役割も果たしていた。店舗ごとにクーポン・メニューのタブがあり、「初めて来店の方」「2回目以降ご来店のお客様用」に分けてクーポンを店舗ごとに掲載することができた。多くの店舗が、「4950円→4290円」や「1万1550円→9790円」などと、値引き幅を示すことで割安感を訴求していた。

（注19） 株式会社アッシュウェブサイトによる。

アッシュにおける美容師の育成

美容師の教育

近年では、美容師国家試験の合格者数がかなりの減少傾向にあった。2007年に2万4683名であった合格者は、2019年には1万7691名となっていた(注20)。それにもかかわらず、アッシュは専門学校を卒業したばかりの若い人材を毎年200名前後採用できていた(注21)。

アッシュの美容師の育成には、いくつかの特徴があった(吉原 2012)。採用した人材を2年ほどでデビューさせるサロンがあるのに対して、アッシュは美容師としてデビューするまで約3年のカリキュラムを課していた。教育プログラムには、大別して2つの要素があった。第1は、必須項目のトレーニングであった。全店統一のスケジュールで、カット、シャンプー、カラー、パーマに関する理論と実践をサロン・ワークに近い形式でトレーニングしていくものであった。第2は、モデル・トレーニングであった。これは、各自でカット・モデルを依頼しながら、理論と技術を実践形式で学んでいくものであった。次の段階では、売上を意識したトレーニング(指名売上月30万円以上、総売上月90万円以上が目標)も行われた。この他にも、社内・社外の講師を招いた講習会が年間200回以上開催されており、希望により受講することができた。

また、店舗ごとの教育の質のばらつきを抑える仕組みとして、2011年から子会社として東京美髪芸術学院をスタートさせた（吉原 2012）。学院のインストラクターから教育を受けた店舗のスタッフが、同じ技術を店舗内の他のスタッフに教えることで、教育の質のばらつきを解消することが目指されていた。

加えて、美容師のオンライン上での発信力を高めるための教育もしていた（注22）。美容師が、どのように自らの技術を写真や動画で撮影し、どのようにアップロードすべきかを学ぶ機会が提供されていた。また、デジタル・コミュニケーション力を組織化する仕組みも設けていた。ある美容師がオンライン投稿で成功すると、その事例をアッシュ本部が集めて要約し、それがオンライン担当の美容師に伝えられた。その知見は、各店舗のウェブ・コンテンツの制作や販売促進に活かされた。

美容師の給与と昇格

アッシュの給与形態は、デビュー後は、固定給と歩合給とが組み合わされていた（吉原 2012）。このうち、歩合給の部分は、技術売上（個々の美容師の売上のうち、店内物販を

（注20）公益財団法人理容師美容師試験研修センターウェブサイトによる。
（注21）株式会社アルテサロンホールディングスウェブサイトによる。
（注22）株式会社アルテサロンホールディングスウェブサイトによる。

表5－2　アッシュの美容師ランクと昇格基準

	美容師ランク	次のランクへの昇格基準
クリエイティブ・ディレクター	指名率、技術ともにトップ・クラスであり、社内の技術指導に携わる者	－
ディレクター	指名率、技術ともに高く、社内外の講習を数多く経験している者	月の指名売上150万円以上を３カ月継続
トップ・スタイリスト	指名率の高い者	月の指名売上100万円以上を３カ月継続
スタイリスト	社内テスト（技術・接客）に合格した者	月の指名売上50万円以上を３カ月継続

出所：吉原（2012）p.65を修正して引用。

除いた額）と物販売上をベースとして決定されていた。その後、指名客を多く抱えるようになると、美容師は歩合給に重点を置いた給与形態を選ぶこともできた。技術売上の何％が歩合給として加算されるかは、その施術が指名を受けたものなのか、また、その顧客がアッシュへの継続顧客なのかに応じて差異が設けられていた。

また、美容師は、指名率や獲得技術の程度によって、**表５－２**のようにランク分けされた（吉原２０１２）（注23）。技術ランクが高い順から、クリエイティブ・ディレクター、ディレクター、トップ・スタイリスト、スタイリストと、４つにランク分けされ、このランクに応じてカット料金に差がつけられていた。そのため、ランクが上がるにつれて、技術売上も高くなり、給与も向上した。

暖簾分けフランチャイズ

美容師が順調に力量をつけていくと、美容サロンは、その人材をどのポストに登用するのかに頭を悩ますことになった。一般的に、美容業界では、この課題に対して2つの方法で対応していた（吉原 2012）。

第1は、新しく直営店舗を出店し、店長などの昇進ポストを作ることであった。この方法では、新規ポストを創出するために新規出店を続けなければならないため、サロンが大きなリスクを抱えることになった。また、相当の店舗数を持たなければ管理部門の人材は増やせないため、この方法では、昇進するポストは店長に限られた。そのため、美容師は、年齢を重ねた後の長期的なキャリア・プランを描くことが難しい状況にあった。

第2は、力量のある美容師を独立させることであった。美容サロンとしては、直営店舗の数は増やせないものの、独立によって空いた店長のポストを、別の人材に与えることができた。ただし、独立した美容師は簡単に成功するわけではなかった。美容師は、技術についての知識はあっても、経営者としての経験は浅く、かつ資金面での負担が大きいためであった。そのた

（注23）　ただし、美容師の指名については問題も生じさせた。担当美容師が店を異動したり、独立したりすると、顧客もそれに合わせて店を変えることが少なくなかった。美容師の変更によって店を変える意向がある人は、女性で50・6％、男性で55・6％にのぼっていた（株式会社リクルートライフスタイル ホットペッパービューティーアカデミー 2017）。

め、スタート時の経営を安定させようと、顧客を自らの店へと引き連れていったり、スタッフを引き抜いたりする美容師が後を絶たなかった。よって、この方法は、既存サロンとのトラブルを引き起こすことが少なくなかった。

創業者である吉原氏は、一緒に働いた美容師とのトラブルがなく、良好な関係を続け、共存共栄する仕組みはないかと模索していた。また、美容師たちが長く、安心して働ける仕組みを作りたいと夢みていた。そこで、考え出されたのが、店長が実力をつけて独立できるようになったとき、その店舗を本人に譲渡する方法であった（吉原 2012）。これが、暖簾分けフランチャイズの基本的なアイデアであった。

暖簾分けフランチャイズとは、アッシュに勤めている従業員のみを対象にフランチャイズ（注24）契約を結び、店舗の商号の使用を許可して独立させる制度であった（吉原 2012）。アッシュで長年働いたスタッフに対して店舗を譲っていくため、一種の独立支援制度としてみることができた。

この仕組みのもとでは、美容師は、リスクを軽減しながら独立することができた。美容師は、店長時代の顧客、従業員、設備などをそのまま引き継いで独立できるため、安定的に店舗経営のスタートを切ることができた。また、新規の美容師の求人、プロモーションのためのリーフレットの作成、給与計算や社会保険、税金などの会計業務は本部が請け負ってくれるため、通常の独立に比べて、店舗の現場の仕事に注力できた。加えて、独立後もグループ内の教育制度を利用できるとともに、材料などの調達についても便宜があった。付属資料５‐８では、この仕組みの全体像が示されている。

この仕組みは、アッシュ全体からみても利点は大きかった。長い時間をかけて育成した美容師や美容師についた顧客をグループ内に引き止めることで、高いクオリティを維持しながら、緩やかながらも安定的に店舗を拡大することができた（図５‐４）。吉原氏は次のように述べている。

「（アッシュは）美容室オーナーとして、経営者として独立していった仲間たちの教育をし続けるのです。店舗経営（中略）のマネジメント、人材採用などの協力もしますし、変化スピードの早い業界の研究も共有していきます。お互いが一緒になって（中略）継続し、拡大させていく。膨張ではなく、強く成長していくということです。」

（ドリームゲート事務局　２００８）

独立したフランチャイズ・オーナーが店舗を拡大し、そのフランチャイズ店から育った美容

（注24）　事業者（フランチャイザー）が他の事業者（フランチャイジー）との間に契約を結び、自己の商標、サービス・マーク、トレード・ネームその他の営業の象徴となる標識、および経営のノウハウを用いて、同一のイメージのもとに商品の販売その他の事業を行う権利を与える。一方で、フランチャイジーは、その見返りとして一定の対価を支払い、事業に必要な資金を投下してフランチャイザーの指導および援助のもとに事業を行う。この両者の継続的な関係がフランチャイズと呼ばれる（日本フランチャイズチェーン協会フランチャイズガイド）。

図5-4　アッシュとチョキペタの店舗数の推移

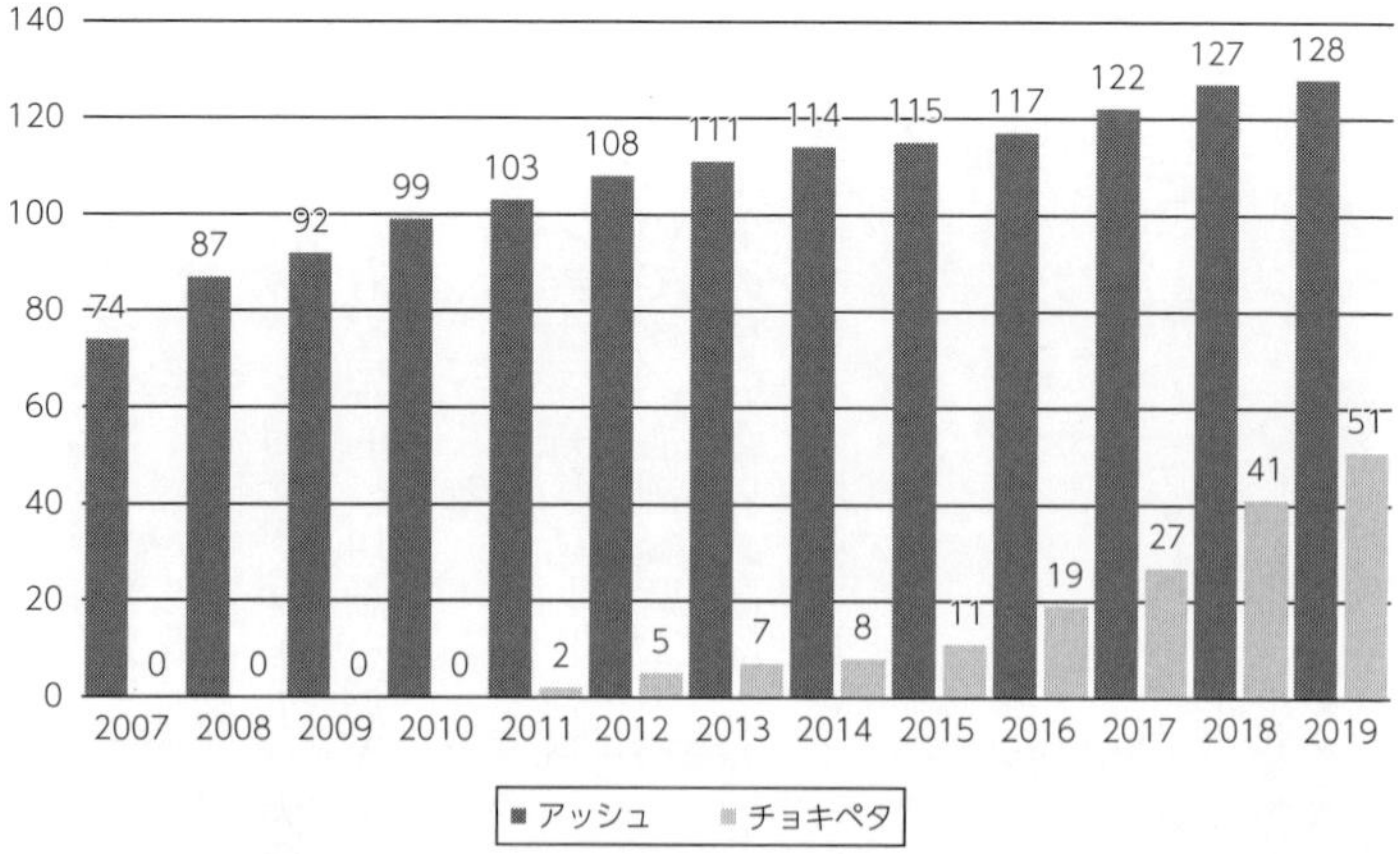

注：アッシュの店舗数には、株式会社アッシュが保有する他ブランド（BeesやAMGなど）も含まれる。
出所：株式会社アルテサロンホールディングスウェブサイトをもとに著者作成。

師がさらに独立できる孫フランチャイズの仕組みも設定された。２００７年には、孫フランチャイズ・オーナーは２名であったが、２０１７年には、21名に拡大していた(注25)。

美容師の働き方

アッシュは、店長やフランチャイズのオーナーになる他に、美容師に多様なキャリア・プランを提供していた(注26)。例えば、アッシュの美容師は、雑誌やウェブ・メディアのヘアメイクやショーの運営に関わるようなクリエイティブ活動に力点を置くことができた。また、社内だけでなく、他のサロンや美容学校の講師として指導を行うこともできた。加えて、アッシュが持つシンガポールの店舗で勤務するチャンスもあった。

アッシュでは、離職率が低く抑えられてい

た。美容師の離職率は、1年目で約50％、3年目で約70％と指摘されることもあり、業界全体の課題であると認識されていた（『理美容ニュース』、2018年2月9日）。その理由は、長時間労働、低賃金など労働環境の問題があると言われていた。これに対して、アッシュの店舗スタッフの勤続年数は長く、2012年において10年以上の勤続年数のスタッフは8％、2018年では、27％となっていた（注27）。

新型コロナウイルスの感染拡大と今後のマーケティング

緊急事態宣言後の対応

アッシュは2019年の売上高の計画として104億円（前年比2・4％増）を設定していた。結果としては、前年比2・4％となり目標を達成した。客数はほぼ横ばいであったため（前年比0・2％増）、これは主に客単価の向上（前年比2・2％増）によるものであった（注28）。

このような堅調な業績を記録していた矢先、新型コロナウイルスの感染拡大がアッシュを襲った。アッシュは、4月7日に発令された政府の緊急事態宣言を受けて、自主的に5月6日

（注25）株式会社アルテサロンホールディングスウェブサイトによる。
（注26）株式会社アルテサロンホールディングスウェブサイトによる。
（注27）株式会社アルテサロンホールディングスウェブサイトによる。
（注28）株式会社アルテサロンホールディングスウェブサイトによる。

までの休業に踏み切った。5月7日以降の店舗再開にあたっては、業界のなかの先がけとして対策を迅速に発表した（注29）。感染防止対策を徹底し、顧客と従業員を守ることを目的とした「3Sオペレーション」（Sanitary condition：衛生的な状態、Social Distance：社会的距離、Shorter stay：短時間の滞在）にもとづくサービスの提供を実践した。

コロナ禍における人々の生活

新型コロナウイルスの感染の懸念は、人々の行動や生活に大きな変化をもたらした。第1は、人出の多い場所への外出が避けられていることであった。緊急事態宣言が解除された約1カ月後に行われた調査によれば、およそ68％の人々が外出することに不安を感じるようになってい た（auコマース&ライフ 2020）。また、不安を感じずに外出できるようになるのに半年以上かかると答えた人は、77％にのぼった。事実、東京都市圏（東京、神奈川、千葉、埼玉、茨城南部）において、新型コロナウイルスの感染拡大前と比べた外出率（ある1日に外出している人の割合）を調べた調査によれば、72・1％から8月上旬に68・5％に減少していた（国土交通省 2020）。

とりわけ顕著なのは、外食や趣味を楽しむ場所であった。同調査によれば、外食で頻繁に訪れる場所として、自宅周辺をあげた人が14％増加したのに対して、自宅から離れた都心・中心市街地だとした人は13％減少していた。また、映画観賞などの趣味・娯楽のために頻繁に訪れた場所を、自宅周辺であるとした人々は13％増加したのに対し、自宅から離れた都心・中心市街地であるとした人々は19％減少していた。

第2は、テレワークが推進されていることであった。新型コロナウイルスの感染拡大の懸念は、企業のテレワークの導入を強く後押しすることになった。8月上旬の調査によれば、東京や神奈川の居住者のテレワーク経験率は、それぞれ71・1％と63・8％となっており、他の道府県の経験率（38・5％）を大きく上回っていた（株式会社リクルートキャリア 2020）(注30)。

コロナ禍における美容サロンの利用行動

顧客の美容サロンの利用行動についても変化があらわれていた。8月に実施された全国調査によれば、多くの人々が美容サロンの利用を減らしていた（ナリス化粧品 2020）。具体的には、48・5％の人々がカット・サービスの利用回数を減少させていた。また、カラーリングとパーマについては、それぞれ50・7％、47・5％の人たちが利用回数を減少させていた。

（注29）株式会社アルテサロンホールディングスウェブサイトによる。

（注30）調査期間は2020年8月7日～10日であった（株式会社リクルートキャリア 2020）。テレワークの経験率は、次の4つの回答を合計して算出された。「もともとテレワークをしていた」（11・2％、11・6％）、「自己の判断でテレワークができるようになった」（17・8％、18・8％）」、「会社の基準で出勤割合が決まった」（23・7％、21・7％）、「テレワークから通常出勤に戻った」（18・4％、11・6％）である（カッコ内の数字は、東京・神奈川における居住者の回答）。

表5-3　2020年アッシュ（全店）とチョキペタ（関東エリア）の業績動向　推移

	売上高 前年比		来店客数 前年比		客単価 前年比	
	アッシュ	チョキペタ	アッシュ	チョキペタ	アッシュ	チョキペタ
1月	674 103.4%	113 129.9%	92 102.3%	52 126.9%	7.31 101.1%	2.19 102.4%
2月	748 104.2%	116 130.4%	102 102.3%	53 128.3%	7.32 101.9%	2.18 101.6%
3月	770 79.3%	110 102.9%	102 78.2%	52 106.8%	7.57 101.4%	2.12 96.3%
4月	167 20.6%	23 21.9%	23 20.6%	11 23.1%	7.23 100.1%	2.09 94.7%
5月	629 75.9%	77 69.4%	94 84.1%	37 73.3%	6.71 90.3%	2.10 94.8%
6月	863 94.9%	109 95.5%	106 88.5%	51 97.5%	8.16 107.1%	2.15 97.9%
7月	863 89.1%	108 91.9%	102 85.9%	50 91.3%	8.47 103.7%	2.18 100.7%
8月	807 94.3%	114 96.3%	105 89.7%	52 95.0%	7.70 105.1%	2.20 101.4%
9月	761 91.7%	107 92.8%	97 87.7%	49 94.9%	7.83 104.6%	2.17 97.8%

注：売上高単位：百万円、来店客数単位：千人、客単価単位：千円
出所：株式会社アルテサロンホールディングスウェブサイトをもとに著者作成。

美容サロンのサービスの特性から考えると、この利用回数の減少はそのままの市場規模の縮小を意味するとみられていた。サロンへの来店が見送られて髪が伸びてしまっても、次回の来店時のサービスでその分がカットされれば、追加的なサービス利用は発生しないためであった（『日経MJ』、2020年4月16日）。

アッシュとしても、安閑としてはいられな

い状況であった。店舗再開後の６月には，客単価については昨年を上回ったものの，来店客数については昨年比10％以上の減少がみられていた（表５-３）。

ただし，このなかでも，業績を維持しているアッシュの店舗が複数あることは注目に値した。それらの店舗の特徴は，美容師を指名する継続顧客が，他店に比べて多いことであった。美容師を指名する顧客は，コロナ禍のなかであっても，利用回数や頻度が落ちにくいという事実は，新型コロナウイルスの感染拡大の懸念が拭えないなか，指名顧客の育成がこれまで以上に重要になることを示していた。

２つのオンライン媒体の役割

これまでアッシュは，指名顧客を育成するために，様々なマーケティングを展開してきた。アッシュの自社サイトやＨＰＢというオンライン媒体を通じてのネット・プロモーションも，その一環であった。コロナ禍においては，この両方の媒体をこれまで以上により適切に使用し，高い確度で指名顧客の育成をしていく必要があった。

アッシュが理想とするのは，ＨＰＢに過度な依存をすることなく，自社のウェブサイトを中心としてマーケティングを展開することであった。アッシュのウェブサイトを通じて顧客を集客し，その顧客一人一人と繋がれば，個々の顧客ニーズに対応する密なコミュニケーションを取ることができた。その結果，指名顧客の育成に結びつけられるはず，というわけであった。

それと同時に、値引きクーポンに過度に頼ることも避けたいところでもあった。顧客の集客や店舗の継続利用を、値引きに依存しながら目指してしまうと、客単価を押し下げ、結果として個々の店舗やアッシュ全体の成長を妨げてしまうためであった。そのため、現状では、どちらの媒体においても、アッシュの美容師が持つ技術やカウンセリング力を訴求すること、そして、過度な値引きプロモーションは回避すべきだ、という2つの考え方が共有されていた(注31)。

現状のアッシュにとって、自社のウェブサイトやHPBの役割を明確にし、どちらの媒体で値引きクーポンを提供するのかについて検討することは、今後の重要な課題として認識されていた。**付属資料5-9**では、アッシュの店舗が提供しているクーポンの例が示されている。

その一方で、アッシュの店舗のなかには、2つのオンライン媒体の明確な役割のもと、値引きクーポンを利用する動きがみられていた。そこには、少なくとも3つの方向性をみることができた。

第1は、値引きクーポンを提供するプロモーション媒体としての役割は極力低下させ、両オンライン媒体ともにコミュニケーション媒体の役割に集中させていくやり方であった。これらの方法を採用する店舗は、アッシュのサイトであっても、HPBであっても、クーポン内に値引き幅や額は、ほぼ掲載していなかった。アッシュの美容師たちが持つ美容技術やカウンセリング力を全面的に訴求することで、指名顧客にまで育成していくという意味で、正攻法とも言えるものであった。

この方法には問題点もあった。低価格クーポンに依存しないこの方法では、アッシュの店舗を初めて利用する顧客の心理的なハードルを下げることはできなかった。そのため、新規顧客の集客力には劣る可能性があった。また、アッシュをリピートして利用するなかで指名顧客を徐々に育成していく道を閉ざしてしまう可能性もあった。低価格クーポンを理由としてでも、繰り返しアッシュを利用してもらえれば、カウンセリング力や技術の高さを徐々に理解してもらう機会を設けることはできた。また、様々な会話をするなかで、顧客からの信頼感を醸成することもできた。

第2は、プロモーション媒体としての役割をアッシュの自社サイトに担わせる一方で、HPBにはコミュニケーション媒体としての役割を負わせるやり方であった。この方法を採用する店舗は、アッシュの自社サイトで値引き幅を強調した低価格訴求を実施しながらも、HPBではなるべく値引き額を強調する表示は避けていた。この方法は、値引きクーポンを誘因としてでも、アッシュのサイトから予約をしてもらう顧客を増やすことに力点を置いていた。アッシュのサイトを通じて顧客とつながりさえすれば、その後は、カスタマイズしたメール配信などによる密なコミュニケーションが展開できた。また、競合店舗の情報や値引きクーポン

（注31）　アッシュの店舗のうち、フランチャイズ・オーナーによって運営される店舗は、アッシュ本部が基本的な考え方を示せば、それを受け入れる可能性は高かった。もちろん、あくまでも示されるのはガイドラインであり、立地環境や競争環境などが考慮されて個々のサロンのマーケティングが実行されていた。

に触れる可能性は低くなるため、結果として、指名顧客の育成にまで至らせることができるというわけであった。

ただし、自社サイトにおける低価格訴求を強調すると、これまで築き上げてきたアッシュのブランド・イメージを毀損してしまう可能性があった。また、HPBにおける低価格訴求を弱めると、HPBを通じた集客力を弱めてしまうことも懸念された。

第3は、両媒体をプロモーション媒体として位置づけ、自社ウェブサイトとHPBの両方から値引きクーポンを提供する方法であった。この方法は、集客に主眼を置く方法であった。コロナ禍のなかでは、都心に立地するプレステージ・クラスのサロンを避け、地元サロンでの美容サービスを受けようとする顧客が少なからずいるはずであった。アッシュの店舗の多くは、都心周辺の好立地にあるため、それらの顧客を取り込む受け皿になれる可能性は十分にあった。そのため、集客力を最大限に発揮することを目指し、両媒体ともに値引きクーポンを可能な限り提供していくことは理にかなっていた。

ただし、この方法は、第2の方法と同じく、アッシュのブランド・イメージを傷つけてしまう問題を内包するものであった。また、プレステージ・クラスのサロンを利用するような顧客が指名顧客となるプロセスにおいて、低価格訴求はさほど有効でないという見方もあった。

アッシュとしては、新型コロナウイルスの感染拡大の影響を受けにくい顧客基盤を築き上げるべく、指名顧客の育成に有効なネット・プロモーション政策を検討していく必要があった。

コロナ禍における顧客の変化を念頭におきながら，また，店舗それぞれが置かれている状況も考慮しながら，どのような方針が適切なのかを検討していく必要があった。

付属資料５－１　全国の美容室数・理容室数の推移

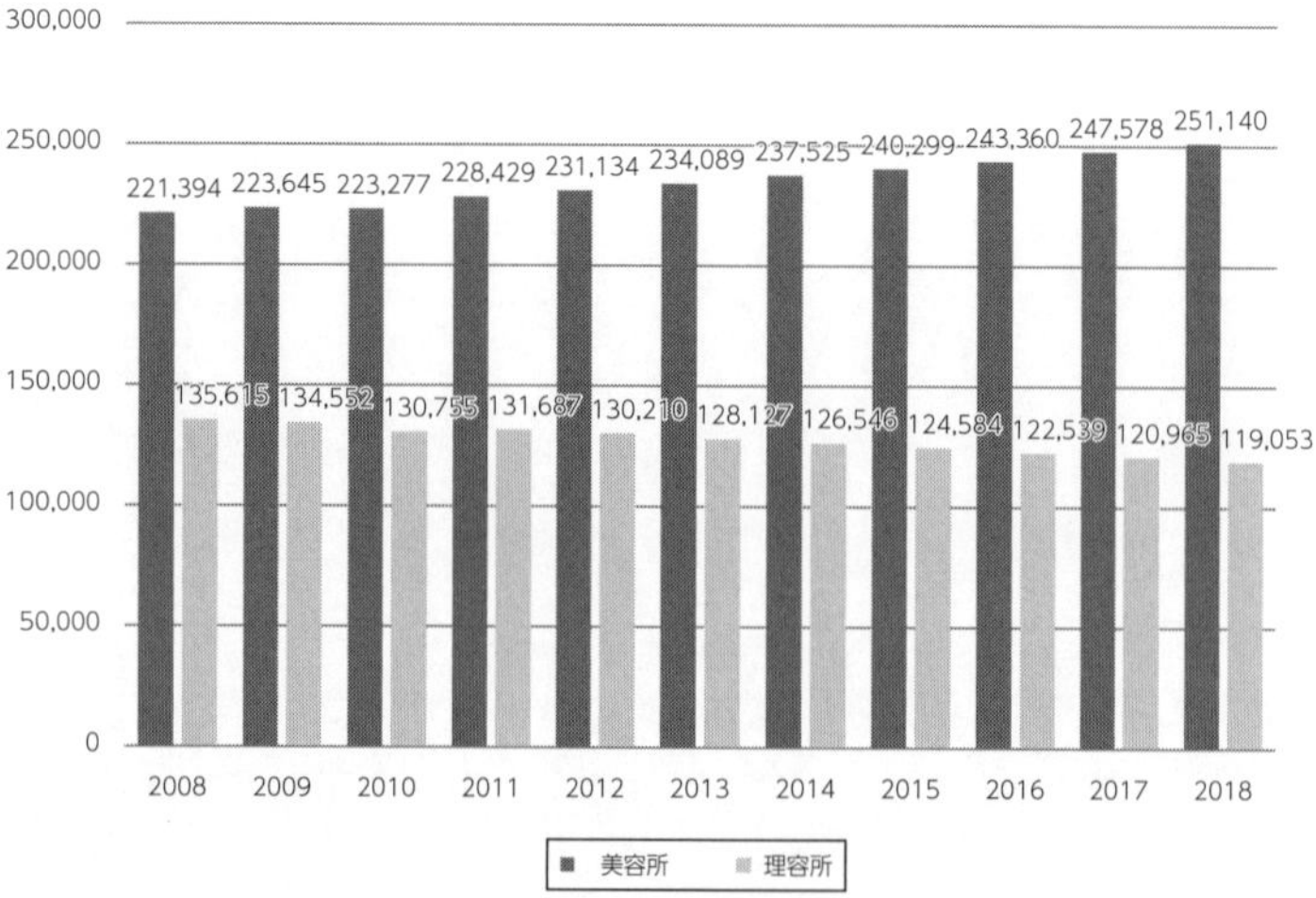

出所：厚生労働省大臣官房統計情報部「衛生行政報告例」各年版をもとに著者作成。

付属資料５－２　アルテサロンホールディングスの事業概要（2019年）

グループ店舗数	323店舗
チェーン全店売上高	187億円
売上高	連結　85億円、単体　24億円
従業員数	連結　935名、単体　51名

出所：株式会社アルテサロンホールディングスウェブサイト会社案内2020年をもとに著者作成。

付属資料５-３　チョキペタのサービス特性

Choki Peta（チョキペタ）の特徴は、提供サービスのメニューをカットとカラーリングのみに絞り込んだ、いわゆる、「メンテナンス」に特化していることであった。メンテナンス・サービスとは、伸びた分だけ１～２㎝伸びた髪をカットしたり、白髪染めをすることで１～２カ月前の状態に戻すことを指した。このサービスのポイントは、常にきれいな状態を維持することで、顧客が身だしなみについての清潔感を感じられることであった。

顧客は提供メニューのなかから、必要なサービスをアラカルト方式で選ぶことができた。例えば、カット後、数カ月後に、伸びた前髪が気になったり、根元の白髪が気になったとき、そこだけに対応したサービスを受けることができた。カットだけであれば15分程度の施術を、低価格で受けることができた。その他は、前髪カット500円、根元染カラー1900円となっていた。

チョキペタは、出店立地にも特徴があった。チョキペタは、商業施設のなかに20坪に満たない広さの店で出店することが多かった。これは、買物にやってきた人たちが、ついでにサービスを受けるという流れを想定しているためであった。また、特定の地域に集中して出店する「ドミナント出店」の方法を採用することで、特定地域での知名度の向上、スタッフ募集の効率化、スタッフ不足時の即時対応などの利点を享受できた。

チョキペタは、中途採用を主な採用形態としていた。結婚後、子育てや介護などのために休職している、いわゆる休眠美容師の再活躍の場を提供することを目指し、パートタイムの美容師を積極的に活用していた。美容師の平均年齢は45歳程度であった。

出所：株式会社Ｃ＆P Choki Petaウェブサイトをもとに著者作成。

付属資料5-4　アッシュの店舗立地

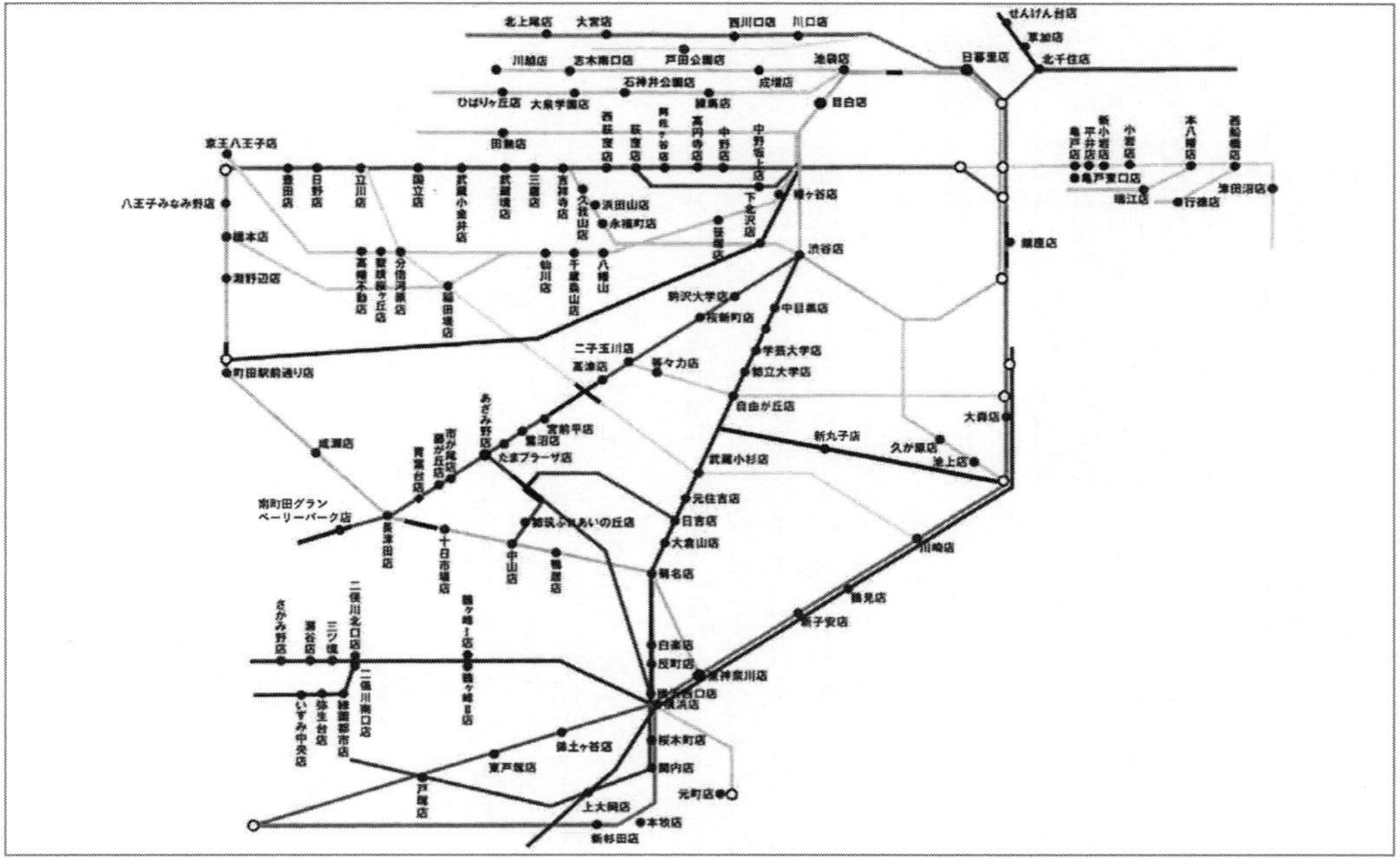

出所：株式会社アルテサロンホールディングスウェブサイトをもとに著者作成。

付属資料5-5 アッシュの年代別顧客人数（上） 年代別客単価（下）

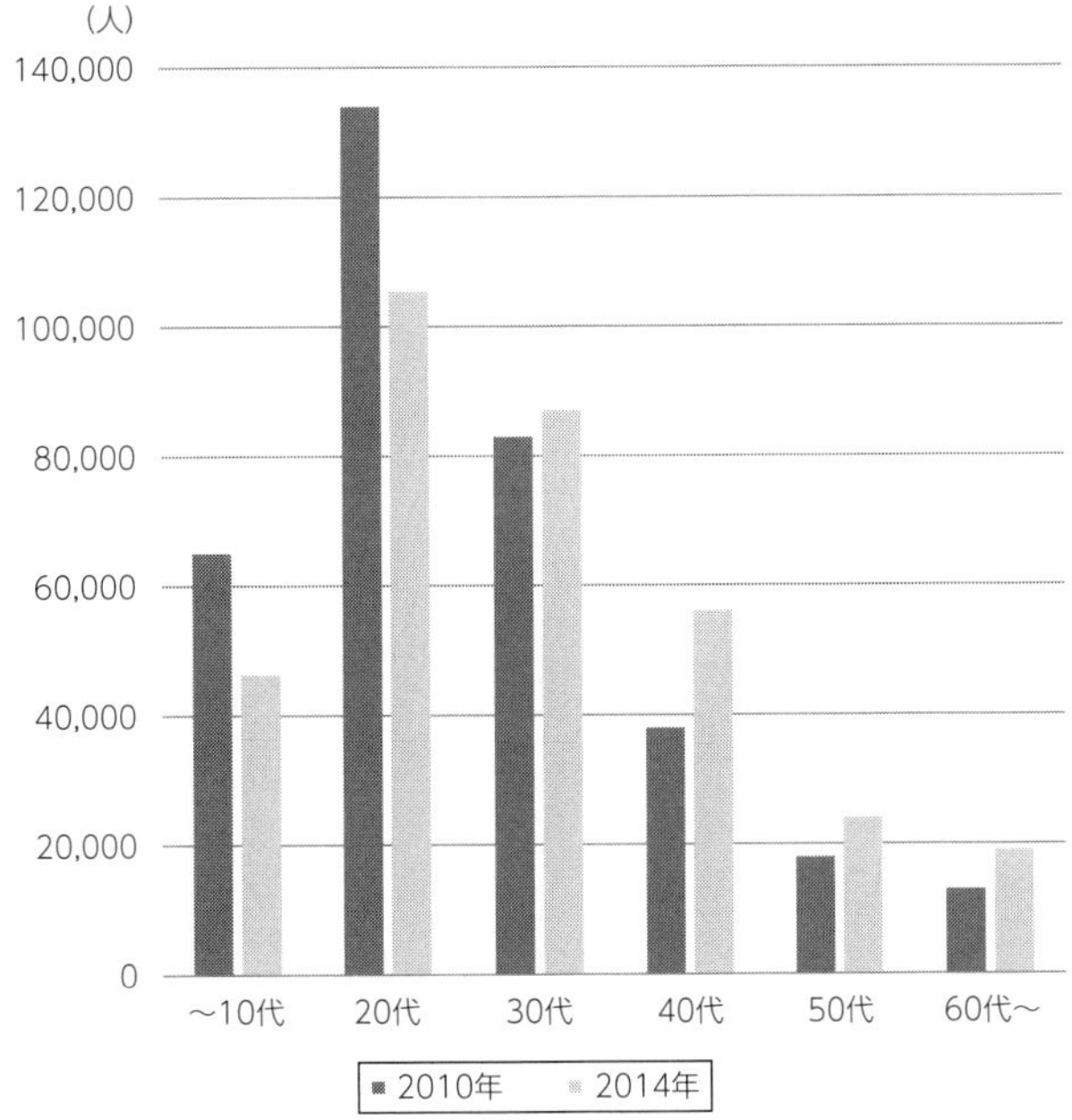

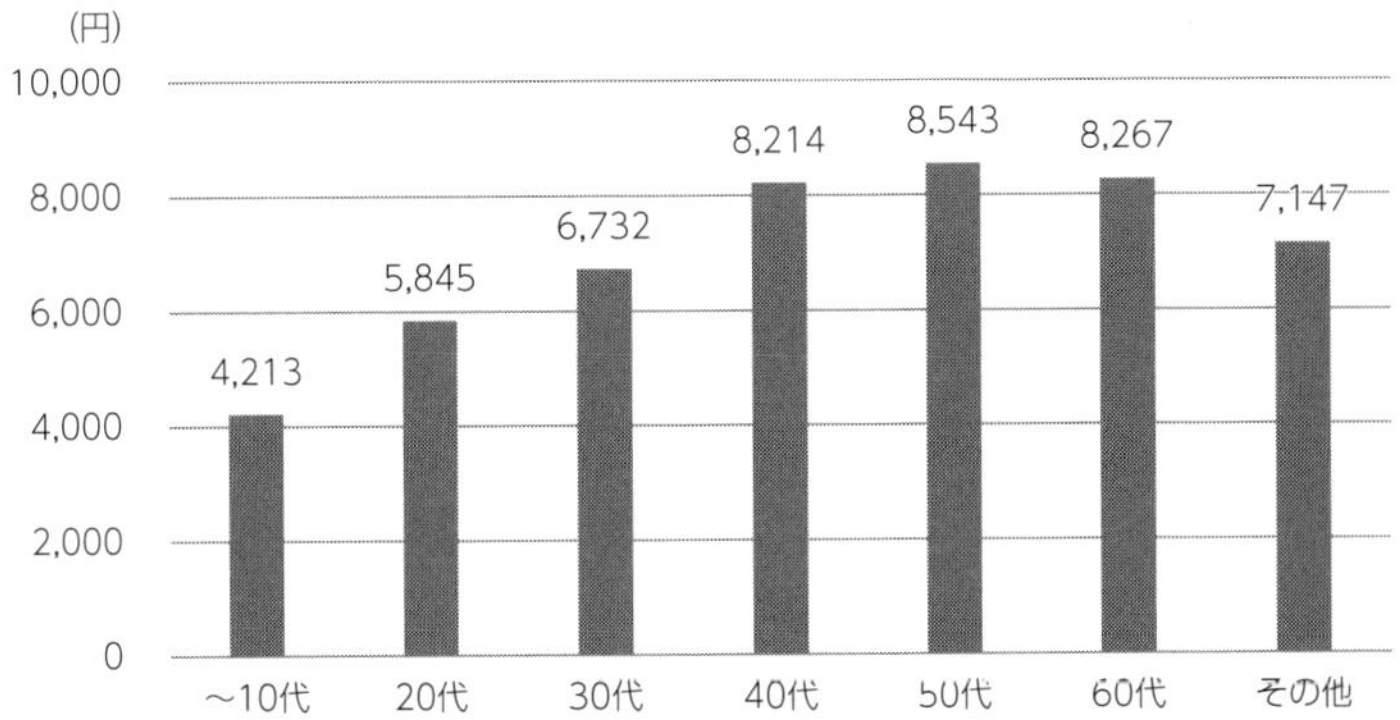

出所：株式会社アルテサロンホールディングスウェブサイトをもとに著者作成。

付属資料５－６　アッシュの来店客数と客単価の推移

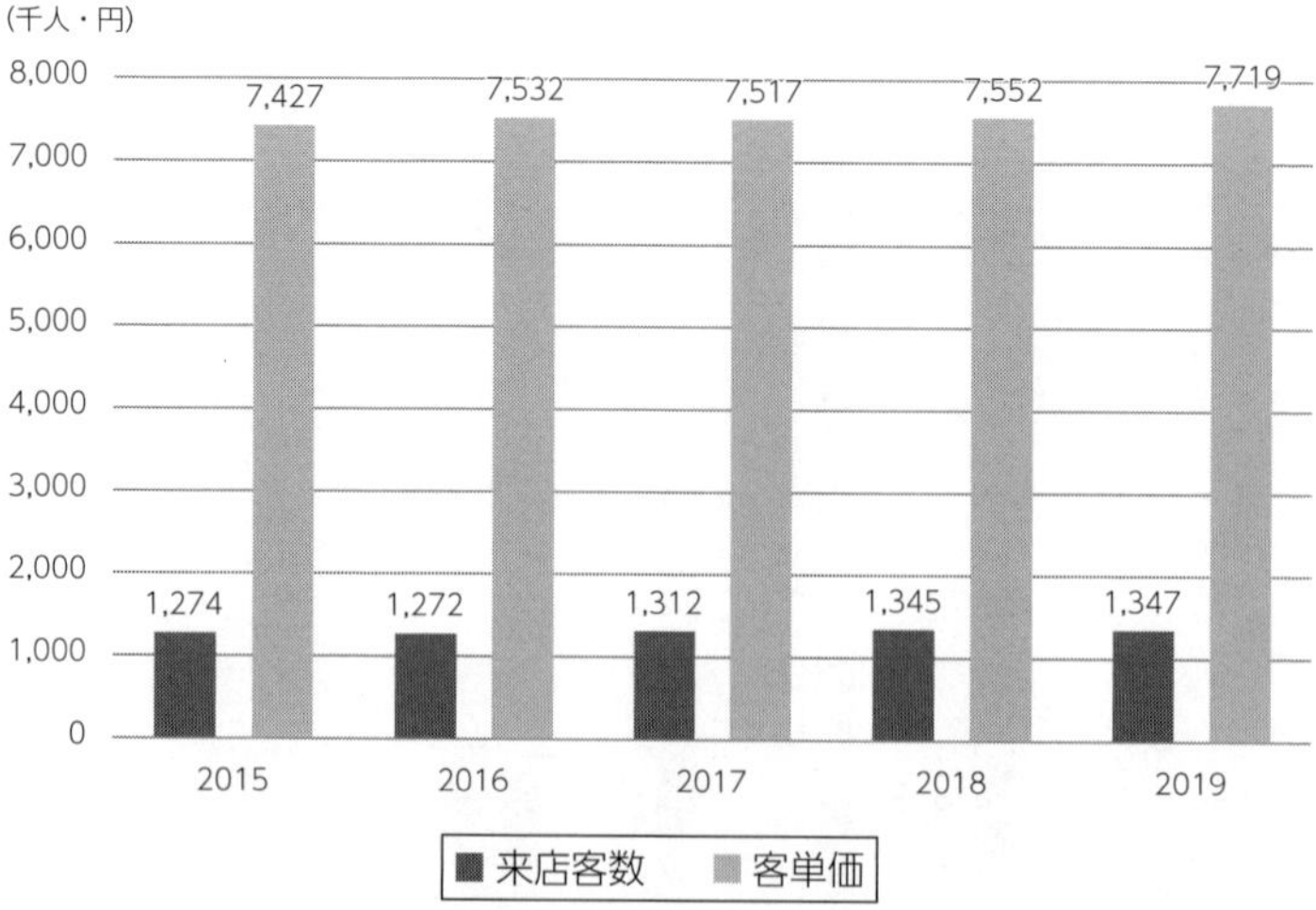

出所：株式会社アルテサロンホールディングスウェブサイトをもとに著者作成。

付属資料５-７　美容サロンの利用実態調査の結果

株式会社リクルートライフスタイル　ホットペッパービューティーアカデミー（2019)、「美容センサス2019年度上期資料編（詳細版）：15～69歳男女の美容サロン利用実態」より抜粋

- 調査方法：インターネットによるアンケート調査
- 調査対象：全国、人口20万人以上の都市に居住する、15～69歳、女性・男性　各6600名
- 調査期間：2019年２月15日～２月28日

付属資料５-７-１　美容・理容サービス　年代別利用金額

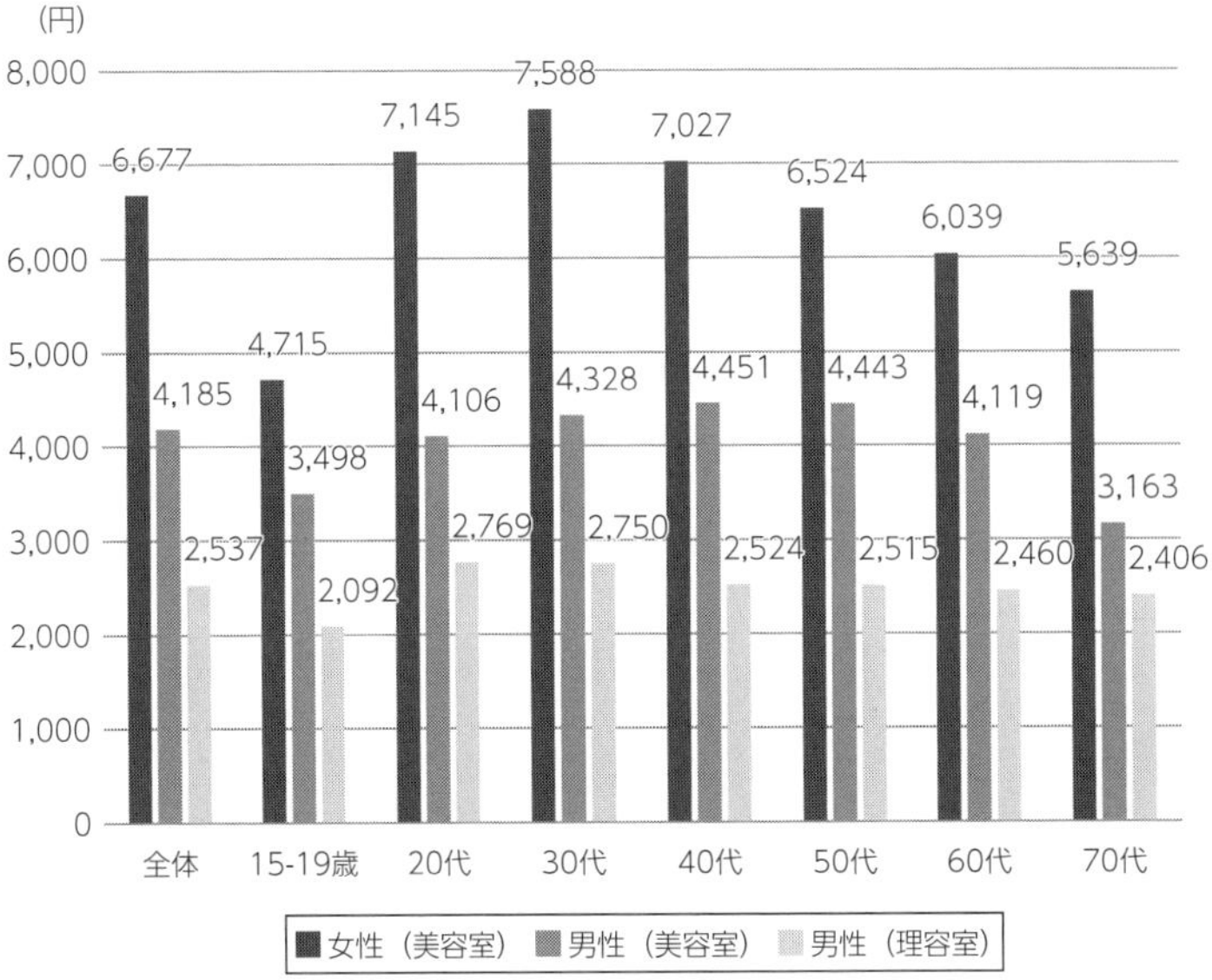

美容サロンの継続理由（女性）

女性						参考
年代別						
女性 15～19歳 (n=504)	女性 20代 (n=1037)	女性 30代 (n=1049)	女性 40代 (n=1023)	女性 50代 (n=1044)	女性 60代 (n=1022)	女性 70代 (n=501)
13.1	18.1	20.1	19.3	19.4	15.5	13.2
4.4	6.3	9.2	7.4	9.2	6.8	4.8
0.8	1.6	1.8	1.4	2.4	1.9	1.2
25.2	46.4	40.5	28.2	21.8	11.0	3.8
14.1	12.2	13.1	11.5	10.6	12.4	11.9
10.9	5.2	5.2	10.4	13.7	18.1	21.8
6.3	7.6	5.2	4.3	3.1	3.2	2.6
17.5	17.8	19.2	16.5	14.9	14.7	16.3
11.1	9.2	9.7	12.5	16.4	19.3	26.1
11.3	12.7	12.2	12.2	12.1	15.3	17.2
34.5	23.0	26.9	32.6	38.1	42.8	53.3
12.3	15.0	19.5	23.0	28.0	27.7	32.7
28.8	25.1	30.5	29.8	32.2	35.5	31.2
4.2	6.8	6.6	6.1	10.0	9.7	9.6
12.1	16.9	20.2	21.0	22.1	20.1	17.4
15.7	14.9	17.9	15.9	14.8	16.2	17.9
3.0	6.8	9.6	7.6	8.5	6.6	5.2
12.1	15.0	20.5	17.9	19.4	20.2	18.1
15.3	14.8	17.0	14.2	13.9	14.5	13.4
7.3	9.8	12.4	10.2	10.3	9.2	8.0
8.1	11.1	12.1	11.0	10.5	10.1	11.5
5.0	4.8	6.4	5.3	9.3	12.6	10.6
12.7	9.4	10.1	7.0	5.8	6.1	4.7
13.9	12.4	15.6	13.0	14.2	12.8	14.8
2.6	1.0	2.3	1.1	1.1	1.4	0.4
10.5	12.2	9.0	10.1	6.8	7.2	4.8

付属資料5-7-2(a) 現在利用している

Q：現在利用しているサロンの継続理由（美容室利用者/複数回答） *お店を継続して利用していない場合は「あてはまるものはない」を選択			女性全体 (n=5679)
メニュー・仕上がり	1	自分でイメージした通りの仕上がりにしてくれる	17.8
	2	仕上がりが長持ちする	7.5
	3	自分が希望する商品・商材を施術に使用している	1.7
予約・時間・利便性	4	ネット予約ができる	29.2
	5	当日予約が可能	12.2
	6	予約なしでも施術してくれる	10.5
	7	営業時間が長い・朝早くから夜遅くまで営業	4.8
	8	予約が取りやすい	16.7
	9	待ち時間が少ない	13.2
	10	交通の便が良い	12.7
	11	自宅から近い	32.8
料金・割引	12	料金が明確	21.7
	13	料金がリーズナブル	30.4
	14	継続利用するとお得な割引やポイント制がある	7.5
スタッフ・接客	15	スタッフの技術が高い	19.4
	16	スタッフと話しやすく会話が楽しい	15.9
	17	プロとしてスタッフのカウンセリングやアドバイスが的確	7.4
	18	担当が自分の好みや髪・体のクセをわかっている	18.0
	19	スタッフの気遣いや対応が良い	14.9
	20	施術全体を通して丁寧に扱ってくれる	10.1
	21	商品のコース・メニューの無理な勧誘をしない	10.7
	22	手際がよく施術全体にかかる時間が短い	7.4
外観・雰囲気	23	お店の雰囲気・インテリアが良い	8.1
	24	お店の居心地が良い	13.6
その他	25	その他	1.5
	26	あてはまるものはない	9.2

各年代において 1位 2～3位 4～10位

美容サロンの継続理由（男性）

男性							参考
年代別							
男性 15～19歳 (n=282)	男性 20代 (n=669)	男性 30代 (n=641)	男性 40代 (n=401)	男性 50代 (n=213)	男性 60代 (n=96)		男性 70代 (n=39)
13.1	10.8	12.2	13.5	11.3	10.4		7.7
5.3	3.3	3.1	3.0	0.9	4.2		2.6
1.1	1.5	0.9	1.0	2.8	0.0		0.0
22.3	37.2	32.6	21.9	16.4	8.3		0.0
20.6	17.9	17.5	13.7	16.4	10.4		23.1
16.3	10.9	8.9	11.7	12.2	13.5		17.9
6.7	7.6	6.4	5.5	2.8	5.2		0.0
16.3	16.6	12.8	16.5	11.3	14.6		17.9
14.2	10.6	10.9	10.5	14.6	18.8		17.9
10.6	10.3	11.7	12.5	13.6	7.3		23.1
38.3	27.5	25.6	27.2	31.5	36.5		33.3
19.5	17.0	16.2	18.2	21.6	26.0		33.3
18.8	21.4	24.0	26.7	30.5	37.5		38.5
4.6	4.6	3.6	3.7	2.8	7.3		2.6
18.4	11.4	14.4	12.2	15.5	18.8		17.9
13.8	10.8	10.5	11.0	12.7	6.3		12.8
6.7	4.0	3.6	3.2	3.3	4.2		0.0
12.1	8.8	9.8	10.5	10.8	10.4		0.0
14.2	8.5	7.3	8.5	10.3	10.4		7.7
6.7	4.9	4.2	5.0	6.6	7.3		2.6
6.7	5.2	3.9	3.5	3.3	5.2		0.0
4.6	3.0	2.0	2.5	5.2	9.4		7.7
9.2	6.7	6.6	4.7	4.7	4.2		5.1
12.4	7.8	9.0	7.0	8.0	9.4		15.4
1.1	0.4	0.2	1.0	0.9	0.0		2.6
8.5	11.4	12.2	14.0	10.3	11.5		20.5

付属資料5-7-2(b) 現在利用している

Q：現在利用しているサロンの継続理由（美容室利用者/複数回答） *お店を継続して利用していない場合は「あてはまるものはない」を選択			男性全体 (n=2302)
メニュー・仕上がり	1	自分でイメージした通りの仕上がりにしてくれる	11.9
	2	仕上がりが長持ちする	3.3
	3	自分が希望する商品・商材を施術に使用している	1.3
予約・時間・利便性	4	ネット予約ができる	28.3
	5	当日予約が可能	16.9
	6	予約なしでも施術してくれる	11.4
	7	営業時間が長い・朝早くから夜遅くまで営業	6.3
	8	予約が取りやすい	14.9
	9	待ち時間が少ない	11.8
	10	交通の便が良い	11.3
	11	自宅から近い	29.0
料金・割引	12	料金が明確	18.1
	13	料金がリーズナブル	24.2
	14	継続利用するとお得な割引やポイント制がある	4.1
スタッフ・接客	15	スタッフの技術が高い	13.9
	16	スタッフと話しやすく会話が楽しい	11.1
	17	プロとしてスタッフのカウンセリングやアドバイスが的確	4.0
	18	担当が自分の好みや髪・体のクセをわかっている	10.0
	19	スタッフの気遣いや対応が良い	9.1
	20	施術全体を通して丁寧に扱ってくれる	5.2
	21	商品のコース・メニューの無理な勧誘をしない	4.6
	22	手際がよく施術全体にかかる時間が短い	3.3
外観・雰囲気	23	お店の雰囲気・インテリアが良い	6.3
	24	お店の居心地が良い	8.6
その他	25	その他	0.6
	26	あてはまるものはない	11.6

各年代において 1位 2～3位 4～10位

リピートしなかった理由（女性）

女性						参考
年代別						
女性 15〜19歳 (n=504)	女性 20代 (n=1037)	女性 30代 (n=1049)	女性 40代 (n=1023)	女性 50代 (n=1044)	女性 60代 (n=1022)	女性 70代 (n=501)
13.9	20.2	25.5	21.0	21.4	15.8	11.2
4.2	7.7	11.5	9.1	7.8	5.8	3.2
0.4	1.3	0.9	0.1	1.0	0.5	0.6
5.6	7.5	5.1	4.0	3.0	2.1	0.4
3.0	3.3	3.6	4.0	3.9	2.9	3.4
3.8	2.7	2.8	3.4	4.1	4.0	2.8
3.0	1.8	1.4	1.7	0.9	0.8	1.0
5.0	5.0	9.3	5.8	5.5	4.0	2.4
4.6	5.5	7.3	6.2	7.3	6.8	7.4
5.4	4.2	6.1	4.1	3.4	3.6	4.4
8.9	7.4	10.1	8.1	8.0	7.8	11.6
5.0	4.5	5.7	5.7	5.4	4.2	3.4
13.3	18.0	21.3	16.7	19.0	13.8	15.0
1.2	3.3	2.9	2.3	1.3	1.7	0.6
8.7	14.7	18.1	18.3	15.1	11.4	7.8
7.9	14.6	17.5	13.5	6.4	5.1	3.0
1.6	5.4	6.7	5.0	4.1	2.8	1.4
3.4	8.0	12.1	9.0	9.0	5.3	3.2
6.3	10.7	15.1	12.9	10.4	6.7	4.4
1.2	3.3	6.0	5.9	3.0	2.7	1.4
1.8	3.5	5.3	5.1	4.3	2.7	4.2
1.4	2.5	5.2	3.7	4.7	2.9	2.2
2.2	1.6	2.2	1.9	1.7	1.0	1.2
3.8	5.6	9.4	8.8	9.1	6.3	4.2
2.6	6.7	8.7	6.8	6.9	6.1	4.2
6.0	5.8	3.9	3.0	2.3	2.0	1.8
6.7	3.6	4.0	4.9	4.1	3.5	3.4
0.8	0.9	1.4	2.2	1.9	2.3	2.4
41.1	26.1	21.6	27.4	32.2	42.9	51.6

付属資料5-7-3 (a) 美容サロンを変えたり、

Q：サロン（お店）を変えたり、リピートしなかった理由（美容室利用者／複数回答） *お店を変えたことがない場合には「あてはまるものはない」を選択			女性全体 (n=5679)
メニュー・仕上がり	1	自分でイメージした通りの仕上がりにしてくれない	20.2
	2	仕上がりのもちが良くない	8.0
	3	自分が希望する商品・商材を施術に使用していない	0.7
予約・時間・利便性	4	ネット予約ができない	4.5
	5	当日予約ができない	3.5
	6	予約がないと利用できない	3.4
	7	営業時間が短い・朝早くや夜遅くに営業していない	1.5
	8	予約が取りにくい	5.8
	9	待ち時間が多い	6.4
	10	交通の便が良くない	4.4
	11	自宅から遠い	8.3
料金・割引	12	料金が不明確・わかりにくい	5.1
	13	料金が高い	17.4
	14	継続利用してもお得な割引やポイント制がない	2.2
スタッフ・接客	15	スタッフの技術が低い	14.9
	16	スタッフと話しにくい・会話が楽しくない	11.1
	17	プロとしてスタッフのカウンセリングやアドバイスが不十分	4.5
	18	担当が自分の好みや髪・体のクセをわかってくれない	8.2
	19	スタッフの気遣いや対応が良くない	10.7
	20	施術全体を通して丁寧に扱ってくれない	3.9
	21	商品のコース・メニューの無理な勧誘がしつこい	4.0
	22	手際が悪く施術全体にかかる時間が長い	3.6
外観・雰囲気	23	お店の雰囲気・インテリアが良くない	1.7
	24	お店の居心地が良くない	7.5
その他	25	自分の行動範囲が変わった（引っ越し、転勤など）	6.6
	26	色々なサロンを楽しみたい	3.6
	27	なんとなく	4.3
	28	その他	1.6
	29	あてはまるものはない	31.0

各年代において 1位 2～3位 4～10位

リピートしなかった理由（男性）

男性						参考
年代別						
男性 15〜19歳 (n=282)	男性 20代 (n=669)	男性 30代 (n=641)	男性 40代 (n=401)	男性 50代 (n=213)	男性 60代 (n=96)	男性 70代 (n=39)
6.0	10.6	12.5	9.7	8.5	5.2	2.6
2.1	3.6	3.4	4.7	3.8	2.1	0.0
0.0	0.4	0.2	0.2	0.9	1.0	0.0
5.3	12.1	10.6	5.7	5.6	3.1	0.0
3.5	7.2	6.1	5.0	2.3	5.2	2.6
3.9	5.2	4.8	5.0	3.8	3.1	2.6
4.3	4.6	4.1	3.2	2.8	1.0	0.0
4.6	5.5	6.6	5.2	4.7	3.1	5.1
4.6	6.6	7.3	8.0	7.0	6.3	5.1
2.5	4.8	6.2	3.0	4.7	3.1	0.0
5.3	6.6	9.7	6.5	6.1	5.2	10.3
1.4	4.3	3.0	2.0	3.8	4.2	5.1
7.1	10.2	12.2	13.0	9.9	14.6	12.8
1.4	2.4	1.7	0.7	1.9	0.0	0.0
6.0	7.5	10.1	7.2	8.5	4.2	5.1
5.0	4.5	6.2	5.0	2.8	1.0	2.6
2.1	1.2	2.3	2.7	0.9	1.0	0.0
2.8	3.3	3.7	3.0	4.7	1.0	2.6
3.2	4.2	5.6	4.2	2.3	1.0	2.6
1.8	1.2	2.7	1.5	0.9	0.0	2.6
1.8	1.2	1.2	1.5	0.9	0.0	0.0
1.1	1.3	1.4	1.0	1.4	4.2	2.6
1.4	1.0	0.9	1.0	1.4	1.0	0.0
1.4	1.9	3.4	3.0	2.8	2.1	0.0
2.5	2.7	5.5	3.5	1.9	4.2	0.0
3.9	1.6	2.5	2.0	1.9	2.1	0.0
4.6	4.9	3.6	3.7	4.2	2.1	0.0
0.0	0.9	0.6	0.7	0.9	3.1	2.6
50.4	37.7	30.0	40.9	49.8	58.3	64.1

付属資料5-7-3(b) 美容サロンを変えたり、

Q：サロン（お店）を変えたり、リピートしなかった理由（美容室利用者／複数回答） *お店を変えたことがない場合には「あてはまるものはない」を選択			男性全体 (n=2302)
メニュー・仕上がり	1	自分でイメージした通りの仕上がりにしてくれない	10.0
	2	仕上がりのもちが良くない	3.5
	3	自分が希望する商品・商材を施術に使用していない	0.3
予約・時間・利便性	4	ネット予約ができない	8.8
	5	当日予約ができない	5.5
	6	予約がないと利用できない	4.7
	7	営業時間が短い・朝早くや夜遅くに営業していない	3.9
	8	予約が取りにくい	5.5
	9	待ち時間が多い	6.8
	10	交通の便が良くない	4.5
	11	自宅から遠い	7.2
料金・割引	12	料金が不明確・わかりにくい	3.1
	13	料金が高い	11.0
	14	継続利用してもお得な割引やポイント制がない	1.7
スタッフ・接客	15	スタッフの技術が低い	7.9
	16	スタッフと話しにくい・会話が楽しくない	4.8
	17	プロとしてスタッフのカウンセリングやアドバイスが不十分	1.9
	18	担当が自分の好みや髪・体のクセをわかってくれない	3.3
	19	スタッフの気遣いや対応が良くない	4.2
	20	施術全体を通して丁寧に扱ってくれない	1.7
	21	商品のコース・メニューの無理な勧誘がしつこい	1.3
	22	手際が悪く施術全体にかかる時間が長い	1.4
外観・雰囲気	23	お店の雰囲気・インテリアが良くない	1.1
	24	お店の居心地が良くない	2.6
その他	25	自分の行動範囲が変わった（引っ越し、転勤など）	3.6
	26	色々なサロンを楽しみたい	2.3
	27	なんとなく	4.1
	28	その他	0.8
	29	あてはまるものはない	39.6

各年代において 1位 2～3位 4～10位

付属資料5-8　暖簾分けフランチャイズの仕組み

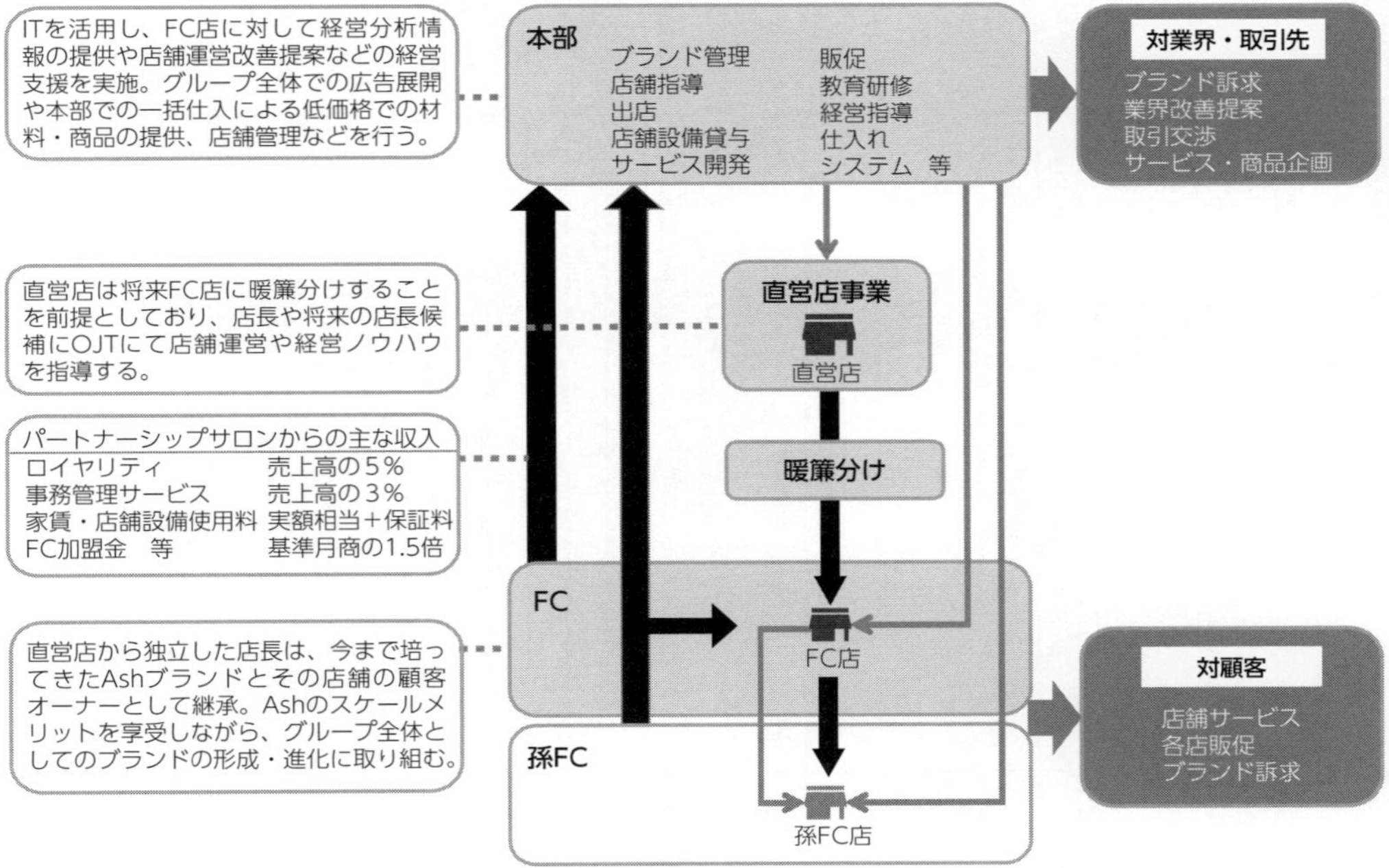
ITを活用し、FC店に対して経営分析情報の提供や店舗運営改善提案などの経営支援を実施。グループ全体での広告展開や本部での一括仕入による低価格での材料・商品の提供、店舗管理などを行う。
直営店は将来FC店に暖簾分けすることを前提としており、店長や将来の店長候補にOJTにて店舗運営や経営ノウハウを指導する。
パートナーシップサロンからの主な収入
ロイヤリティ　売上高の5％
事務管理サービス　売上高の3％
家賃・店舗設備使用料　実額相当＋保証料
FC加盟金　等　基準月商の1.5倍
直営店から独立した店長は、今まで培ってきたAshブランドとその店舗の顧客オーナーとして継承。Ashのスケールメリットを享受しながら、グループ全体としてのブランドの形成・進化に取り組む。
本部
ブランド管理
店舗指導
出店
店舗設備貸与
サービス開発
販促
教育研修
経営指導
仕入れ
システム　等
対業界・取引先
ブランド訴求
業界改善提案
取引交渉
サービス・商品企画
直営店事業
直営店
暖簾分け
FC
FC店
孫FC
孫FC店
対顧客
店舗サービス
各店販促
ブランド訴求

出所：吉原（2012）p.135を修正して著者作成。

付属資料５-９　アッシュのウェブサイトに掲載されたクーポンの例

〈A店〉

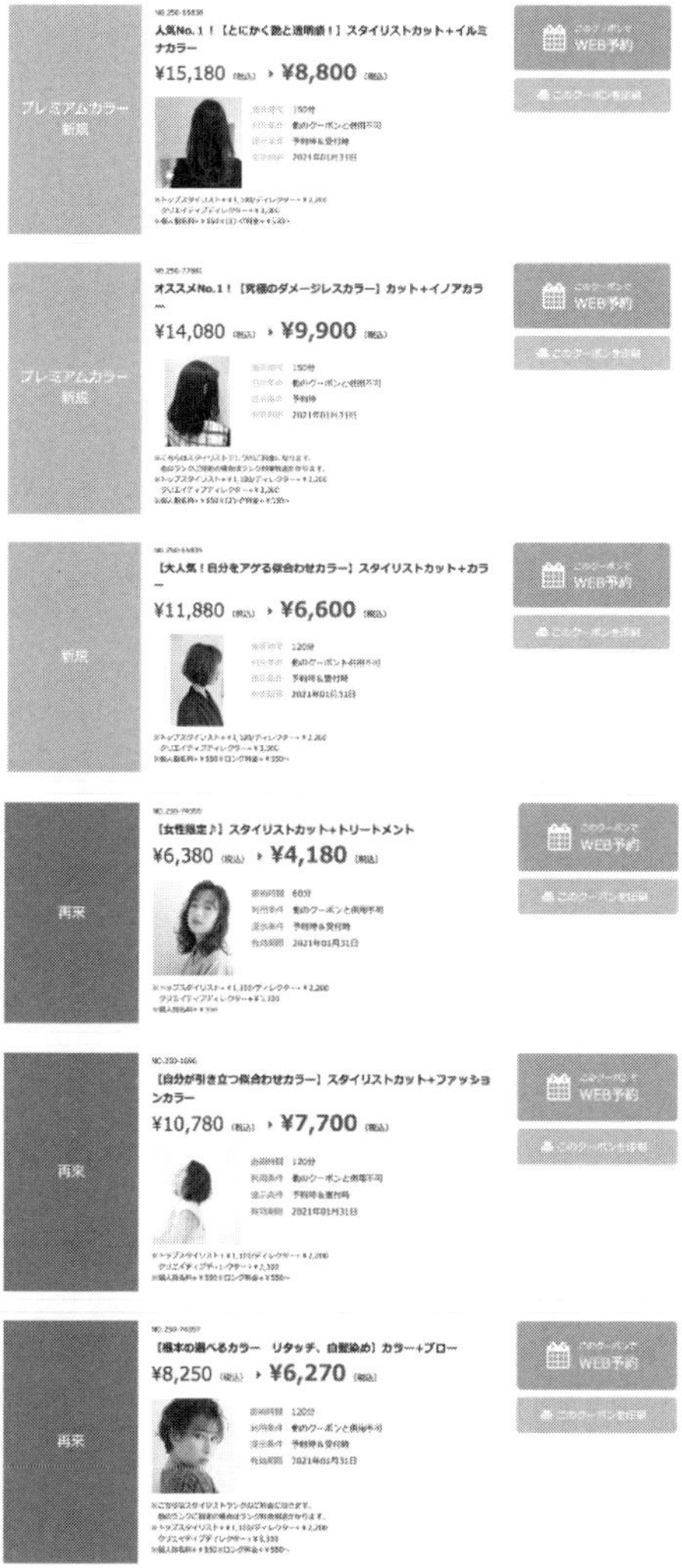

付属資料5-9　続き

〈B店〉

出所：株式会社アッシュウェブサイトより抜粋。

3 設問

1　アッシュが顧客に対して提供している価値の特性を、チョキペタのそれと比較しながら述べてください。

2　アッシュが持続的に成長している理由を、暖簾分けフランチャイズの観点から整理してください。

3　顧客がアッシュを継続的に利用するようになる理由を整理してください。

4　表5-3によれば、新型コロナウイルスの感染拡大の懸念があるなかで、2020年6月以降、アッシュに来店する客数は減少する一方で、客単価は向上しています（対前年比）。この結果を、どのように解釈しますか。

5　新型コロナウイルスの感染拡大の影響のなかで、アッシュは値引きクーポンを積極的に使用していくべきでしょうか。①使用すべきではない、②自社ウェブサイトを中心に使用する、③自社ウェブサイトとホットペッパービューティーの両方で使用する、という3つの案があるとするなら、どの方法を採用するべきでしょうか。

6　コロナ禍によって変化した顧客の美容サロンの利用行動は、ポストコロナにおいて、元に戻るのでしょうか。戻るとすれば、どの部分が戻り、どの部分が戻らないでしょうか。

7　ポストコロナにおいては、設問5で採用したアッシュのネット・プロモーション政策を継続すべきでしょうか。あるいは、変更すべきでしょうか。設問6で検討した顧客行動の展望にもとづきながら、提案してください。

第6章

日清食品株式会社

：ソーシャルメディア活用型コミュニケーション政策とＤ２Ｃ（注1）

1 概　要

即席麺業界のリーダー企業である日清食品株式会社は、新型コロナ危機という状況においても堅調に成長を続けていた。同社の業績を牽引するのが、2021年に発売50周年を迎える主力ブランド、カップヌードルであった。いつの時代も色褪せないブランドであり続ける背景には、市場環境の変化に巧みに適応する同社のコミュニケーション政策があった。

しかし、同社を取り巻く環境の変化は激しく、少子高齢化、若年層のテレビ離れ、競合企業の多様化、大規模小売業者の台頭、そしてコロナ禍による人々の生活様式や購買行動の変化など、マーケティングにおいて検討すべき課題は多かった。特に、コロナ禍をひとつのきっかけとして、中小メーカーの中には、D2C（Direct to Consumer）と呼ばれる、ソーシャルメディアを活用した直販形態に活路を見出す企業も増え、同社をはじめ、大規模メーカーにとっても自社ECサイトをいかに活用すべきかが重要な課題となっていた。本ケースでは、同社による、ソーシャルメディアを活用したコミュニケーション政策や自社ECサイトでの取り組みから、ポストコロナを見据えたコミュニケーション政策のあり方とNB（ナショナル・ブランド）メーカーがD2Cを行うことの意義と条件について学ぶ。

2　ケース

日清食品株式会社（以下、日清食品）の2020年3月期の売上高は2013億1400万円と前期比4・2％増え、連結純利益も275億7300万円と同16・3％増加し、過去最高を更新した（注2）。また、同3月期に「カップヌードル」ブランドの国内年間売上高が初めて1000億円を突破した。日清食品グループ全体でも、5年前に中期経営計画で発表した、株式時価総額1兆円突破の目標を6月に果たした（『日本経済新聞朝刊』2020年6月30日）。コロナ禍における外出自粛で家庭での消費が追い風になったこともあり、消費者の食シーンが大きく変わりつつあるなかで、同社では主力ブランドのカップヌードルの新たなコミュニケーション政策について議論が交わされていた。

足元の販売は好調ではあるものの、今後の国内の人口減少をにらむと、国内全体の市場縮小は必至であるため、顧客層のすそ野を広げていくことは重要な課題であった。同社が扱う製品すべてのコミュニケーション政策を立案する、日清食品ホールディングス株式会社（以下、日

（注1）　本ケースの作成にあたっては、日清食品ホールディングス株式会社宣伝部部長米山慎一郎氏にインタビューをさせていただいた。多大なるご協力に感謝申し上げたい。
（注2）　日清食品グループホームページより。

清食品HLD）の宣伝部では、コロナ禍により消費者の食シーンが変わることで、日清食品のコミュニケーション政策を含めたマーケティング戦略の再検討が必要であるとの認識が共有されていた。国内の人口減少など、同社を取り巻く環境の変化は激しく、特に若年層のメディア接触行動の変化や、大規模小売業者の成長は同社のコミュニケーション政策に大きな影響を及ぼす要因となっていた。そして、コロナ禍への短期的な対応だけでなく、ポストコロナを見据えた戦略の立案も必要であった。2021年に発売50年周年を迎えるカップヌードルは、当該ブランドの最主力ブランドであるだけに、カップヌードルのコミュニケーション政策は、同社だけでなく、同社全体のイメージや他のブランドのコミュニケーション政策に関わる重要な意思決定であった。

カップヌードルの誕生

日清食品は、1958年に安藤百福が創業した、麺製品、とりわけ即席麺の製造と販売を行っているこの分野のパイオニア企業である。創業以来、幾多の困難を乗り越えながらも順調に会社の業績を伸ばしてきた（嶋口、1980）。1958年に、お湯を注ぐと2分で食べられる世界初の即席麺「チキンラーメン」を発売し、即席麺メーカーとしての礎を築いた。発売当時のチキンラーメンの価格は1食35円と、うどん玉ひとつが6円の時代に非常に高価なものであったが、ちょうど共働き世帯や核家族が増え始めた時代で、お湯を注ぐだけで食べられ、長期保存できる即席麺は、主婦の味方になった。また、食品スーパーが日本に誕生したのがチキンラーメンが発売された頃で、それまでとは大きく異なる欧米型流通システムの登場により、即席麺などの加工食品を大量販売するルートが切り拓かれたのも追い風となった。さらに、テレビが普及し始めたこの時期、当時はまだメディアとしての力が未知数だったにもかかわらず、安藤はいち早くテレビ番組のスポンサーになりテレビ広告を積極的に流した。チキンラーメンは、テレビの急激な普及とともに、ますます広く知られるようになった（注3）。

その後、即席麺を世界に広めようと考えた安藤が、丼も箸もない米国での市場視察で着想を得たのが、麺をカップに入れてフォークで食べる新製品であった。当時、食品加工にほとんど使われたことがなかったフリーズドライ製法を具材に活用し、カップの開発から麺をカップに収めるための工夫など、試行錯誤の末に誕生したのがカップヌードルであった。

カップヌードルの成長

1971年9月に発売されたカップヌードルは、安藤が、全く新しい食スタイルを提案する即席麺として世に送り出したものであった（注4）。もともとラーメンは、座って、丼から箸で食べるものと考えられていた当時、カップにお湯を注ぐだけで、外でも手軽に、立ったまま食

（注3）　日清食品グループホームページ「安藤百福クロニクル」を参考に記述した。
（注4）　本節における以下の記述は日清食品グループホームページ「NISSIN HISTORY」を参考に記述した。

べられるというスタイルは物珍しさをもって受け止められた。カップヌードルは、袋麺が25円の時代にフォーク付きで1食100円と高価で、発売当初の売上は必ずしも芳しいものではなかった。しかし、翌1972年2月にあさま山荘事件のテレビ中継で、極寒の屋外でカップヌードルを頬張る警視庁機動隊員の映像が全国に流れたことで、その認知度は一気に高まり、人気に火が付いた。翌73年には早くも米国進出を果たし、現在までに世界100以上の国・地域で販売されるに至った。

1973年のカレー、84年のシーフードヌードルを皮切りに、矢継ぎ早に様々なフレーバーの製品を投入したほか、ビッグ、ミニなどサイズのバリエーションも拡充した。近年は糖質を抑えるなど機能性を強化した「カップヌードル コッテリーナイス」や、買い求めやすい価格の「あっさりおいしいカップヌードル」などを展開していた。その他、2007年にリフィルシリーズ（詰め替え用）の発売、2008年に容器の紙化、2019年からは「バイオマスECOカップ」（注5）への切り替えなど、環境へも配慮した製品展開を行っていた。

ブランドとしてのカップヌードルは、「カップヌードルごはん」として、麺ではない即席米飯カテゴリーに拡張されたり、小世帯のシニア層をターゲットにした「お椀で食べるカップヌードル」として、カップではない形態にも展開されたりした。カップヌードルは1995年には国内販売累計100億食、2011年に同200億食、2016年には世界販売累計400億食、そして2019年には、国内年間売上1000億円を達成した。

図6-1 カップ麺の国内市場規模推移（単位：億円）

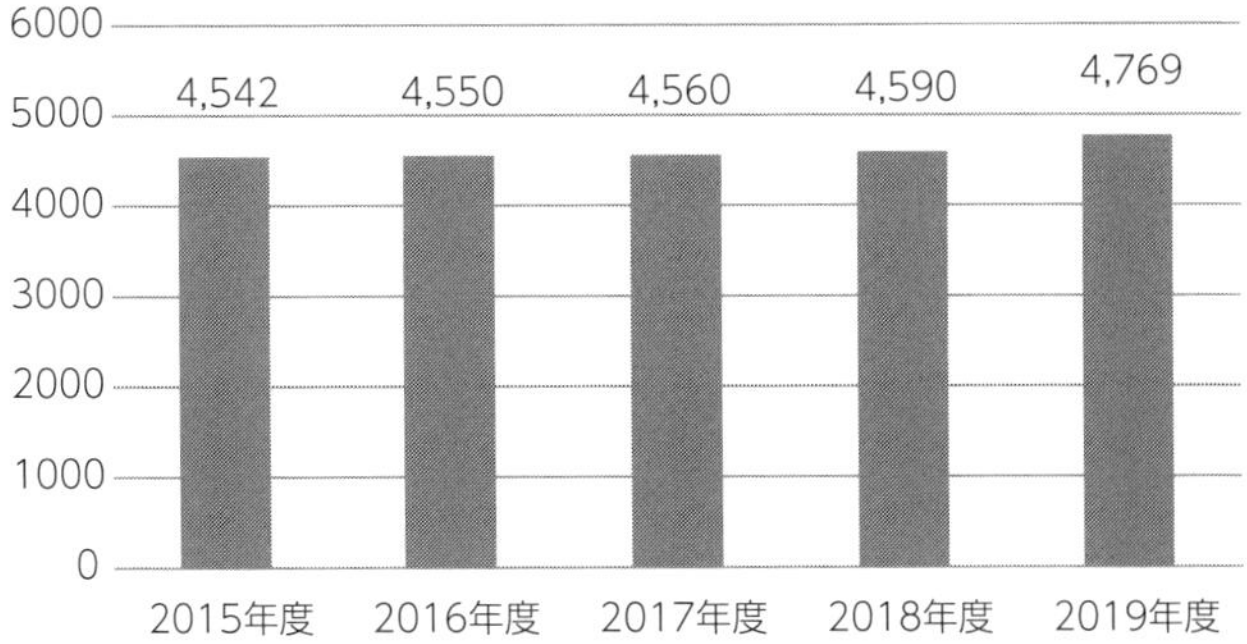

出所：矢野経済研究所『食品産業年鑑 品目別動向編 2020年度版』を修正。

図6-2 カップ麺市場における各メーカーのシェア

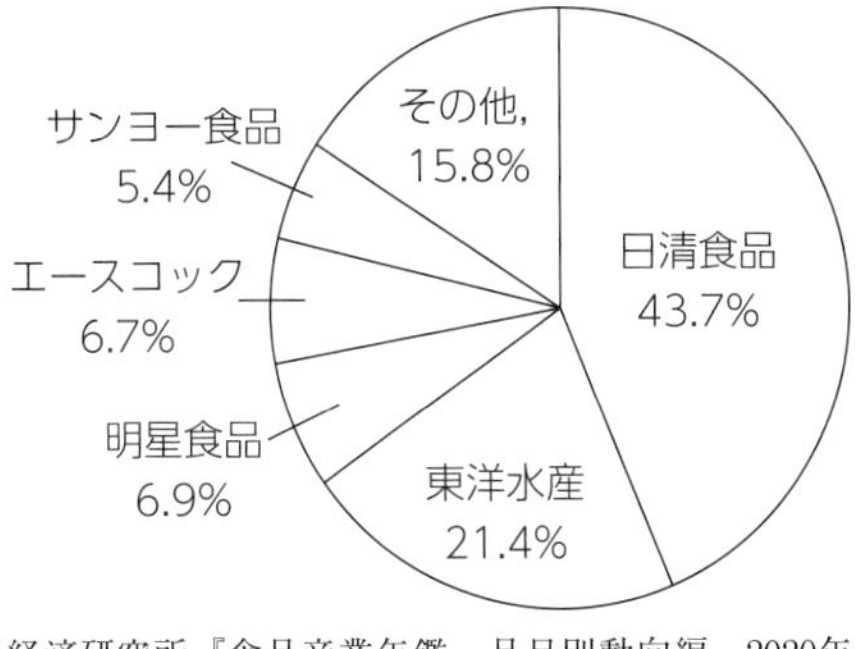

出所：矢野経済研究所『食品産業年鑑 品目別動向編 2020年度版』を修正。

（注5）植物由来のプラスチックを採用したカップであり、焼却することなどで、排出する温室効果ガスを通常のプラスチック容器に比べて34％減らせる効果がある。

カップヌードルが創造したカップ麺市場は、その後多くの企業が参入し、矢野経済研究所の推計によると、今や年間4700億円規模に成長した。近年の市場規模は微増傾向ではあったが（図6-1を参照）、2020年度は、コロナ禍による巣ごもり需要の影響もあり、一時的な市場拡大が見込まれた。2019年度の各社のシェア（図6-2を参照）では、業界首位の日清食品が43・7％を占め、以下、東洋水産21・4％、明星食品6・9％、エースコック6・7％、サンヨー食品5・4％と続き、その他15・8％であった。上位5社による寡占度は84・2％であった（矢野経済研究所、2020）。

日清食品の製品開発体制

日清食品では創業者の孫にあたる安藤徳隆氏が社長を務め、先代の社長であった安藤宏基氏は日清食品HLDの社長・CEOとして全体の舵取りを行っていた。日清食品グループは2008年にホールディングス化を行い、子会社の中には、かつては競合会社であった明星食品も名を連ねていた。日清食品がプロフィットセンターとして製品の製造・販売を担う一方で、日清食品HLDはサポートセンターとして日清食品を支援する機能を担い、広告などのコミュニケーションは主としてホールディングスに置かれている宣伝部が担っていた。

安藤宏基氏は、日清食品社長を務めていた1990年に、食品業界としてはいち早く「ブランド・マネジャー制」を導入した。当時利益の大半を稼ぎ出していたカップヌードルへの依存体質を改めるため、「打倒！　カップヌードル」を合言葉にカップヌードルを超えるブランドを作るべく、社内に競争構造を持ち込んだ。カップヌードル担当、チキンラーメン担当、日清のどん兵衛担当など、7人（注6）のブランド・マネジャーが選ばれ、各ブランド・マネジャーには、新製品開発からブランド管理までの大きな権限と責任が与えられた。その結果、各ブランド・マネジャーが新製品開発にしのぎを削ることになり、1年間に発売される新製品の数は、「ブランド・マネジャー制」導入前が1桁であったのに対し、導入後は300アイテムにまで増えた。

2001年には、ブランド同士の開発競争をさらに活発にすべく、「ブランド・ファイト・システム」と呼ばれる制度をつくった。マーケティング上有効であれば、他のブランド・マネジャーが管理しているブランドを使って新製品を出してもよいという制度であった。この制度で各ブランド・マネジャーから最も狙われるブランドはカップヌードルであり、本来カップヌードル担当グループが開発して手に入れるはずの売上や利益を、他のグループに奪われるリスクが生まれることになり、必然的にカップヌードル・ブランドにおける新製品開発も活性化されることになった。

（注6）　2020年9月現在、同社のブランド・マネジャーは10人で、主力ブランド担当の他、大手小売業者対応の営業担当や自社EC（Electric Commerce：電子商取引）担当がいる。

しかし、開発のスピードをさらに高める必要性から、2013年には「ハイスピード・ブランディング・システム」と呼ばれる制度を導入した。新製品委員会で決裁をした製品はすべて3か月以内に上市することを、関係する各部門に課し、できない場合は各担当者の減俸もあるという厳しい制度（注7）であった（安藤 2014）。このように、日清食品社内にはブランド間の売上や利益の共食いも辞さない、絶え間ない製品開発を促進するための仕組みがあった。

カップヌードルのブランド政策

1971年の発売以来、カップヌードルがロングセラー・ブランドとして色褪せず存続してきた背景には、同社による厳格なブランド管理があった。まず、パッケージ・デザインの管理である。世界初のカップ入り即席麵でありながら、パッケージには食欲をそそるような写真や味の説明などが一切ないのが特徴であった（図6-3を参照）。発売当初からほとんど変わらぬ味とパッケージ・デザインを維持し、即席麵市場にありながら「ラーメンっぽくない」という独自のポジションを得ていた。カップヌードルミュージアム（注8）の館長がかつてこのパッケージ・デザインの印象について調査したところ、真っ白の容器に赤いペンで文字らしきものを殴り書きしたパッケージを一瞬見せると、約90％の人が「カップヌードル」と回答し、このことからカップヌードルのパッケージは、シンプルだが、パターン認識をさせる強いデザインであることがわかったという。

図6-3　カップヌードル

出所：日清食品より提供。

カップヌードルを含む、ほぼすべてのパッケージ・デザインが社内でコントロールされ、現社長の安藤徳隆氏は、社長就任前から日清食品ＨＬＤのＣＭＯ（Chief Marketing Officer：グループ・マーケティング責任者）として、企画の段階からブランド・マネジャーやデザイン部門と一緒になってパッケージ・デザインの作成に関わってきた。パッケージ・デザインについて徳隆氏は、雑誌のインタビュー記事で次のように述べていた。

（注7）　それまでは、新製品委員会で製品化決裁を受けてから、ハードの開発、原価計算、受容性調査、製造するラインの確保や機械発注などに入り、目途が立った時点で、売上予測、資材調達、宣伝・マーケティング計画、最終損益などを取りまとめ、発売決裁にたどり着いていた。この後、流通交渉と本生産が開始された。その結果、発売まで早くて3ヵ月から10ヵ月、新しい技術が導入され、そのための設備が必要な場合には1年から2年はかかることになった。ハイスピード・ブランディング・システムでは、この時間を大幅に短縮して業務スピードを上げるため、製品化と発売の決裁を同時に行うことになった（安藤　２０１４）。

（注8）　カップヌードル発売40周年の２０１１年に、カップヌードルミュージアム横浜がオープンし、カップヌードルの歴史がわかる展示、オリジナルのカップヌードルを作ることができる体験工房、子供たちがカップヌードルの製造工程を体感できる遊具施設などがある。

「パッケージは、味や食のスタイルなど商品を表現するアイデンティティーだと我々は考えている。そのため経営陣はパッケージ・デザインを重視しており、細かいところまでチェックし、なぜそのようなデザインにしたのか説明が求められる。経営陣を中心に構成される新製品委員会で最後までもめるのは、味ではなく、デザインである」

（『日経デザイン』2011年4月）

実際に、2008年にカップヌードルの容器の素材を発泡ポリスチレンから紙に変更した際には、紙容器の表面に発泡させたポリエチレンをコーティングし、発泡ポリスチレンの容器と同じ手触りを得られるようにした。口が当たるカップのフチも、一般的な紙のカップだと丸いのが普通だが、以前の容器と同じように四角い形状にしたりするなど、徹底して変更前の仕様を再現した。徳隆氏は、「ロングセラー・ブランドになるために重要なデザインのポイントは、パターン認識させるためのアイコン化である」という（『日経デザイン』2011年4月）。

次に、ブランド価値の毀損を防ぐための値崩れへの対応があった。カップヌードルが多くの人が知るブランドに成長した一方で、量販店などの小売店頭では特売の目玉商品として安く売られることも増えてきた。値崩れはカップヌードル・ブランドの劣化につながると判断した同社は、2006年に「スープヌードル」と名づけた、価格を抑えたカップ麺を発売した。この製品は、カップヌードルより麺の量を若干少なめにした製品で、味付けは同じで、パッケージもカップヌードル風のデザインに仕上げ、価格は、価格設定が小売業者に委ねられるオープン・プライスとした。この施策が奏功し、100円ショップやディスカウント・ストアでの取扱商品や、量販店の安売り用の商品は、カップヌードルからスープヌードルに切り替えられた。一方で、カップヌードルは紙容器に変えるなどリニューアルによって品質を向上させることで、スープヌードルとの差異化を図った（『日経産業新聞』2006年1月30日）。その後、スープヌードルは、「あっさりおいしいカップヌードル」に引き継がれた。

カップヌードルのコミュニケーション方針

栄枯盛衰の激しい即席麺市場においてカップヌードルがブランドとして50年にわたって売れ続けてきた最も大きな要因は、そのコミュニケーション政策にあった。カップヌードルのコミュニケーションの中心はテレビ広告であり、そのテレビ広告は時代時代で評判を呼んできた。1993年には広告業界で世界最高のコンクールといわれるカンヌ国際広告映画祭でグランプリを獲得するなど多くの話題を集めてきた。カップヌードルのテレビ広告のターゲットは主として若年層であり、そのコンセプトは、「SURVIVE＝ハラがへっては、闘えない」「STAY HOT＝いいぞ、もっとやれ」「CRAZY MAKES the FUTURE＝いまだ！　バカやろう！」など、「青春賛歌」を基本に制作された（安藤 2016）。

カップヌードルのテレビ広告について社長の徳隆氏は、「カップヌードルは当社を代表する商品で、そのＣＭは当社の企業広告と言ってもいい。当社が商品を通じて世の中に訴えたいメッセージや問題意識をカップヌードルのＣＭに込めている」と述べている。そのため、ＣＭ制作においても広告代理店に全てを任せるのではなく、経営者が１カット１カットまでチェックしながらクリエーターと一緒に作っており、クリエーターからは、経営者と一緒になってＣＭを作る会社なんて他にはないと驚かれることがよくあるという（『日経デザイン』２０１１年４月）。

そして、こうしたテレビ広告に加えて、コンビニエンス・ストアや量販店の店頭でのＰＯＰなどの店頭販促によって、消費者にテレビ広告で見聞きしたブランドを想起してもらい、購買につなげることが従来のコミュニケーション政策の特徴であった。

同社を取り巻くメディア環境の変化

１９９０年代から２０００年代におけるマーケティング環境の大きな変化の１つは、企業および消費者の双方にとってＩＣＴ（Information and Communication Technology）の利用可能性が高まったことであった。１９９０年代は、自社サイトを開設する企業が増え始めた一方で、消費者による認知獲得を目的に、企業は大手検索サイトなどにバナー広告を出稿する形でオンラインを活用した。こうしたバナー広告は、オンラインといえども、プッシュ型広告の配信手段という意味でマスメディア的色彩が強かった。

２０００年代前半には、これまでのプッシュ型広告だけの手法から、広告手法は多様化し、特に検索サイトにおける検索連動型広告の登場により、検索ワードという消費者の興味に合わせたプル型広告の活用が進んだ。

２０００年代後半になると、ブログやクチコミ・サイトなどのＣＧＭ（Consumer Generated Media）と呼ばれる、消費者が主体的に情報発信するためのメディアが大きく成長した。また、パソコンとともに携帯端末からの高速通信も普及したため、企業はＣＧＭおよびモバイルの活用にも積極的に乗り出すことになった。

２０１０年代前半は、ツイッター（Twitter）やフェイスブック（Facebook）などのソーシャルメディアが台頭し、それに伴い、ソーシャルメディアを活用したマーケティングの展開が模索されることになった。加えて、スマートフォンの普及によりアプリなどの新たな告知メディアも登場した。２０１０年代後半には、インスタグラム（Instagram）やユーチューブ（YouTube）といった画像・動画共有サイトも企業にとっては重要なメディアとなり、特に動画共有サイトにおいては、企業は、テレビで流した広告のアーカイブを置く場所として活用したり、動画共有サイトにオンライン限定の長尺の動画広告を流したりと、これらのメディアを積極的に活用した。また、こうしたビジュアル情報を投稿するソーシャルメディア上で影響力をもつインフルエンサーと呼ばれる人々とタイアップした広告なども制作されるようになった。

この間、消費者のメディア接触行動は大きく変化した。博報堂ＤＹメディアパートナーズ・

表6-1　メディア総接触時間（東京地区、1日当たり・週平均）

	2006年	2020年				
	全世代	全世代	10代男性	20代男性	10代女性	20代女性
テレビ	171.8分	144.2分	94.1分	97.4分	109.4分	117.4分
デジタル端末	87.2分	212.5分	292.8分	354.0分	250.3分	249.8分

出所：博報堂DYメディアパートナーズ・メディア環境研究所「メディア定点調査2020」を加筆修正。

メディア環境研究所の「メディア定点調査2020」（表6-1を参照）によると、東京地区ではあるが、テレビの視聴時間が2006年に全世代平均で1日171・8分（構成比51・3％[注9]）であったのに対して、2020年は144・2分（同35・0％）に減少した。一方で、パソコン・タブレット・携帯電話・スマートフォンなどのデジタル端末の接触時間は2006年の87・2分（同20・2％）から2020年には212・5分（同51・6％）と2時間以上も増加し、テレビとデジタル端末の接触時間はこの15年で逆転した。特に若年層のメディア接触時間をみてみると、テレビは10-20代男性で95分前後（20％台前半）、10-20代女性110分前後（約30％）であったのに対して、デジタル端末は10-20代男性で300~350分（約73％）、10-20代女性で250分前後（約65％）であり、若年層におけるデジタル端末の接触傾向は顕著であった。

若年層のテレビ離れとソーシャルメディアの活用

このように、近年は若年層を中心にテレビ離れが進み、テレビ広告を中心としたコミュニケーションだけではこれらの層にリーチしにくくなってきた。こうしたテレビ離れを背景に、高コストのテレビ広告は費用対効果が低いと、テレビ広告を止める企業も現れていた。自社サイト、ソーシャルメディア、スマートフォンのアプリなど、メーカーであっても消費者と直接コミュニケーションを行えるメディアが利用可能な今日、メーカーの中にはこうしたメディアへの資源配分を強化すべきと考える企業も増えてきた。

日清食品としても、こうした動きに対応する形で、ソーシャルメディアを積極的に活用することになった。同社にとって最初のソーシャルメディア・アカウントはフェイスブックであった。2012年に、顧客のエンゲージメント（注10）を向上させるべく、広報部、宣伝統括部、マーケティング部などから8人が選抜され、ソーシャルメディア戦略チームが結成された。これまでカップヌードルは、原始人をコミカルに描いたテレビ広告「hungry?」シリーズ、有名漫画家・大友克洋を起用した「FREEDOM-PROJECT」など挑戦的な広告展開をしてきたこともあり、必要以上の顧客目線は捨てるという運用方針のもと、まずはファン20万人の達成を目指しながら投稿を増やしていった（『日経デジタルマーケティング』2013年4月）。

（注9）　内訳項目には、テレビの他、ラジオ、新聞、雑誌、パソコン、タブレット端末、携帯電話／スマートフォンがある。

（注10）　エンゲージメントについては、消費者と企業・ブランドとの心理的な結びつきとして捉える立場もあるが、本ケースでは「あるブランドや企業に関する購買以外の支援的行動」として捉えることとする。具体的には、口頭のクチコミだけでなく、ネット上の書き込み、いいね！ボタンを押すこと、リツイートなどが含まれる。

その後、2013年からはユーチューブを、2015年からはツイッターを、そして2016年からはインスタグラムの利用を開始した。このうち、ユーチューブは公式チャンネルの基地としての役割を担い、ツイッターは同社がネタと呼ぶ、消費者間での話の種となるような情報を発信する場として活用することとなった。

社長・安藤徳隆氏と日清食品のコミュニケーション政策

社長の徳隆氏は2010年から2016年3月まで日清食品HLDのCMOも務めており、グループ全体のブランド・コミュニケーションを統括する役割も担っていた。徳隆氏は同社の課題と今後のマーケティングの方向性について、2015年の雑誌のインタビュー記事で次のように述べていた。

「チキンラーメン、カップヌードル、どん兵衛、U・F・Oなど稼ぎ柱の商品の高齢化が進んでいる。ブランドサイクル的に、かなり危うい時期に来ています。……こうした主力商品を〝100年ブランド〟に育てなければならない。目指すのは、どの時代でも一番面白くて、フレッシュで、情報発信力のあるブランドである。日清を100年ブランドカンパニーに育てるには、マーケティングが重要である。〝斬新だ〟と各方面から評価いただいた最近のカップヌードルのCMなどは一見バカバカしく思えるかもしれないが、放映後、売り上げがグンと伸びるのです。こうしたマーケティング力こそ、我々の一番の強みであり、私にとっても、最も強いジャンルだと思っている」

（『日経ビジネス　アソシエ』２０１５年10月）

徳隆氏が掲げる「１００年ブランドカンパニー」を目指すためには、次世代ユーザーを育てなければならず、今後売り上げを伸ばすには、10～20代といった若い消費者にとって「なくてはならないブランド」になることが欠かせず、そのためには若い消費者のマインドシェア（意識に占めるブランドの占有率）を高めるマーケティング戦略が重要であると述べている。

しかし、最近は若年層のテレビ離れが叫ばれ、同社が強みとしてきたテレビだけでは中高生や大学生にブランドを浸透させることは難しくなってきていた。そこで同社は、テレビ広告を起点にしたマーケティングにこだわりながらも、若年層の利用が多いスマートフォンやソーシャルメディアをコミュニケーションに組み込むことで、若年層のマインドシェア向上につなげようとしていた（『日経ＭＪ』２０１８年7月4日）。

そして徳隆氏は、同社のコミュニケーション政策に常に深く関与し、最近のコミュニケーション方針について以下のようにも述べている。

「私とブランド・マネジャー、宣伝部のメンバーが外部のクリエーターと一気に作り上げていく形は変わらない。その形自体が他社からすると特殊かもしれない。月に3～4回、クリエーターの方と2時間ほど議論する時間があり、毎回3～4のテーマを設定し、1つのテーマにつき30～40分くらいで即興的に決めていく。即興を重視するのは、アイデアを話したときに笑いが起きるかどうかが重要だから。その場でアイデアを重ねていって爆笑に次ぐ爆笑が起これば、お客様にも楽しんでもらえるはず。だから持ち越さず、必ずその場で決めてしまう。しかもキャンペーンが始まってからもその時々で臨機応変につくり替えていくので、一度決めたらそのまま1年間継続といったことはない。ウケなかったら変えるし、ウケたらそのポイントをもっと攻めてみようかとなる。カップヌードルは、1年くらいの長いスパンで設計しているので、頭とお尻を決めて、あとは反応を見ながら組み替えている。例えば、17年度の「HUNGRY DAYS」シリーズでは、最初にすごくピュアなコンテンツを作り、なんてきれいなものを作るんだ、日清食品は変わったのかと思わせておき、最後で全部ひっくり返すという構成をまず決めた。私が社長になってからは、次世代ユーザーを開拓しないと未来はないという意識を社内で高めたので、その方向性のコミュニケーションが目立っている」

（『日経ＴＲＥＮＤＹ』２０１８年10月）。

以上のように、テレビ広告を主体とした同社のコミュニケーションの方針は依然として変わりなく、日清食品における年間の広告宣伝費予算約１００億円のうち、テレビには年間約45％

程度（約2万7000GRP（注11））が投入されていた。一方で、ウェブ関連には約10％程度が配分されているが、そのうち、オンライン媒体への広告出稿はほとんどないという。広告宣伝費全体に占めるカップヌードルの広告比率は35％程度であったが、ブランドに帰属しない広告費が15％程度あり、残りの50％で他の全てのブランドの広告費をまかなっていることを考えると、カップヌードルの35％はかなり高い割合であった。

話題化を狙ったコミュニケーション活動

近年の同社のコミュニケーションは、テレビ広告を流して完結するのではなく、ソーシャルメディアなどで若年層の間でブランドの話題が拡散することを心掛けていた。自社でアカウントを保有するソーシャルメディアでは、従来のテレビ広告では伝えきれない詳細な製品情報、裏話、ウェブ限定広告などが発信された。また、テレビ広告も1回視聴しただけではわからないようなネタをふんだんに盛り込むことによって、若者に動画共有サイトを通じて何度も広告を視聴してもらい、さらにそれを話題としてソーシャルメディアで拡散してもらう仕掛けが施されていた。

話題化に成功する際には、テレビ広告やソーシャルメディアで発信した内容が、7～8の記

（注11）ＧＲＰ（Gross Rating Point）は延べ視聴率と呼ばれ、テレビ広告において、広告出稿ごとの視聴率を足し合わせた数値である。

事メディアで取り上げられると、ヤフーニュースやLINEニュースで取り上げられ、そこからテレビが取り上げるという流れが生まれた。したがって、コミュニケーションにおいては、GRPよりもインプレッションを重視し、テレビ広告の場合、視聴率の取れる番組への広告出稿というよりも、よいコンテンツ（番組）をいかに見つけて出稿するかを心掛けていた。ただ、オンライン上の拡散で若年層がブランドに愛着を持つようになっても、店頭での商品陳列や販促がしっかりしていないと、最終的には購入につなげられないので、あくまでもテレビ、オンライン、店頭の連携が欠かせなかった（『日経ＭＪ』２０１８年７月４日）。

10分どん兵衛

こうしたソーシャルメディア上での話題化がコミュニケーション上の効果だけでなく、近年は売上や店頭での取り扱いにも直接影響を与えるようになってきた。その象徴的な事例が「10分どん兵衛」と呼ばれる、同社の主力ブランド「日清どん兵衛」の従来とは異なる食べ方にまつわる話題化である。どん兵衛は、もともとお湯を注いで5分間で食べることのできるカップ麺であるが、あるタレントの「お湯を入れて10分待ったどん兵衛がめちゃくちゃ美味しい」という発言がネット上で話題になっていることを受け、「おわび」という体裁を入口にして、このタレントとの対談や「知らなくて、すみませんでした」とオンライン広告を打ったところ、Yahoo!ニュースのトップになるほどツイート数が増え、店頭でも商品の売切れが続出した。

従来、店頭での売り上げは、広告だけでなく配荷状況など様々な要因の複合的な効果によるものであると考えられていたが、米山宣伝部長によると、「広告と売上との直接的な関係を初めて目の当たりにした」とのことだった。こうしたオンライン施策によって、店頭で商品が売り切れる事例が増えたことで、社内の営業部門だけでなく流通企業のバイヤーもオンライン施策の効果に理解を示してくれるようになり、最近はオンライン施策のみの出稿であっても、店頭での取り扱いを検討してくれる小売店も増えた。

サブカルチャーとのコラボレーション

話題化を促す取り組みはソーシャルメディアの活用だけではなかった。カップヌードルのテレビ広告では、これまでも「ガンダム」や漫画家の大友克洋が描くアニメなど、サブカルチャーとコラボレーションしたものを何度となく放映してきたが、近年は特にその意義を意識していた。きっかけは、2017年に同社の主力製品の1つである、日清カレーメシが「アイドルマスター　シンデレラガールズ」とコラボレーションしたことで、7000セットを即売し、その効果を実感したことであった。カップヌードルでも、既に2016年に、人気アニメ「ガールズ&パンツァー」とコラボレーションした製品をオンライン限定で発売したことで感触をつかんでいた。

その他、国民的な人気を博しているアニメはもとより、Vチューバー（Vtuber）と呼ばれるユーチューブ上のヴァーチャル・キャラクターや、熱狂的なファンをもつロックバンドなどとコラボレーションをしてきた。こうしたコラボレーションでは、マス広告においては知らない人でも楽しめるような演出にする一方で、オンライン限定の広告ではかなりマニアックな演出を施した。特にこうした広告に対するファンの反応は、従来、広告が想定した効果とは大きく異なるものであった。

一般的にテレビ広告は、テレビ番組の間に挟み込まれることから、視聴者の主な視聴目的は番組であり、広告に対しては必ずしも大きな関心をもって視聴しているとは限らなかった。だからといって、テレビ広告の効果が弱いというわけではなく、仮に消費者がテレビ広告に対して関心をもって視聴していなくても、広告内容については意識的または無意識的に覚えていることが多く、いざ店頭に立った際にその記憶が思い出されることで、商品購入が促されると考えられてきた。

一方、コラボレーションしたアニメのファンは、一般的な消費者とは異なる行動をとることがわかってきた。彼らは動画共有サイトに格納されているテレビ広告を反復的に視聴するなど、日清食品がソーシャルメディアなどを通じて発信する情報に積極的にアクセスしてくれた。また、「いいね！」ボタンを押したり、ツイート、リツイート、投稿をしたりするなどのエンゲージメントと呼ばれる支援的行動もとった。彼らのこうしたエンゲージメントは、ソーシャルメディアを通じて、ファンではない一般の消費者の購買にも影響を与えることが期待された。

さらに、彼らによる投稿を見てみると、同社が、彼らのお気に入りであるアニメをテレビ広告で起用したことに対して、同社を賛辞するコメントや、「絶対に買う！」「買った」などの購買意図や購買の事実を示す投稿内容も見受けられた。このように、広告内容がファンの心を捉えるものである場合には、広告の効果は、知名、理解、好意といった心理的なものだけでなく、共有、購買など行動的なものも期待できた。

しかし、こうしたファンを魅了するような広告を継続的に出稿できるとは限らず、下手な広告を流してしまえば、逆にファンからの反感を買うリスクも考えられた。また、限られた層に向けた広告をマスで流すことの是非についても疑問が投げかけられていた。

既存流通チャネルへの対応

カップヌードルの主な流通チャネルは、量販店、コンビニエンス・ストア、ディスカウント・ストア、ドラッグ・ストアなどを通じた間接チャネルであり、こうした流通チャネルの特徴は、様々なメーカーの商品を取り扱っているという意味でオープンな品揃えであった。一般的に、カップ麺の購買においては、消費者は必ずしも同じブランドを買い続けるというわけではなく、カップ麺が試し買いのできる価格帯でもあることから、飽きや新奇商品への興味を理由に、購買するブランドを頻繁に変えることが多かった。こうした消費者に対応するためにも、店頭ではある程度のバリエーションをもった品揃えが求められ、消費者にとって魅力的な品揃えを実現する小売店は、メーカーにとっても重要な流通チャネルとなった。とはいえ、競合他社がひしめくカップ麺業界において、小売店頭の棚を確保することは容易ではなく、小売業者が持つPOSデータによる商品の選別がますます厳しくなる今日、メーカーには流通業者との関係づくりが重要となっていた。

例えば、日清食品はセブン‐イレブンに対して多数のNB（ナショナル・ブランド）商品を供給する一方で、同社の高価格帯麺「日清ラ王」と競合する、セブン‐イレブンのPB（プライベートブランド）「セブンゴールド」のカップ麺の開発・製造も請け負っていた。同PBシリーズの「すみれ札幌濃厚味噌」の価格は税込278円と、日清食品にとっては高価格ブランドのラ王の実売価格を約3割上回った。その価格差は、セブン‐イレブンのPBが、日清食品がもつ最先端の技術やノウハウを、ラ王以上に使っていることを示唆した。このように同社がセブン‐イレブンに先端技術を注ぎ込んだ商品を提供する背景には、目まぐるしく変わる消費者の嗜好に応えるために高コストの先端技術を採用した場合に、商品価格が上昇し、結果として売れないというリスクが存在した。そのリスクをセブン‐イレブンが全量買い取りという形で軽減し、メーカーとしてはリスクを最小限に抑えながらコストのかかる技術革新に挑戦することができる意義があった。このような取り組みによる関係づくりの結果、セブン‐イレブンにおける同社製品の取り扱いは増え、セブン‐イレブン向け売上高は約10％増えた（『日経ビジネス』2014年6月16日）。

日経ＭＪが、カップ麺の仕入れ基準について小売業者のバイヤーに行った調査によると、最も多くのバイヤーが重視すると回答したのが、「テレビ広告などの広告・宣伝」（64％）であった。２位は「麺」（62％）、３位は「スープ・具材」（61％）と続き、４位は「取引条件（仕入れ価格など）」（58％）、５位は「ブランド力」（57％）であった（『日経ＭＪ』２０１５年８月10日）。

その他、近年はアマゾンなどのオンライン小売業者や、楽天などのＥＣプラットフォーマーでもカップヌードルを始めとした同社の製品は扱われ始めた。こうしたオンライン販売では、消費者による検索を前提とするため、店頭とは異なる買われ方が想定されていることから、今後はこうした需要への対応も検討された。

自社ＥＣサイトの活用

同社は２０００年に開設したＥＣ（Electric Commerce：電子商取引）サイトを、２０１６年に取扱品目を日清食品グループ全体に広げた「日清食品グループ　オンラインストア」にリニューアルした。それまではケース単位でしか購入できなかったものも１食から購入可能にするとともに、注文品の即日出荷にも対応して利便性を向上させ、ファミリー層や中高年が中心だった利用者を若年層などにも広げることを目指した。その結果、個人や若年層のばら売り需要を取り込み、自社ＥＣサイトの購入者数はリニューアル前に比べて２・５倍になり、売上高は4倍に増えた。日清食品がこうした取り組みを強めている背景には、10～20代の若年層のカップ麺の喫食率を増やしたい思惑があり、10～20代が日頃から利用しているオンラインをその販売に活かす狙いがあった。

自社ＥＣサイトではリニューアルと並行して、若年層向けの製品も拡充した。人気のアニメやゲームなど、サブカルチャーとコラボレーションしたカップヌードルをオンライン販売限定で販売するなどした。アニメなどは1人ひとりの趣向が異なり、好き嫌いもはっきりすることから、全国一律で店頭販売しやすい商品ではないが、オンライン販売であれば、コアな層を狙った特徴ある製品も少量で対応可能であった。同社のＥＣ担当ブランド・マネジャーは、「ニッチな需要にも対応できるパーソナルな販売を図ることが通販サイトリニューアルの目的の1つだ」と語っていた（『日経ＭＪ』２０１7年6月21日）。

自社ＥＣサイトでは、定番製品だけでなく、グループ会社の製品は地域・季節限定品などを含めて、全て扱うこととなった。カップヌードルでは、販売可能な全てのフレーバーやサイズを揃え、その他、20食入りの箱詰製品、他ブランドと組み合わせたセット製品、旧パッケージや賞味期限が近くなった製品を割安な価格で提供するアウトレット製品、カップヌードル・ローリングストック・セットと呼ばれる定期配送型のセット製品などが販売された。

２０２０年12月現在、自社ＥＣサイトでのカップヌードルの価格は通常サイズ1食あたり２０８円（税込）で、量販店での実売価格より50円程度、コンビニエンス・ストアでの実売価格より10円程度高かった。しかし、自社ＥＣサイトでの20食入りの箱詰製品を1食単位の価格に換算すると、量販店での実売価格に近い価格となった。カップヌードルは、アマゾンなどのオンライン小売業者や、楽天などのＥＣプラットフォーマーでも20食入りの箱詰製品で販売されることが多いが、それらの価格は、自社ＥＣサイトでの箱詰製品と比べると割高であった。

ＥＣサイトのリニューアルにより、会員の行動データを分析し、ソーシャルメディアで拡散が期待できるキャンペーンの設計や新製品販売促進手法の企画などへの活用が図られていた（『日経デジタルマーケティング』２０１６年12月）。コンビニエンス・ストアなどでは、売れ筋の限られた商品しか売られないため、自社ＥＣサイトには、自社の全ての製品と消費者との重要な接点になる役割が期待された。

ポストコロナに向けて

２０２０年、新型コロナウイルス感染症が拡大し、消費者の生活様式は大きく変わった。人との接触を避けるため、外出が控えられ、巣ごもり需要と呼ばれる、在宅での消費が拡大することとなった。特に食シーンの変化や食料品購買における変化は顕著で、同社のマーケティングにも大きな影響を及ぼしていた。例えば、在宅ワークや学生の在宅学習が増えたことで、勤務先・通学先での飲食需要が在宅食需要へと変わった。すなわち、外食から自宅での内食や中食へと大きくシフトした。より具体的には、自炊（内食）の増加、食材・ミールキットのデリバリーの増加、弁当や総菜などの中食の増加、外食のデリバリーやテイクアウトの増加などであった。また、食料品の購買方法についても変化が見られ、店頭での人との接触を避ける意味から、都度買いからまとめ買いへのシフトといったストック需要や、オンライン販売を使っての食料品購買も増えた。

在宅食の増加に伴い、簡便な食事に対する消費者の需要や在宅食のレパートリーを増やしたい意向も高まり、同社の2020年4~5月の業績は前年同期比で大きく拡大した（『日本経済新聞朝刊』2020年8月6日）。ただ同社としては、こうした在宅食需要への短期的な対応もさることながら、ポストコロナを見据えた長期的なマーケティング戦略やコミュニケーション政策を検討する必要があった。具体的には、新たな食シーンでの需要を拡大するための方策として、2017年に発売した「お椀で食べるカップヌードル」を、お椀で食べられる大きさの個包装製品である特徴を活かして、従来は単品で食されていたカップヌードルから、メイン料理への追加の一品へと位置づけることを検討した。また、コーポレート・サイトでは、自社製品のアレンジレシピを2020年8月より公開した。例えば、砕いたカップヌードルをごはんと炒めることでチャーハンを作るといった具合である。その他にもストック需要を見込んで、自社ECサイトを通じて防災備蓄用セットなどを販売した。

こうしたポストコロナを見据えての対応の中でとりわけ大きな論点となっていたのが、自社ECサイトの活用であった。近年中小メーカーによる、ソーシャルメディアなどを活用して消費者と密接なコミュニケーションを取りながら、ＥＣでの直販を行うＤ２Ｃ（Direct to Consumer）と呼ばれる動きに呼応する形で、大規模メーカーも自社ＥＣサイトの活用を加速化させていた（『日本経済新聞朝刊』２０１9年9月13日）。ただ、流通業者を通じた間接流通チャネルを既にもっているメーカーにとっては、積極的に自社ＥＣサイトを活用することは、既存の流通業者からの反感を買うリスクもあり、必ずしもＤ２Ｃに積極的に踏み込めない事情もあった。

同社としても、店頭では扱われにくい多くの製品を既に自社ＥＣサイトで扱ってきた経験や、ソーシャルメディアを活用して消費者とダイレクトにコミュニケーションをとるノウハウを蓄積してきたことから、カップヌードルについて、これらを活かした形でのＤ２Ｃへの積極的な取り組みは魅力的な選択肢であった。

3　設　問

1　ソーシャルメディアを活用する前後で、カップヌードルのコミュニケーション政策がどのように変わったのか、違いを比較してください。

2　ソーシャルメディアを活用したカップヌードルのコミュニケーション政策が効果的であったのは、どのような理由によるものでしょうか。

3 「テレビ離れ」が進む中で、カップヌードルの今後のプロモーションにおいて、テレビ広告への資源配分を増やすべきですか、維持すべきですか、減らすべきですか。

4 コロナ禍による食シーンの変化が、カップヌードルのマーケティング戦略や長期的なコミュニケーション政策にどのような影響を与えたと考えられますか。

5 ポストコロナを見据えた時、同社はカップヌードルについて、D2Cに積極的に取り組むべきでしょうか、または、取り組むとしたらどのように取り組むべきでしょうか。

第7章

カフェ業界に関するノート

：サブスクリプション・サービス

1　概　要

我が国のカフェ業界は、1970年代以降、何度かの流行をへて、日本人の日常の光景として受け入れられるまでに至った。その中心であるカフェ業界では、喫茶店やセルフサービスカフェ、シアトル系のカフェチェーン、さらには、マイクロ・ブリュー・コーヒーと呼ばれる様々な業態が登場してきた。こうした変化は、消費者の嗜好や飲用行動の多様化と深く関連していた。

また、主にデジタルの世界から始まったサブスクリプション型のビジネスモデルは、飲食業界にも広がりをみせていたが、それはカフェ業界にも無縁なものではなかった。旧来型のビジネスモデルと考えられた喫茶店を立て直す試みを通じて、サブスクリプション・サービスの可能性について学ぶとともに、新型コロナ危機が、カフェ業界や、そこに取り入れられたばかりのサブスクリプション・サービスに及ぼす影響について検討する。

2　ケース

カフェ業界の変遷

コーヒーの流行の歴史とカフェ業界の変遷

現在、多くの日本人に愛飲されているコーヒーが、日本市場にここまで普及する過程において、流行と表すことのできる現象は少なくとも4度あると考えられた。その第1期は、1970年代後半のことであった。お酒ではなく、コーヒーや軽食だけを提供する「純喫茶（注1）」と呼ばれる店舗が次々にオープンした。これらの店舗の多くでは、オーナー店主が自ら、こだわりのあるコーヒーを注文の度に淹れてくれる方式をとっていた。その結果、喫茶店数は、1966年に全国で2万7000店ほどであったものが、ピークとなる1981年には15万4000店を超える数となっていた。**表7-1**は、喫茶店の事業所数及び従業員数の推

（注1）　明治期以降、喫茶店では、昼にコーヒー、夜にはアルコールを提供する営業形態が多かった。そこに、昼夜に関わらず、アルコールを提供しない業態としての純喫茶が登場した。ただし、法的には、「飲食店営業許可」では、アルコールの提供が可能で、「喫茶店営業許可」では、アルコール提供が不可である、喫茶店、あるいは純喫茶という名称が、アルコールの提供有無と関連するわけではない。

表7－1　喫茶店の事業所数および従業員数

年	次	事業所数（個所）	従業者数（人）
1966	昭和41	27,026	139,821
1975	50	92,137	350,967
1981	56	154,630	575,768
1986	61	151,054	529,540
1991	平成3	126,260	456,774
1996	8	101,945	366,270
1999	11	94,251	331,349
2001	13	88,933	329,227
2004	16	83,684	314,944
2006	18	81,062	322,450
2009	平成21	77,036	350,845
2012	平成24	70,454	324,036
2014	平成26	69,983	339,004
2016	平成28	67,198	328,893

出所：全日本コーヒー協会統計資料。

移を示している。こうした喫茶店は、趣味が高じて開業するといった小規模零細事業者がほとんどであり、そこでは、主として飲料としてのコーヒーや紅茶、軽食としてのトーストなどが提供される程度で、フルサービスとはいえ、メニューは単純なものであった。しかし、喫茶店数がピークを迎えた頃から、喫茶店業界では、新業態が次々に現れるようになった。しかもそれらは、小規模零細店ではなく、大中規模の資本を有する大型チェーン店の新規参入であった。１９７２年には、コロラドコーヒー、１９８０年には、同系列のドトールコーヒーショップが出店されるなど、１９８０年代後半になると、こうしたセルフサービスで、コーヒーが手軽に飲めるチェーン化されたオペレーションによるスタンドコーヒーが普及し、瞬く間に全国へと展開した。

次に、第2期は、1990年代後半に始まった。アメリカのシアトルにルーツを持つスターバックスコーヒーが、1996年、東京銀座に1号店をオープンさせると、翌1997年には同じくシアトルにルーツを持つタリーズも銀座に進出した。スターバックスコーヒーやタリーズは、アメリカのシアトルが発祥ということで、シアトル系コーヒーと呼ばれ、提供される質の高いコーヒーは、スペシャリティーコーヒーと呼ばれた。スターバックスコーヒーは、2000年初めまでに110を超える店舗を日本で展開する（2020年6月末現在で1581店舗）など多くのコーヒー・ファンを魅了し、短期間のうちに日本で広く知られるところとなった。シアトル系コーヒーの特徴は、提供されるコーヒーだけではなく、それを飲む場としての店舗を、サードプレイス（注2）として位置づけたことにもあった。商品としてのコーヒーだけではなく、文化としてのコーヒー消費がもたらされたということができた。

この後、第3期の流行と考えられるのが、コンビニエンス・ストアの店頭で提供される淹れたてのコーヒーの登場であった。2013年1月にセブン-イレブンが、淹れたてのコーヒー

（注2）　サードプレイスとは、アメリカの社会学者オルデンバーグが、1989年に提唱した概念で、ファーストプレイスである家庭、セカンドプレイスである学校や職場を超えた、「個人の定期的で自発的、かつインフォーマルな集いの場」と定義されている。

を店内で、わずか100円（当時税込）という価格で販売開始した。このコンビニコーヒーは、店舗立地の利便性や低価格などの優位性から、瞬く間に普及し、9月末には早くも累計で2億杯を販売した（『日経MJ』、2013年9月25日）。この結果を受けて、コンビニエンス・ストア各社は、コーヒーを店舗への集客の目玉となる戦略商品と位置づけ、激しい競争を繰り広げることとなった。セブン‐イレブンに、ローソンやファミリーマート、ミニストップ、サークルKサンクスを加えた当時のコンビニエンス・ストア5社における、淹れたてコーヒーの導入店舗は、2014年2月時点で、1年前と比較して3倍に増加した（『日本経済新聞朝刊』、2013年11月23日）。このコンビニコーヒーの人気の影響をまともに受けたのが、マクドナルドであった。マクドナルドはコンビニエンス・ストアに先駆けて2008年、豆の高品質化を図り、店舗内に新たな専用抽出機を導入するなどして、刷新した商品を、「プレミアムローストコーヒー」と名づけ、先んじて1杯100円（税込）での提供をし始めていた。低価格でありながら豆の質にこだわり、カップの飲み口にも工夫を凝らしたこのコーヒーの2008年の販売量は、前年比33%増の1億6000万杯に達した（『日本経済新聞朝刊』、2009年5月26日）。しかしながら、コンビニコーヒーの躍進により顧客を奪われ、大苦戦することとなった。

缶コーヒーとインスタント・コーヒーの状況

自動販売機やコンビニエンス・ストアでの販売を主体とする缶コーヒー業界も、コンビニコーヒーの登場により苦戦を強いられた。缶コーヒーの売上は２００５年がピークで、その後は、需要の減少傾向が続いたものの、２００８年には、前年比１・３％増の７６６３億円、２００９年には、同０・７％増の７７２０億円とやや持ち直した。カロリーの心配をせずに飲める微糖タイプや無糖タイプの商品の投入がそれを支えた（『日本経済新聞朝刊』、２００９年３月16日）。しかし、その後も、コンビニコーヒーの影響だけに留まらず、自動販売機の設置台数が減少傾向にあることも影響し、２０１７年時点での市場規模が、７０００億円を下回り、厳しい状況となっていた（『日本経済新聞朝刊』、２０１８年12月26日）。缶コーヒー市場も、コーヒー豆を高級化したり、香りにこだわるなど製法に工夫を加えたり、さらに、蓋を閉めることの可能なボトルタイプの缶コーヒーの開発などによって、その苦境を乗り切ろうと試みていた。

さらに、インスタント・コーヒー市場も、コーヒー市場が好調といわれるなかで、消費が伸び悩んでいた。インスタント・コーヒーとは、コーヒー豆を直接挽いて作る「レギュラー・コーヒー」とは異なり、抽出液を乾燥し、粉末化したものであった。表７-２に示すように、日本コーヒー協会の調べによれば、日本人は、２００２年には１人１週間当たり４・29杯のインスタント・コーヒーを飲んでいたものが２０１８年には３・92杯と減少していた。同時期の全てのタイプのコーヒー消費量をみると、10・03杯から10・73杯と伸びており、そのことを考えれば、インスタント・コーヒーの消費の減少が目立っていた。

しかしながら、縮小傾向にあるインスタント・コーヒーの市場で、唯一、好調を維持してい

表7-2　コーヒーの飲用種類別1人1週間当たりの杯数

年次		合計	インスタント	レギュラー	リキッド	缶
1998	平成10	11.02	4.83	3.61	0.61	1.97
2000	12	11.04	4.84	3.71	0.60	1.88
2002	14	10.03	4.29	3.22	0.74	1.77
2004	16	10.43	4.40	3.49	0.86	1.68
2006	18	10.59	4.38	3.70	0.70	1.81
2008	20	10.60	4.51	3.21	0.82	2.05
2010	22	10.93	4.69	3.27	1.09	1.87
2012	24	10.73	4.46	3.20	1.14	1.93
2014	26	11.13	4.54	3.63	1.11	1.84
2016	28	11.09	3.95	3.89	1.51	1.75
2018	30	10.62	3.92	3.69	1.54	1.47

出所：全日本コーヒー協会統計資料。

るのが、ネスレ日本であった。日本国内で1年間に消費されるコーヒーはおよそ480億杯といわれているが、同社のシェアは家庭内での消費に関して37％に達していた。一方、家庭外ではわずか3％に留まり、家庭外の市場開拓がネスレ日本の最重要課題であった。そこでオフィスや病院、学校などにコーヒー・マシンを無償で提供するアンバサダー制度を開始した。このビジネスモデルは、ネスレのマシンを導入し、購入したコーヒー・カプセルをセットすれば、手軽においしいコーヒーが1杯当たり20円程度で楽しめるというネスカフェアンバサダーと名づけられた仕組みであった。

この低コスト、かつ簡単にマシンで抽出されたコーヒーを飲むことができる仕組みは、2012年の導入からすぐに人気となり、アンバサダー制度は開始からわずか2年で導入企業

表７－３　コーヒーの飲用場所別１人１週間当たりの杯数

年次		合計	家庭	喫茶店・コーヒーショップ	レストラン・ファストフード	職場・学校	その他（自販機・乗り物等）
1998	平成10	11.02	6.26	0.62	0.18	3.03	0.94
2000	12	11.04	6.49	0.52	0.17	2.98	0.88
2002	14	10.03	6.27	0.34	0.14	2.50	0.76
2004	16	10.43	6.42	0.38	0.12	2.69	0.76
2006	18	10.59	6.38	0.33	0.11	2.78	0.93
2008	20	10.60	6.52	0.22	0.10	2.77	0.91
2010	22	10.93	6.74	0.23	0.09	2.86	0.94
2012	24	10.73	6.85	0.21	0.11	2.56	0.93
2014	26	11.13	7.04	0.19	0.12	2.71	1.01
2016	28	11.09	6.89	0.37	0.21	2.60	0.95
2018	30	10.62	6.54	0.33	0.17	2.56	0.92

出所：全日本コーヒー協会統計資料。

が14万件を突破した。ネスレ日本としては２０２０年までに現在の３倍以上の50万件にまで引き上げる計画だった（『日本経済新聞朝刊』，２０１４年８月28日）。これは，『各オフィスにネスカフェの簡易自動販売機を設置する』というプラットフォーム戦略といえるものであったが，この結果，ネスレ日本の業績はインスタント・コーヒー市場に吹く逆風にもかかわらず好調に推移していた。

これらさまざまな種類のコーヒー飲用シーンの動向について，表７－２には，コーヒーの飲用種類別１人１週間当たりの杯数が示されている。また，**表７－３**は，コーヒーの飲用場所別１人１週間当たりの杯数である。

コーヒー市場の成熟と需要の多様化

2015年以降、第4期の流行が始まった。それを牽引していると考えられるのは、第2期にてスペシャリティーコーヒーを提供してきたカフェと、第1期の主役であったフルサービスの喫茶店であった。

スペシャリティーコーヒーを提供するカフェのなかでも、その中心であったスターバックスは、2014年9月から希少性が高く、個性豊かな風味を持つコーヒーを期間・店舗・数量限定で提供する「スターバックス リザーブ」を全国48店舗限定で提供したり、品質を改善したうえで値上げを実施したりして、カフェ市場の好調に支えられた強気の経営で本格志向の顧客を取り込み、さらなる成長を目指していた。

また、意外な点は、第1期の流行の主役であったにもかかわらず、その後、衰退していたフルサービスの喫茶店にも、人気復活の兆しがみられたことであった。事業者数自体は、2016年時点で6万7000店程度とピーク時の半分以下まで減少していた（表7-1）が、一部はチェーン化し、例えば、ドトール、日本レストランホールディングスの星乃珈琲店やコメダホールディングスのコメダ珈琲店が、出店余地の少なくなって来た都心ではなく、郊外への立地を選択し、食事を充実させるなどして、ファミリーレストランの顧客を奪っていた（『日本経済新聞朝刊』、2015年10月23日）。

さらに、第4期において、特徴的なのが、マイクロ・ブリュー・コーヒーの登場であった。

これは、特定の農園から調達した豆を自家焙煎し、コーヒーについて豊富な知識を持つバリスタが1杯ずつ手で淹れるものであった。アメリカでは、若者に人気のスタイルで、ブルーボトルコーヒーはその代表格ということができた（『日本経済新聞朝刊』、２０１５年２月４日）。１杯ずつ丁寧に淹れられた香り高いコーヒーは、マイクロ・ロースターとも呼ばれていた。このマイクロ・ブリュー・コーヒーは、かつてスターバックスコーヒーやタリーズがそうであったように、サンフランシスコ、シアトル、ポートランドといったアメリカの西海岸から始まって、ニューヨークへと広まり、大きな流行となった。

マイクロ・ブリュー・コーヒーの先駆けとなったのは、ジェームス・フリーマンが設立したブルーボトルコーヒーであった。彼は、日本の喫茶店文化にインスパイアされ、オーナーが１杯1杯丁寧に淹れるマイクロ・ブリュー・コーヒーを提供する「ブルーボトルコーヒー」を設立した。同社は、２０１５年２月に日本進出を果たし、清澄白河に1号店、３月に南青山に２号店をオープンさせていた（２０２０年10月現在16店舗）。日本の喫茶店文化への原点回帰ともいえるマイクロ・ブリュー・コーヒーは、今後ますます本物志向が高まるであろうコーヒーの新しい変化を加速させる台風の目となるのではないかとみられていた。産地、豆、焙煎にこだわり、そして豆を挽いて、おいしい1杯のコーヒーを淹れるというブルーボトルコーヒーに人々が訪れるのは、ただコーヒーの味のためだけでなく、小さなものでも細心の注意を払って、丁寧に作り上げることの大切さを思い出すためだといわれていた（『日本経済新聞朝刊』、

2020年5月3日)。

このように日本における、第4期の流行は、コーヒーに対する消費者のニーズの多様化を反映して、多種多様な広がりをみせていた。この後も新たな飲用シーンの提案で、日本のコーヒー市場は、さらに盛り上がりをみせると考えられていた。

このようなコーヒー市場の変化によって、コーヒーの消費量自体も増加していた。日本は世界でも有数のコーヒー消費国であった。コーヒーの消費量を、1人当たりに換算すると、2018年には3・7kg/人・年(アメリカ:4・87、EU:5・22、ブラジル:6・31)となっていた。また、コーヒーの輸入量も、2019年には48万2596tと過去2番目を記録した(全日本コーヒー協会統計資料)。この世界的に見ても大きく成長を続けてきた日本のコーヒー市場をめぐり、多種多様な企業が入り乱れ、自社の優位性を高めようと激しい争いを展開していた。

サブスクリプション型ビジネスモデルの登場と飲食業界への適用

サブスクリプション型ビジネスモデルの登場

サブスクリプション・サービスとは、月や年ごとに一定の金額を払うと、その期間、商品やサービスを使う権利が得られるという販売形態であった。すなわち、「定額料金を支払うことで、一定期間のサービスが受けられることを保証するサービス」のことであった(『日経産業新聞』、2019年8月5日)。したがって、いくら使っても追加コストがかからないので、使えば使うほど得をすることになった。使う頻度が高いほど、コスト・パフォーマンスが上がるビジネスモデルになっており、「できるだけ低予算で楽しみたい」という人に適したビジネスモデルということができた。

また、このサブスクリプション・サービスは、インターネット上、PC（パーソナルコンピュータ）からはもちろん、スマートフォン1台からでも、簡単に申し込みから解約までができるものが大半であった。店舗を訪れたり、申し込み用紙を郵送したりといった手間をかけることなく、契約と同時にサービスを利用できるものが多いことも大きな特長になっていた。また、提供されるサービスの内容も、音楽の聴き放題や、映画の見放題など、契約者がスマートフォンで楽しめるものが多く、消費者にとって、興味のあるジャンルのサービスを取り敢えず契約して、気に入らなければ、すぐに解約するといった方法をとることができるということも特長であった。さらに、こうした定額制のサブスクリプション・サービスにおける、利用料金はそれほど高額ではないことが、このサービスへのトライアルを促進していた。この特長、すなわち、すぐに解約することができるということによって、「買ったら損をするかもしれない」という理由であきらめていた商品や、「高くてなかなか手が出せない」といった商品にでも、手軽にトライアルできるという状況が生み出されるようになっていた。逆に、このサービスを提供する側の企業にとっては、一度契約した消費者の解約率をいかに低く抑えるかという点が、重要になっていた。

このようなサブスクリプション・サービスのなかで、最も人気が高いサービスのひとつが、アマゾンプライムやネットフリックス（Netflix）などの動画配信サービスであった。

「アマゾンプライムビデオ」は、最も利用者数が多い動画系サブスクリプション・サービスであった。そもそもアマゾンプライムとは、日本では、2007年に始まった、世界的なオンライン通販、アマゾンの有料会員制プログラムのことであった（『日経MJ』、2007年6月10日）。この有料会員は、2020年現在、月払いだと会費500円（税込）、年払いでは、4900円（税込）で契約することが可能で、アマゾンプライムビデオは、その一連のサービスのひとつであった。

アマゾンプライムビデオの最大の魅力は、「映画」「ドラマ」「バラエティ」といった動画が、追加料金なしの実質無料で見放題になることであった。一部には、レンタル専用の作品もあるが、無料の範囲内で、十分楽しむことができるライン・アップを提供しており、他の動画系サブスクリプション・サービスと比較して、月額500円で始められるアマゾンプライムビデオは非常にリーズナブルであるといえた。普段からアマゾンの通信販売を利用しているので、「とりあえずサブスクリプション・サービスを利用してみたい」という消費者や、「暇なときに映画やバラエティを見たい」という消費者ならば、十分なサービスであると考えられていた。

また、「ネットフリックス」も、2020年6月末時点で、全世界で、1億9000万人以上の有料会員数を誇る動画系サブスクリプション・サービスであった。全部で3つのプランの中から、視聴画質や同時視聴画面数によってプランを選択し、契約を行うことによって、配信されている動画が見放題になるという仕組みになっていた。最大の特徴は、オリジナル作品のレベルの高さにあった。世界規模での制作、配信により、本格的なドラマや映画に加えて、高品質のオリジナル動画が多数ライン・アップされていることで、コスト・パフォーマンスのうえでも、動画系のサブスクリプション・サービスのなかでは、トップ・クラスのものになっていた（『日本経済新聞朝刊』、2020年10月22日）。

こうした動画系のサブスクリプション・サービスと同様に人気を有するのが、音楽配信サービスであった。これまで音楽を聴くということは、好きなアーティストのアルバムを買ったり、ダウンロード・サービスで好きな楽曲を購入したりして、それらを、スマートフォンや携帯音楽プレーヤーを利用して聴くというのが主流であった。しかし、若者を中心として、スマートフォンで聴き放題になるサブスクリプション・サービスがトレンドになってきていた。このような音楽系サブスクリプション・サービスも種類が豊富であり、例えば、コミュニケーション・アプリのLINEが展開する音楽系サブスクリプション・サービス、「LINEミュージック」は、2020年現在、月額960円（税込）、または年間9600円（税込）で契約することができ、約5800万曲が聞き放題になる内容になっていた。

飲食業界へのサブスクリプション・サービスの進展

インターネット上でデジタル財を、定額で継続的に提供するサービスとして普及してきたサブスクリプション・サービスは、業種を超えて拡大を続けるなかで、アパレルや車などの製品を対象とするものに加えて、サービス業である飲食業界の中でも見られるようになってきた。外食におけるサブスクリプション・サービスには、①定額使い放題：毎月、定額で飲み放題、食べ放題などの権利を提供する、②会員制：会費制や招待制で来店できる権利を提供する、といったものなどがあげられた。具体的には、以下のようなサービスが提供されていた。

① 串カツ田中

串カツ田中は、大阪を発祥とする、串カツや牛すじ土手、肉吸い、かすうどんといったメニューを中心に事業を展開している、創業2008年の居酒屋チェーンであった。串カツ田中が導入したサブスクリプション・サービスは、「田中で飲みパス（pass）」というもので、月額550円（税込）でドリンクが一杯199円（税抜）になる「田中で飲みパス」定期券を販売していた。対象となるのは400円（税抜）以下のドリンクで、通常390円の角ハイボールや399円のプレミアムモルツ中ジョッキがほぼ半額になった。また、この飲みパスは、同店の全国250店舗以上で使える点も大きなメリットとなっていた。なお、同店の場合、プレミアム焼酎など一部のドリンクを除き、ビールやハイボール、日本酒、ワイン、サワー各種と、大半は400円以下であった。**付属資料7-1**には、串カツ田中飲みパス定期券の募集画面が示されている。

② **フランス料理プロヴィジョン（Provision）**

プロヴィジョンは、東京ミッドタウンから徒歩2分の路地裏に店を構えるフレンチ・レストランで、提供している料理は、前菜からスープ、魚料理、肉料理、パスタ、デザートまで、三ツ星レストランで修行をしたシェフによる本格的な創作フレンチとなっていた。ワインもソムリエとして確かな腕を持つ店主が厳選したものを多数取り揃えていた。同店は、完全会員制、紹介制、指紋認証システムを導入した、大人の隠れ家的な店であり、友人との食事、接待等、様々なシーンで利用することができた。このレストランのサブスクリプションは、ユニゾン（Unison）プラン30000円／月（税別）、デラックス（De Luxe）プラン50000円／月（税別）の2種類であり、会員は、月に何度でも利用することができた。ほとんどのメニューを月額会費のみで賄うことができ、会員を含めて、毎回4名までが利用することができるので、煩わしい会計を避けて、気がすむまで楽しむことができるコンセプトになっていた。2019年7月1日よりスタートしたデラックスプランは、ユニゾンプランだと対象外メニューになってしまうトリュフやフォアグラ、ウニなどの高級食材を使用した料理も食べ放題に含まれたプランになっていた。**付属資料7-2**には、フランス料理プロヴィジョンの月額会員について示している。

③　ポットラック（POTLUCK）

ポットラックは、ランチをテイクアウトできるサブスクリプション・サービスであった。3種類の基本プランからひとつを選択し、それぞれに応じた回数、ランチを受け取ることができた。その料金プランは、①3食トライアル・1食290円、②12食プラン・1食590円、③平日毎日1食プラン・1食490円、となっていた。またポットラックの最大の魅力は、予約制であった。対象店舗のメニューを事前にスマートフォンアプリを使用して予約することで、指定した時間に手作りランチをテイクアウトすることが可能であった。また、利用可能エリアも、渋谷・恵比寿・代官山など幅広く、多くの消費者が活用できることも特徴であった。一般的なテイクアウトの弁当よりも、やや割高な価格設定であるが、「時間もお金も妥協したくない」という消費者に選択されているサブスクリプション・サービスになっていた。**付属資料7－3**には、ポットラックの料金プランが示してある。

喫茶店を組織化する新たなサブスクリプション・サービスの登場

①　コーヒーマフィア（coffee mafia）

世界でも有数の市場に成長した日本のコーヒー市場は、様々なプレーヤーの参入によって、多様化したニーズを奪い合う激しい競争市場となった。一方、インターネットの世界で始まり、飲食サービス業界にも広がりを見せているサブスクリプション・サービスは、カフェ業界に

図7-1　コーヒーマフィアの料金プラン

出所：株式会社favyホームページ。

とっても、無縁のものではなかった。その先駆者として、株式会社ファビィ（favy）が展開するコーヒーマフィアは、２０１６年、カフェ業界に最初にサブスクリプション・サービスを持ち込んだ。

コーヒーマフィアは、「日常を豊かにしてくれるコーヒーを、もっと気軽に、もっとお得に」という思いから生まれた、コーヒーが飲み放題となるサブスクリプション・サービスのモデルであった。２０１９年現在、首都圏に直営2店舗を展開し、その後もさらに出店の予定となっていた。日替りのコーヒー豆から好きなものを選ぶことができ、コーヒー好きにはとても、お得感のあるサービスとなっていた。また、モーニングやランチも提供しており、８００円相当のフードを10回購入することができるフード・パスポートには、１カ月間コーヒー飲み放題の権利もついていた。

このサービスを展開する企業である株式会社ファビィは、自社でサブスクリプション・サービスを提供するカフェであるコーヒーマフィアを運営するだけにとどまらず、串カツ田

図7-2　日本のコーヒー消費量（生豆換算重量）

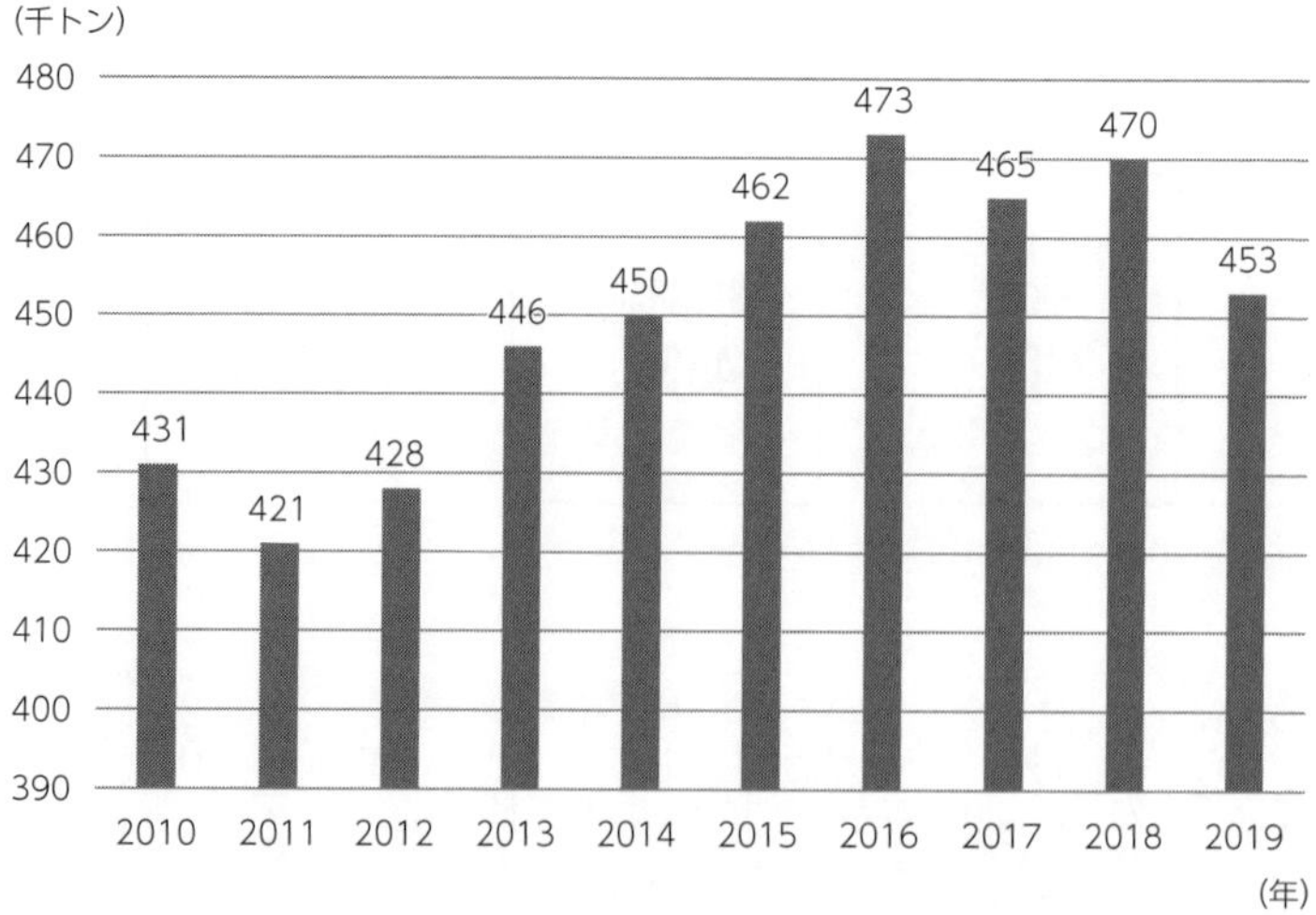

出所：全日本コーヒー協会統計資料。

中に対して、「田中で飲みパス」のビジネスモデルを提供するなど、飲食店を運営しながら、他の多くの飲食業者の集客や顧客管理を支援するなど、食に特化したマーケティング・コンサルティングを行っていた。**図7－1**には、株式会社ファビィが運営するコーヒーマフィアの料金プランが示してある。

②　カフェパス（CAFE PASS）

第3期の流行におけるスペシャリティーコーヒーの進化やチェーン化した喫茶店の登場、さらには、コンビニコーヒーの浸透によって、国内のコーヒー消費量は2016年に過去最高の473万t（生豆換算重量）を記録した。その後、増減があるものの、2019年にも、450万tを記録していた。**図7－2**は、日本のコー

図7-3　初めて喫茶店・カフェを利用する際にあるとよい情報

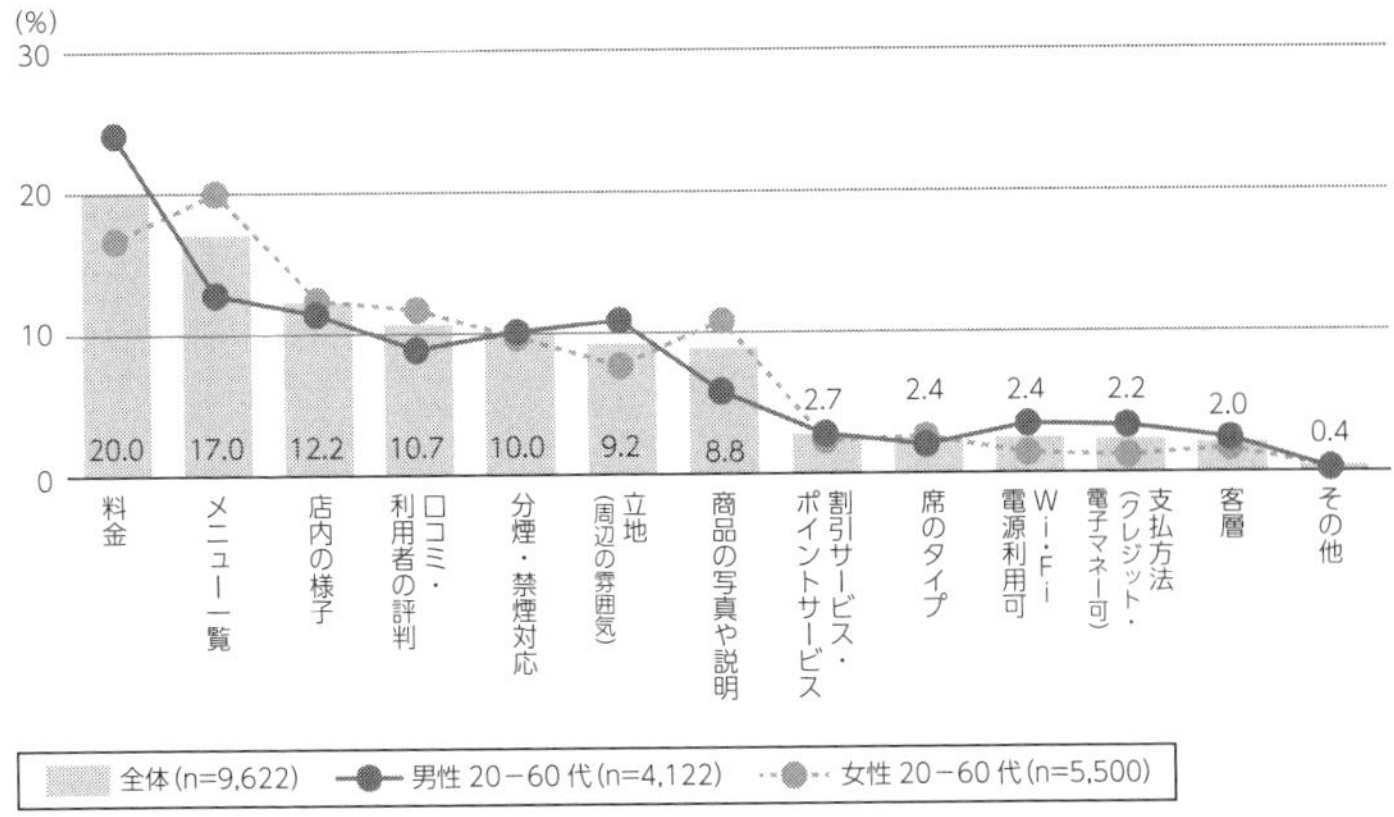

出所：喫茶店経営マニュアル　厚生労働省（2019）。

ヒー消費量（生豆換算重量）の推移を示している。

そうした空前のコーヒー市場の好調にもかかわらず、国内のカフェ・喫茶店の店舗数自体は1981年をピークに減少を続けており、特にチェーン化に成功した大中規模以外の小さな喫茶店の減少が目立っていた（表7-1：『日経MJ』、2012年12月26日）。それらの店舗では、「集客のための活動に、時間や費用を割く余裕がない」、「継続的に売上を得ることが出来る見込みがない」といった心配を抱えていた。また、利用する消費者の側でも、初めての喫茶店を利用する際に、料金やメニュー、店内の雰囲気など、分からないことも多く、そのハードルは高かった。**図7-3**には、消費者が、初めて喫茶店・カフェを利用する際にあるとよいと思う情報について示している。

2017年には、株式会社セイムスカイ（Same Sky）が、個人経営の喫茶店の悩みを解決する目的で、大手カフェチェーンやコンビニエンス・ストアにはない価値を提供するための新しい仕組みを構築するカフェパス事業を開始した。これは、東京、神奈川、愛知などを中心とした街の喫茶店を組織化し、会員となった消費者が、それを検索することの出来るサイトを運営する事業であった。出先でちょっと空いた時間にコーヒーを飲みたい。しかし、チェーン店は、混んでいるし、代わり映えしない。また、個人経営の喫茶店を、はじめて利用するのは敷居が高い。こうした消費者のニーズに対応できるように、カフェパスは、個人経営の喫茶店を組織化し、会員は、加盟する店舗の情報を検索、閲覧したうえで、利用することができるシステムとなっていた。

この事業には、新たに2018年から、加盟する喫茶店において、月額4860円（税込）で、月に30杯までのコーヒーを飲むことができるサブスクリプション・サービスが導入された。これは、「カフェパス・30カップス」(注3)というもので、加盟全店舗で利用可能であることに加えて、

① 月額会員になれば店頭での料金の支払い不要（キャッシュレス）。
② 1回の注文後、30分の間隔をおけば、1日に何杯も飲むことが可能（ただし、毎月30杯まで）。

となっていた。

主に個人経営の喫茶店は、加入にあたって、初期費用や月額費用などは無料（コストは商品

原価のみ）であった。サービスへの登録消費者である会員は、株式会社セイムスカイが集めるので集客の手間も不要であった。そのうえ、会員からの利益の６割以上を株式会社セイムスカイから加盟店舗に還元（ただし、ドリンク注文量の多寡にともない各店舗への配分が変動する）することになっていた。リピーターが増加すると、豆の購入やフードの提案機会も増加するメリットがあった。

利用者である会員にとっても、全国で、２０２０年６月時点で、２５０店舗以上の本格的喫茶店のコーヒーを、一杯１６０円程度で飲むことができること、これまで利用することがなかった近所の喫茶店を利用するきっかけになること、キャッシュレスで便利なこと、など様々なメリットがあった。しかしながら、こうした喫茶店のチェーン化は、３年間で東京都と愛知県を中心に２００店舗を超えたものの、その伸び率は小さくなってきていた。株式会社セイムスカイでは、この後、サブスクリプション・サービスを取り入れた個人経営のカフェのチェーン化の拡大とその価格戦略について、広く消費者に受け入れられるものであるのか悩んでいた。**図７－４**には、株式会社セイムスカイが運営するカフェパスの料金プラン（２０２０年６月現在）が示してある。

（注３）『PR TIMES』、２０１８年1月30日。

図7-4　カフェパスの料金プラン（2020年６月現在のサービス）

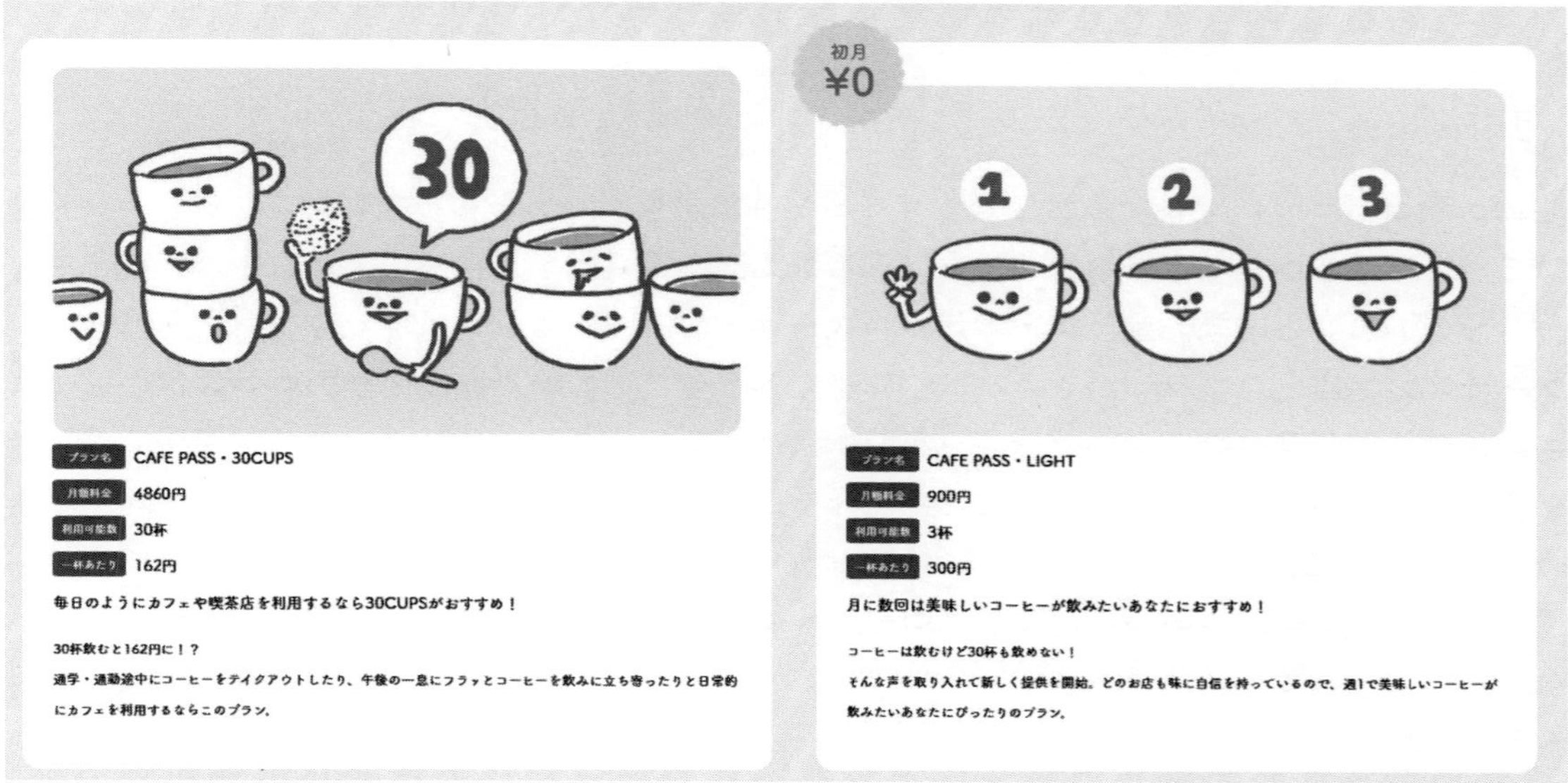

出所：株式会社Same Sky　ホームページ。

新型コロナ危機による消費者行動の変化とカフェの対応

２０２０年1月、中国武漢に端を発する新型コロナウイルスの感染拡大は、その後、国境を越え全世界に拡がることとなった。日本も例外ではなく、クルーズ客船内での拡大や海外からの渡航客から持ち込まれたと考えられるウイルスが、３月になって徐々に国内での感染拡大を招いていった。４月に入り、政府が緊急事態宣言を発出するに至るとカフェ業界を含む外食産業全体に大きな影響がもたらされることとなった。

スターバックスコーヒーでは、緊急事態宣言中、1カ月間にわたって全店舗が休業したほか、5月中旬の営業再開後も、特定警戒都道府県の店舗では、営業時間短縮や持ち帰りのみで対応し、そのほかの地域では、営業時間短縮のうえ、座席の間隔を離すなど、安全に店内利用できる環境を整えての営業を余儀なくされた（『日経ＭＪ』、２０２０年４月22日；『日経ＭＪ』、２０２０年5月20日）。個人営業の喫茶店は、休業要請の対象業種ではなかったが、大半の店舗が、「臨時休業」や「営業時間短縮」を行っていた。

図7-5に示した、新型コロナ危機下における飲食業売上高（前年同月比）の推移のように、２０２０年4月の売上は、前年同月比で、マイナス72%となり、外食産業市場における同時期の減少幅の平均値、約40%を大きく下回る結果となった。5月下旬に全国で緊急事態宣言が解除された後も、自粛ムードは継続し、政府の専門家会議で提言された「新しい生活様式」に

図7-5　コロナ渦における飲食業売上高（前年同月比）の推移

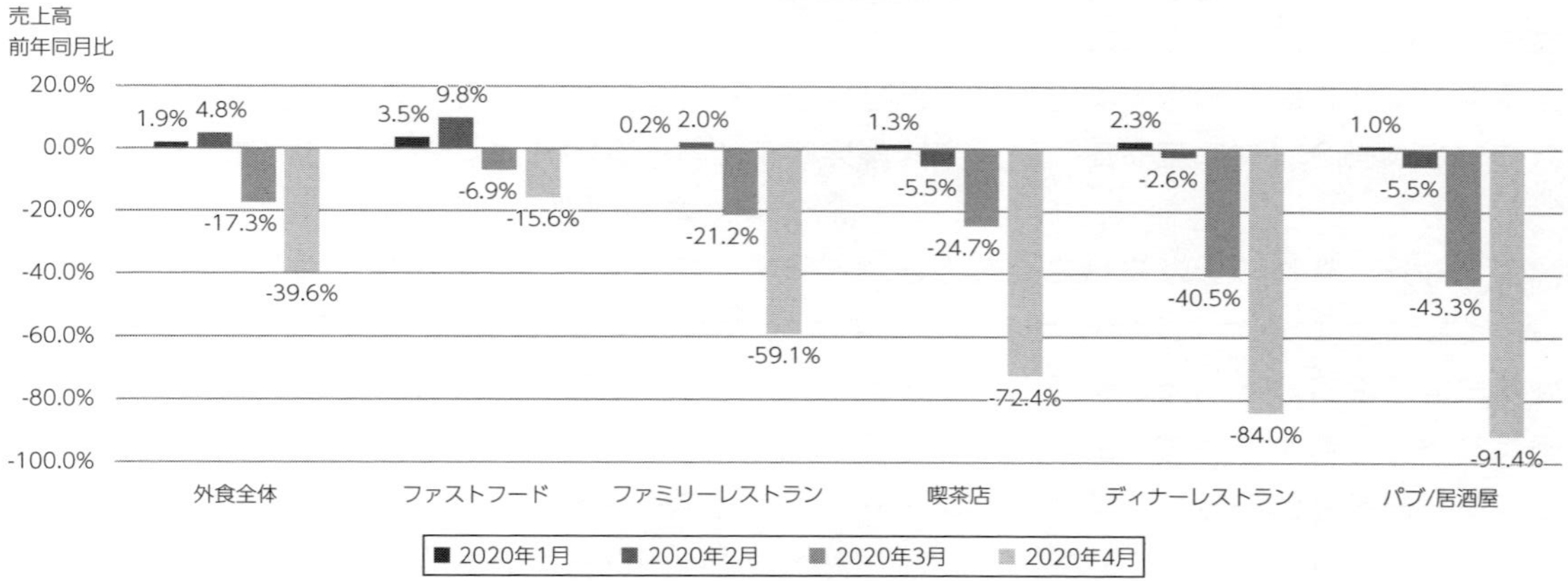

出所：野村総合研究所　調査資料（2020）。

則って新型コロナ危機前の飲食店の営業方式の見直しも迫られた。

全ての外食業界において、2020年6月現在、新型コロナ危機下での経営方針に関して正解を導き出すことは困難を極めた。感染予防に取り組みつつ店の利益を出すための試行錯誤は、続いていた。

しかも、カフェ業態はそもそも、コーヒーなどの飲食を目的に来店する客だけではなく、ちょっとした打ち合わせや時間つぶし、外回りの合間の資料作りなど飲食以外の目的で利用する客が多いことから、コロナに対する多少の心配があっても利用しようと考えるステーキ店や寿司店といった看板メニューのある店よりも、回復がより困難であると考えられ、影響の長期化も不安視されていた。次頁の**図7－6**には、飲食店の月一回以上利用者の緊急事態宣言の発令期間中における自粛状況を示している。

チェーン化されたカフェの代表格であるスターバックスコーヒーの対応は、もともと、新型コロナ危機前からＩＣＴ（情報通信技術）化投資にも積極的であったため、アプリを効果的に利用して、様々な商品のカスタマイズも可能な注文機能や決済機能を提供することで、テイクアウトやドライブスルー利用の促進とともに、以前のサードプレイスとしての実店舗（リアル店舗）の魅力を補う安心・安全な環境を提供し、コロナ前の状況への復帰を志向していた。

図7-6　飲食店の月一回以上利用者の緊急事態宣言の発令期間中における自粛状況

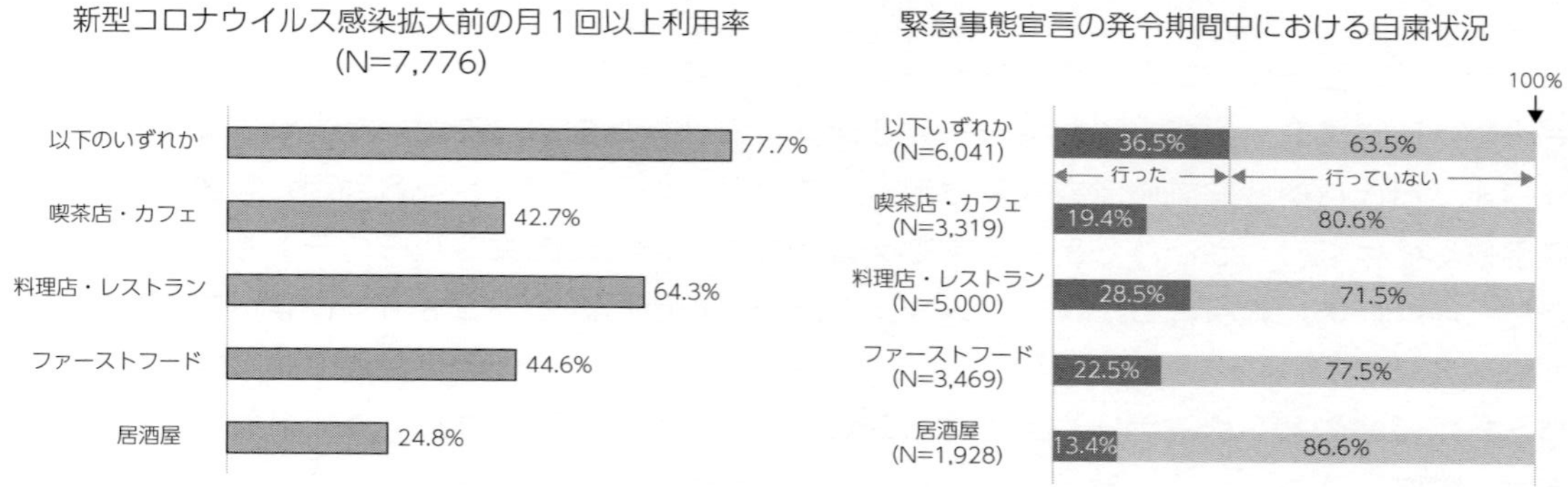

注）上記には、宅配・テイクアウトによる利用は含まれていない
出所：野村総合研究所　調査資料（2020）。

セイムスカイの意思決定課題

このような環境のもと，株式会社セイムスカイが運営するカフェパス事業は，コロナ渦の2020年6月時点で，250店舗を数えるに至ったものの，消費者の喫茶店利用が激減することにより，苦境に陥っていた。

こうした状況を打開するため，2020年6月には，テレワークや外出自粛による「おうち生活」消費の伸びに目をつけ，自宅でカフェを楽しむための専門EC（電子商取引）サイト「カフェマ！」をリリースした（『日経MJ』，2020年6月24日）。このサイトは，個別カフェ250店舗以上で構成されるカフェパスのプラットフォームをそのまま利用したもので，全国各地のカフェが独自焙煎したコーヒー豆をはじめとしたおうちカフェ関連グッズを販売するものであった。個々のカフェが，コーヒー豆1品からでも出品することが可能となっており，サブスクリプション・サービスではないが，カフェパス加盟店からの出品を中心に2020年の内に100店舗500品目の出品を目指していた。

こうした対応にもかかわらず，外食産業を取り巻く環境は，2020年7月に入ってもなかなか好転することはなく，喫茶店の経営に関しても例外ではなかった。株式会社セイムスカイは，カフェパス事業のうち，サブスクリプション・サービスについて，7月末をもって全面休止し，専門ECサイトである「カフェマ！」だけを継続して運営すると発表する事態となった。

この後、新型コロナ危機が収束に向かったときに、株式会社セイムスカイは、新型コロナ危機で生じた消費者のコーヒーの飲用行動の変化が、どのようになるのかを考慮したうえで、いかなる戦略を選択すべきか、２つの案について考えを巡らせていた。

①　サブスクリプション・サービスの再開

新型コロナ危機の収束後、仮想チェーン化された個々の喫茶店において、休止したサブスクリプション・サービスを再開する。新型コロナ危機のもとで敬遠された外出時のコーヒー飲用行動を、従前のものに戻すことを目指すとともに、消費者にとって、初めての喫茶店を積極的に利用してもらうため、カフェパスアプリを用いて、メニューや店内の様子などの情報を発信し、各喫茶店でもサイド・メニューの充実化や、テイクアウトメニューの拡充などに取り組む。

②　サブスクリプション・サービスの中止

新型コロナ危機の収束後も、消費者のコーヒー飲用行動は、新型コロナ危機前のそれに戻らないことを前提に、サブスクリプション・サービスの再開は諦める。ただし、新型コロナ危機下で構築した専門ＥＣサイト「カフェマ！」アプリをプラットフォームとして利用することで、様々な街の喫茶店を仮想チェーン化することを目指す。継続的にポイント付与型の店舗検索、注文・決済サービスを提供することで、街の喫茶店をサポートし、売上の拡大を図る。

付属資料７-１　串カツ田中飲みパス定期券（2020年10月現在）

出所：株式会社favyホームページ。

付属資料７-２　フランス料理プロヴィジョンの月額会員
（2020年10月現在）

About

Provision(プロヴィジョン)について

新聞や雑誌の定期購読のようにお気に入りのレストランやバーに、
いつでもふらりと立ち寄ってワインや食事を楽しんでほしい

気のおけない仲間たちとの時間や食事を毎日、毎晩気の向くまま、
気がすむまで楽しむために必要なものは
会員制の扉を開くための指紋登録と月額会費を決済するクレジットカードのみ

全てのご飲食に対するお支払いは月に１度だけ、
以下の月額会費のみで楽しめます

月額会費

Unison（会員含め４名まで）	De Luxe（会員含め４名まで）
30,000円(税別)	50,000円(税別)
１ヶ月間に何度お越しいただいてもこの月額料金にほぼ全てのご飲食代が含まれます。（一部追加料金メニューを除く）	お食事に関しては、キャビアやフォアグラ、トリュフなどの高級食材料理を含むすべてが、月額会費内でお楽しみ頂けるようになります。（一部の限定高級ワインを除く）もちろんUnisonプラン同様、1ヶ月に何度でもお楽しみ頂けます。

出所：フランス料理Provisionホームページ。

付属資料7-3　ポットラックの料金プラン（2020年10月現在）

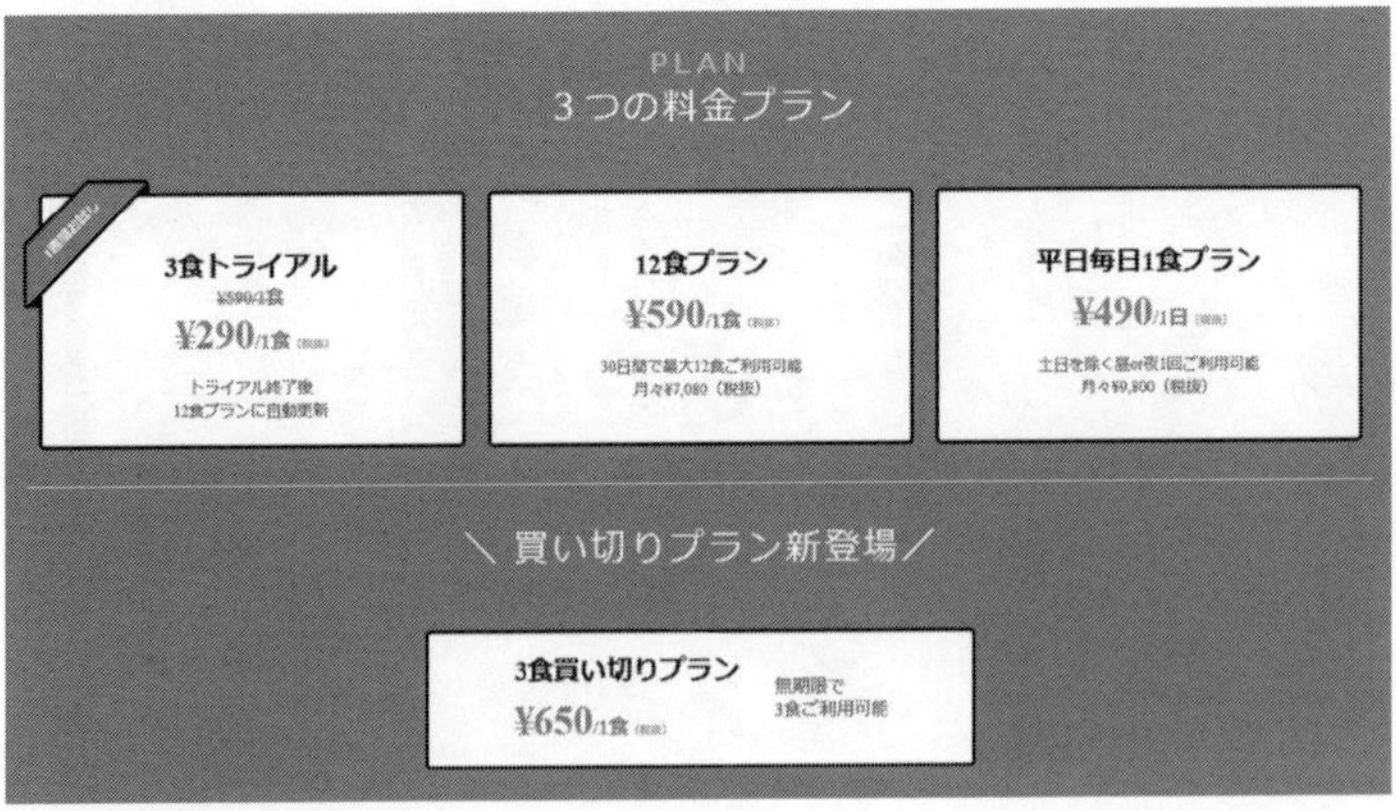

出所：POTLUCK（株式会社RYM&CO.）ホームページ。

3 設問

1 第1期から第4期に至る流行の過程において、喫茶店が衰退するなかで、セルフサービスのカフェチェーンやコンビニコーヒーなどが、消費者に広く普及していく状況を、消費者のコーヒーの嗜好や飲用行動の変化を軸に整理してください。

2 サブスクリプション型の価格設定を取り入れたビジネスモデルは、どのような条件のもとで、ネットフリックスやアマゾンのようなデジタル財から、アパレルや自動車といった耐久財、さらには、飲食のようなサービスに移行することが可能になるのかを整理してください。

3 街の喫茶店のような、本来、独立した存在である「小規模実店舗」が、株式会社セイムスカイが提供するサブスクリプション・サービスを活用することで、スターバックスコーヒーなどの大手チェーンに対抗可能な「仮想チェーン」を形成することができたのはなぜでしょうか。

4 新型コロナ危機が、カフェ業界にもたらした影響を整理してください。

5 ポストコロナに向けて、株式会社セイムスカイが、サブスクリプション・サービスである「カフェパス」事業ならびに専門ネットショッピングモール「カフェマ！」事業において取るべき戦略は、どのようなものでしょうか。

第8章

テレワークを始める
：コロナ禍と消費者行動

荒木真生

1 概要

コロナ禍に端を発したテレワークへの移行によって、荒木真生（まお）の生活には大きな変化が起きた。荒木氏と夫は、その生活の変化に伴って、現在の賃貸マンションから別の場所への引越しを決めた。また、荒木氏は、新しいマンションでのテレワークのため、ラグ・マットを購入することも決めた。

このケースでは、このような賃貸マンションの選択行動やラグ・マットの購買行動などを分析することによって、消費者の購買意思決定プロセスや、それに影響を与える様々な要因について学ぶ。それと同時に、新型コロナ危機を契機として、消費者の行動にいかなる変化が生じたのか、どのような生活様式を採用していくのかについても展望する。

2 ケース

2020年6月の下旬のある朝、荒木真生は、朝食のトーストを食べながら、ダイニング・テーブルの前の席に座ってテレビを観ている夫の敬夫（たかお）の表情をまじまじと眺めていた。

テレワークが始まって2カ月が経った近頃、真生は、いつもは何とも思わない、敬夫のちょっとした言動にまで気が立つようになっていた。敬夫は、コーヒーを飲みながら朝の情報番組を観るのを日課としていた。いまもファンである女性アナウンサーを見ながら少しニヤニヤしているが、その表情を見てイライラしてしまう気持ちが抑えられないでいた。

荒木真生は、大手住宅設備機器メーカーに勤めている、ブランド・マネジャーであった。都内の私立大学経営学部を卒業して入社後、その会社では珍しく、営業職は経験せずに、広告宣伝部を経て、数年前にブランド・マネジャーへと昇進していた。彼女は、立ち上がったばかりのガーデニングのブランドを成長させる仕事にやりがいを感じており、多忙ではあっても充実した日々を送っていた。

真生は、中学から大学までバスケットボールに打ち込んでいた。ポイントガードというポジションで培った彼女のリーダーシップは、仕事でも遺憾なく発揮されているようであった。また、彼女の好奇心旺盛な性格は、職場の外にまで活動を広げていた。昨年から都内の私立大学ビジネススクールで平日夜間や週末にマーケティングを学び、ブランド・マネジャーとしての研鑽にも余念がなかった。

真生は、夫の敬夫と結婚して4年になった。敬夫は、東京都内の国立大学の法学部を卒業し、真生と同じ住宅設備機器の広告宣伝部に配属された。そこで2人は出会って結婚した。敬夫は、真生よりも4歳年下であった。敬夫は、その後、経理投資部門に異動したのち、IT企業に転職し、現在はM&Aに関わる投資部門に配属されていた。敬夫は、家でじっくりと読書することが趣味であり、温泉やサウナに行くのも大好きであった。敬夫は、真生がビジネススクールに通うことにとても協力的であった。真生がビジネススクールに通い始めてから、これまで以上に買物や料理などの家事のサポートに力を注いでくれていた。真生は普段から敬夫に感謝しきりであった。

夫婦ともに多忙ながらも充実した日々を送っていたが、新型コロナウイルスの感染拡大の懸念によって、2人の生活はこれまでとは一変していた。緊急事態宣言が出され、2人の会社はともに完全なテレワークへと移行することになった。もちろん、2人は、以前からテレワークでの勤務はしたことがあったものの、そのときは一時的な対応であった。今回のような毎日のフルタイムでのテレワークは初めての経験であり、戸惑うことも少なくなかった。

この戸惑いは、2カ月も経つと徐々に不満へと変わっていた。2人のうちどちらが広いダイニング・テーブルで仕事をするのか、どちらのオンライン会議を優先するのかなど、2人の間での調整作業が増えていたからであった。真生は、テレワークに関わる不満が、彼へと向けられているのが自分でもはっきりとわかっていた。

「いやあ、まずいなあ。イライラしている。いつも感謝はしているんだけどなあ」。真生は、朝食で使ったお皿を手早く食洗機に突っ込みながら、この負の感情を何とか解消しないといけないと感じていた。

「行ってきます」。夫はなぜか仕事で隣の寝室に入るときに、必ずこの言葉を発した。真生はいつも以上に無表情で「行ってらっしゃい」と声をかけ、ダイニング・テーブルのノートパソコンを広げて仕事に取りかかった。

テレワークはすれ違いの始まり

ステイホームの始まり

新型コロナ危機は、真生の生活を劇的に変えていた。緊急事態宣言が発出された後、買物以外は外出せずに自宅にこもる日々は、普段は活動的な真生にとって、非日常的な生活そのものであった。いわゆる、「ステイホーム」は、早くも3カ月を過ぎようとしていた。

真生と敬夫は、敬夫の転職を機に、東急田園都市線の鷺沼駅から徒歩で6分ほどのマンションで暮らし始めていた。真生の会社は江東区にあったので、通勤の便がよい場所とは言えなかったが、青山一丁目にある敬夫の会社への通勤のしやすさを考えて、この地に引越してきた。この地に住むことを決めた最後の決め手は、鷺沼駅周辺にある桜並木であった。引越し先を探していた3月末に、2人は桜の花びらのピンク色のトンネルをくぐり抜け、いま住んでいるマンションを初めて訪れた。その美しさに魅了され、2人は「ここにしよう」と即決したのであった。

田園都市線沿いに住むことは、真生にとっても悪いことではなかった。会社帰りに、大学生時代を過ごした渋谷や表参道に気軽に立ち寄れるからであった。また、大学のゼミナールの気のおけない友人たちと、表参道で月1回食事をすることは、真生にとって大きな楽しみであった。ただ、新型コロナウイルスの感染の懸念が深刻化してから、この3カ月は友人とは会えずにいた。友人たちと語らう機会を失ってしまったことは、真生にとって大きなストレスであった。先の見えない状況のなか、「落ち着いたら食事に行こうね」というメッセージをLINEで何度ともなく交わすことに、少し虚しさを感じるようになっていた。

真生は、ステイホームが始まってから、かなりの運動不足になっていた。激しいラッシュ・アワーでの通勤は、真生にとって苦痛でしかなかったが、少しは役割があったのかもと思い始めていた。「通勤は、かなりの運動だったんだね」、こんな会話を敬夫とするようになっていた。

そのため、ステイホームの長期化が続くことで、夫婦共々、毎日の食事についてカロリーを気にしながら、食べ過ぎないように配慮していた。ただ、健康に配慮した、しかも、飽きのこない昼食や夕食を、外食をせずに作ることは、真生や敬夫にとってかなり骨の折れる作業であった。ステイホームが始まった当初は、朝食を食べながら、「今日のお昼ご飯、何にする」、「朝食を食べながらお昼ご飯の話は変だね」などと、笑うこともあった。ただ、ステイホームが3カ月を過ぎると、「今日のお昼ご飯は」というフレーズは日常のものとなり、笑いは起きなくなっていた。

食品スーパーへの食品の買い出しは、唯一、真生にとって一人になれる時間であった。いつもはさほど前向きでないものの、率先して買物に行くようになっていた。天気のよい日は、鷺沼駅をぐるりと回るように散歩がてら遠回りをして、食品スーパーへと向かった。外の空気を吸えるこの時間は、真生にとって気分転換となる時間であった。

ある日の夕方、真生は、いつものように散歩をしながら、駅前の食品スーパーに入った。そこで、チルド食品のコーナーの下段に、ピザが並べられているのを見つけた。荒木家では、ピザを食べるのは、もっぱらレストランだったので、普段は家でピザを食べることはなかった。宅配ピザもほとんど利用しなかった。「試しに食べてみようかなあ」。真生は、自宅のランチのレパートリーを広げてみようと、あるブランドのチルド・ピザのマルゲリータと照り焼きチキンを試してみた。ブランド名は知らなかったが、大手食品メーカーのブランドであったので、安心して買物カゴに入れた。マルゲリータのピザは500kcal以下であったので、その意味でもパーフェクトな昼食であった。

次の日のお昼に早速、このピザを食べてみた。2人とも「おいしいね」と笑顔があふれた。真生は、久々にお昼ご飯のときに笑ったように思えた。

テレワークの始まり

テレワークへの移行は、真生の生活を劇的に変えた。3月末からテレワークに移行してから3カ月の間、真生は2回しか会社に出勤していなかった。また、今後もしばらくテレワークを続けていく方針が、2人の会社から示されていた。

この3カ月で気がついたのは、現在のマンションの間取りは、2人のテレワークにそぐわないことであった。マンションを探していたときには、フルタイムのテレワークを2人がするとは想定もしていなかった。そのため、日常生活には十分だと考え、リビング・ダイニングと寝室だけの、いわゆる1LDKの間取りにしたのであった。

しかし、現在のテレワークの生活は、この間取りでは不十分であった。リビング・ダイニングは十分な広さであったものの、オンラインのミーティングの際には、その部屋を共有することはできなかった。また、ダイニング・テーブルで2人が同時に仕事をするのは気が散るため、一人がリビング・ダイニングで、もう一人が、狭めの寝室で仕事をすることになった。寝室で仕事をする際には、ベッドに追いやられて部屋の隅に置かれている小さな机で仕事をすることになった。もちろん、広々としたダイニング・テーブルでの仕事が、真生にとっても、敬夫にとってもよいことは明らかであった。

真生は、この生活が次第に耐えきれなくなってきていた。「小さな机」で仕事をする日は、朝から夕方まで、狭いベッド・ルームにこもり続けることになった。さらに悪いことに、春学期のビジネススクールの夜間の講義は、すべてオンラインになってしまった。夜間には、食事をしたり、テレビをみたりと、敬夫がリビングを使うことになっているので、真生は、朝9時から夜10時まで、小さな机にしがみつく日もあった。「ビジネススクールの勉強もあって忙しい私に、広いダイニング・テーブルを使わせて」という心の叫びを、普段から協力的な敬夫に浴びせられるわけもなかった。

テレワークに端を発した新しいワークスタイルは、真生の心から余裕を奪っていた。また、その余裕のなさが、何気ない夫の行動に負の感情を生ませていた。真生は、「コロナ離婚」という言葉をオンライン・ニュースで見かけた。「まさか自分たちが」とは思いながらも、コロナ禍が今後も続き、それに併せて在宅勤務が継続することが決定的となったいま、何か手を打たなくてはならないと考えていた。

真生の決意は固まった。「今日のお昼に、引越しを提案してみよう」。

快適に仕事がしたい：引越し先探し

引越しの提案

ダイニング・テーブルで仕事をしたほうが、その罪滅ぼしとして、すすんでお昼ご飯を作るのが、コロナ禍における荒木家の新しいルールとなっていた。その日は、真生がお昼ご飯のチャーハンを作っていた。真生は、お茶をテーブルに置きながら、前触れもなく、唐突に提案してみた。

「引越ししてみない」。彼は即座に答えた。「いいね」。「え」。何も詳しい説明はしていないのに、彼が即座に合意したことに真生は少し驚いた。真生は敬夫も同じ気持ちであったことを察

表8－1　敬夫が作成した賃貸マンションの一覧表

	駅からの距離	賃料・管理費	敷金・礼金	間取り・占有面積	築年数
マンションA	徒歩10分	13.1万円・3500円	13.1万・13.1万	2LDK/61㎡	築10年
マンションB	徒歩9分	14万円・4500円	28万・なし	2LDK/68㎡	築21年
マンションC	徒歩13分	11.5万円・7000円	11.5万・なし	2LDK/56㎡	築12年

注：駅からの距離は、いずれも鷺沼駅からの徒歩時間。
出所：著者作成。

した。

そこからは話は一気に進んだ。大きな生活環境は変えないほうがよいため、鷺沼駅の周辺で、在宅勤務に適した賃貸マンション、具体的には2LDKの部屋を探すことになった。引越し場所を探すのは夫の役目、最終判断には真生も加わるという、一応の役割が決まった。

「行ってきます」。午後の仕事のために寝室に向かう夫の姿を見ながら、「こんなことなら、早めに切り出しておけばよかったな」と真生はホッとすると同時に、「夫婦の気持ちは同じなのかなぁ」と、少し嬉しく感じた。

私たちの新しい生活様式

敬夫は、その週末の夜に、引越し先の相談をしようと言ってきた。引越し先の候補として、鷺沼駅の周辺の賃貸マンションを3つほど探し、一覧表にまとめてきてくれていた（表8－1）。

いずれのマンションも2人にとって馴染みのある場所にあ

り、この物件であれば生活環境はこれまでと変わらなかった。敬夫によれば、現在住んでいるマンションよりも、家賃は3万円程度高く、駅からは少し遠くなるものの、このくらいの出費増ならば、広い部屋に住み変えることは悪い選択ではないという結論であった。敬夫は、3つのうちでは、マンションBがよいと考えていた。彼は、家賃が多少高くても、駅からの距離が近く、広い物件がよいという意見のようであった。

真生は、そのリストを見ながら、思いをめぐらしていた。敬夫の考え方も理解できたものの、もう少し発想を変えてもよいのかもと思い始めていた。真生は考えながら話し始めた。「これまでは、自宅は仕事を終えて寝に帰る場所だったよね。だから、狭くても、なるべく家賃は安くしておきたかった。家賃にかけるくらいなら、息抜きとして、外食したりとか、週末に旅行をしたりすることに時間とお金をかけてきた」。「そうだね、それがよかった」と、敬夫もうなずいた。「ただ、今は、周囲で散歩ができることも大事だし、何よりも、自宅が仕事の場にもなってきた」と、真生は続けた。

敬夫は、黙ってうなずいた後、少し考えてから言った。「であれば、もう少し家賃を出してでも、もっとよいところに住んでもよいかもなあ」。敬夫は、真生の考えを先取りするかのように答えた。「そう、私たちなりの新しい生活様式だね」。真生は応じた。

新築マンションに決める

そこからは、2人は一緒に鷺沼にある大手の不動産会社に連絡をとった。その会社は、コロナ禍のためなのか、オンラインでの接客や内見をしているようであった。

オンラインでの接客を、その夕方に初めて体験してみた。対応してくれたスタッフは、とても人当たりがよく、様々なアドバイスを的確にしてくれた。彼女によれば、最近は、テレワークのために広めの物件を探しているお客様は増えているとのことであった。彼女のこれまでの経験によると、間取りは2LDKでよいと思うが、もう少し広めの物件であれば、余裕を持って仕事とプライベートの空間が分けられるだろう、という提案を受けた。また、いまであれば、鷺沼の隣のたまプラーザ駅の近くに、生活環境がよい新築の物件が出ていることを教えてくれた。真生には、あまり詳しい知識はなかったが、中古の物件よりも、新築物件のインターネット回線のほうが、テレワークにはよいような気がした。

その物件は以下のようなものであった（表8-2）。現在の物件と比べて、かなり賃料は高かった。ただ、これまでよりも広々とした物件であった。6畳の洋室、7畳の洋室、そして、LDKともに、南向きの窓があり、近くには食品スーパーやコンビニエンスストアがあった。また、少し歩くと大きな公園もあり、この部屋であれば、まさに理想とする新しい生活様式が叶えられそうな予感がした。

また、その女性スタッフが、次の日にその物件のオンライン内見をしてくれた。オンライン

表８-２　提案された物件

	駅からの距離	賃料・管理費	敷金・礼金	間取り・占有面積	築年数
マンションD	徒歩15分	16.1万円・6500円	16.1万・32.1万	2LDK/69㎡	新築

注：駅からの距離は、たまプラーザ駅からの徒歩時間。
出所：著者作成。

内見とは、わざわざ現地の物件に行かなくとも、店舗スタッフが現地に赴き、オンラインで部屋の細部を顧客の希望に応じて見せてくれる接客方法であった。

オンライン内見であっても、部屋が広々していること、南向きの物件の窓から広がる景色の広がりがわかった。また、部屋の細部についても、ある程度は理解することができた。「ここで毎日仕事ができるなら、気持ちがいいね。」「そうだね。」２人の気持ちは高ぶっていた。

ただ、２人は、オンライン内見だけでは不安が残っていた。そのため、その２日後に、実際に現地を訪れて、その物件の詳細を確認した。その道すがら、たまプラーザ駅には、鷺沼駅と同じく、駅前には桜並木が広がっていることに気がついた。また、マンションの近くにある、國學院大学のキャンパスにも桜並木があった。２人は迷いなく、この物件への引越しを決めた。真生は、桜が咲く、来年の春が待ち遠しくなった。

もっと快適に仕事がしたい：ラグマットの購入

ハーマンミラーのチェア

引越しを直前に控えた７月の上旬、２人は荷造りに追われていた。その最中に、敬夫から一つの提案があった。「仕事用の椅子を買わないか」。敬夫は、ダイニング・チェアを使って仕事をすることで、腰に違和感を感じるようになっていた。彼は続けて言った。「できれば、これが欲しいのだけれど」。敬夫はすでに品定めを終えているようであった。

敬夫が提案したのは、ハーマンミラーのセイルチェアというブランドの椅子であった。9万を超える、真生にとってはかなり高価格な椅子であった。彼は熱心にその機能性について説明をした。「新しい仕事場になるのだから、椅子も買ってもいいいんじゃないのかな」。真生は、すべての説明は理解できなかったものの、熱心にあいづちを打った。最後に、「もちろん、2人分だよね」と、真生は笑って言った。「もちろん」。敬夫は言った。

真生は、ホワイト、敬夫は、ブラックを選んだ。引越し前に自宅に届くように配送の手続きを終えた。

気持ちよく仕事がしたい

セイルチェアを注文してから、真生はオンライン・サイトでブランドの詳細を調べていた。実は真生がこの椅子の購入に賛成したのは、機能性に注目したからではなかった。その椅子のフレームのない背もたれの美しいフォルムに一目惚れしたためであった。ブランドのサイトには、吊り橋の工学原理が利用されていること、横から見ると帆船の帆のように見えるためセイルチェアと名づけられたことなどが記載されていた。真生は，これらのブランドのデザイン・ストーリーを知って，「なるほど」と感心していた。

ただ，真生には，一つ気になることがあった。それは，キャスター付きのデスクチェアで，新築のマンションの床が傷つかないか，ということであった。敬夫にそれを相談すると，「それなら，チェア・マットを床に敷こう」と彼は言った。オンライン・ショップで傷防止の敷物としてのチェア・マットをさっと検索し，いくつかの候補を見せてくれた。彼はその場で即決して，３０００円程度のマットをアマゾンで購入した。このマットは，明日，引越し前に自宅に届く予定であった。

「今日，注文しないと，間に合わないよ」と，敬夫は言った。「私はもう少し考えるね」。真生にはどうしても気になっていることがあった。真生の理想的なイメージに，そこで見たチェア・マットは，どうしても合わなかった。吸着力が十分でずれないとか，撥水加工だから汚れもサッと一拭きなどの機能の重要性はわかるのであるが，彼女の視点からすると，それらの商品は，「カワイくなかった」のである。

引越し先のマンションでは，真生が６畳の部屋を仕事部屋として使わせてもらえることになっていた。ビジネススクールに通学していることも考えて，敬夫は自分よりも，真生の仕事を優先してくれたのであった。敬夫の助けもあって，まさに理想的な部屋も手に入れられそうであった。そして，デザインに優れたハーマンミラーのチェアも背伸びして手に入れることができた。このような理想的な環境なのに、「カワイくない」ビニールのシートを足元に敷きたくなかった。

真生は、昼ごはんを食べながら、「もう少し、可愛いのが欲しいんだよね。気持ちよく仕事をしたいの。自己満足かもしれないけど」と言うと、敬夫は、少し冷めた感じでこう言った。「まあ、気持ちはわからなくないけど、仕事中にそんなに足下は見ないでしょ。もう一度、言っておくけど、引越してすぐに、セイルチェアを使えないかもよ」。敬夫の言うのは正論だった。


チェア・マットではない、ラグ・マットだ!


引越しが前日に迫っていた。真生は、いまだに気持ちよく仕事ができる部屋作りにこだわっていた。「せっかくの新しい生活様式なのだから、こだわりたい」。真生はまだ納得できずにいた。

真生は、寝る前にインスタグラムでチェア・マットというハッシュタグを手がかりに、いくつかの画像を検索してみた。すると、おしゃれなチェア・マットがいくか出てきた。「あれ、これはチェア・マットではないな。ラグ・マットみたいだなあ」。

そこで、真生は、これまでも使ったことがあった、インテリアの写真が集められているサイトを思い出した。このサイトは、一般の人たちが、実際に住んでいる部屋の様子やインテリアの写真をアップロードするサイトであった。そのサイトで、「チェア・マット　ラグ」と検索してみると、まさに真生が理想とするようなイメージの部屋が出てきた。それらの写真には、ラグ・ラグマットをチェア・マットのように椅子に下に敷いて使っている様子が写されていた。これで、真生の思いは確信に変わった。「私が欲しいのは、チェア・マットではない、ラグ・マットだ」と。

理想のラグ・マット探し

ただ、真生は、仕事部屋の理想のラグ・マットがどのようなものかについて、明確なイメージを持っているわけではなかった。そこで、まず全体像をつかむために、目的を決めずに、いくつかのインテリアのサイトを確認してみた。たくさんのデザインや色があることはわかったが、どうも絞り込むことができなかった。真生は、むしろ多くのラグ・マットを見ることで、混乱して選べなくなってしまっていた。

そこで、インテリア・コーディネイトのサイトを確認することにした。新しい部屋のフローリングの色は、ダークブラウンであったので、その色を手がかりに、ラグ・マット選びをスタートすることにした。真生が確認したサイトによれば、ダークブラウンには、グリーンや明るめのベージュが合うとのことであった。また、真生は、そのサイトに掲載されていた、グリーンの丸型のラグ・マットに惹かれた。円型や楕円型の丸タイプが自分の好みに合っていることが徐々にわかってきた。

次に、デザイン重視とは言え、いくつかの機能性も考慮にいれることにした。敬夫のビニールのマットを参考に、サイズは150㎝程度と考えた。また、セイルチェアを上に置くので、滑り止め付きで、巻き込み防止のために毛足が短いタイプにしようと考えた。毎日使うことを考えると、自宅で洗える素材がよいとも思った。

最後に価格について考えた。敬夫が3000円のマットを買っていたものの、同程度の価格では、真生が欲しいラグ・マットは到底手に入れることはできなかった。そこで真生は考えを改めた。「私自身は、インテリアのアイテムとして、ラグ・マットを買う。敬夫とは目的が違うので、価格は違ってもよいのだ。予算は1万5000円までにしよう」。このように自分を納得させていた。

次の日、無事に引越しは済んだ。新居は思った以上に広々としており、まさに快適な空間であった。荷解きはまだ終わっていないが、真生の気持ちは晴々し、ワクワクしていた。

しかし、いまだラグ・マットを手に入れていないため、真生は、仕事部屋ではセイルチェアは使うことはできなかった。「早くマットを注文したらいいのに。腰も痛くないよ」。敬夫は、ビニールのチェア・マットのうえで、セイルチェアを転がしながら、またも正論を吐いた。

ついに購入

この時期には、すでに緊急事態宣言は解除されていたが、真生は、あまり電車には乗りたくはなかった。そこで、ラグ・マットはＥＣサイトで購入しようと考えていた。アマゾンや楽天でいろいろと探してはみたものの、目につくのはどれも知らないブランド名ばかりであった。クチコミも確認したが、どうも決め手にかけていた。

そこで、これまで店舗を何度も訪れたことがあった、家具メーカーやインテリアショップのサイトを訪問することにした。そのひとつが、デザイン性の高い北欧風の家具や雑貨を、リーズナブルな価格で販売する店舗のＥＣサイトであった。真生は、以前に丸ビルにある店舗に行ったことがあった。また、二子玉川の店では、ロー・テーブルとバス・マットを購入したことがあった。

真生は、自分の基準に見合うラグ・マットがあるかを検索してみた。すると１５０㎝のラグが、１万６０００円で販売されていた。予算を若干オーバーするものの、これまで検討してきた基準を満たしているようであった。また、何よりもデザイン性に優れていた。真生の気持ちは高まっていた。

ただし、色はトープであることが気になった。「トープ」とは、ブラウンとグレーを含んだ褐色の色であり、彼女が当初イメージしていた色よりは少し暗めなのが気になった。また、手触りなど触感も気になるところであった。検索してみると、どうやら、この商品の在庫が、二子玉川店にあることがわかった。二子玉川駅は、たまプラーザ駅からは電車で10分程度ではあったが、この時期に、色と手触りを確認するためだけに、電車に乗るのは気が引けた。また、実物を見て、気に入ったとしても、150㎝のラグ・マットを真生一人で持ち帰るのは現実的ではなかった。

真生は、過去に買ったバス・マットやロー・テーブルの品質や使い勝手がよかったことを思い出した。そこで、今回もきっと大丈夫だろうと信じることにした。結局、真生は、ECサイトで、そのラグを購入することに決めた。注文ボタンを押した瞬間、真生は、解放感を感じていた。

私は決して後悔しない

ついに到着

注文をしてからも、真生は、我慢の日々を続けていた。実は、ラグ・マットは、注文してから配送されるまで1週間かかったのであった。そのため、購入ボタンを押すとき、真生には、若干の葛藤はあった。ただし、デザイン性の高い理想的なラグ・マットを手に入れられるのであれば、この程度は我慢しなくてはと思った。真生は思った。「私は後悔しない」。1週間の間、真生は、部屋の隅に置かれるセイルチェアを眺める他なかった。

1週間後、予定された日にラグ・マットがついに到着した。梱包もしっかりしていて、綺麗な状態で到着した。想像していたよりも、色も明るめで問題はなかった。また、手触りも肌触りもよく気持ちがよかった。真生は、やっぱり、この北欧家具店で購入してよかったと心底思った。自己満足かもしれないけれど、この値段でこのデザインのラグ・マットが手に入れられたことに、とても満足していた。

8000円の衝撃

快適な部屋となり仕事は順調に進んでいた。ひと月が経ったある日、真生は、この北欧家具店のサイトを再び訪れた。以前に購入したことがあるバス・マットを、また購入しようと思いたったからであった。

そのとき、気になって、自分の買ったラグ・マットをもう一度確認してみた。すると、衝撃的な事実を発見してしまった。真生が購入したラグ・マットが、購入価格1万6000円の半額、8000円で販売されていたのだった。それは同じサイトの下方に掲載されている「アウトレット」のコーナーで販売されていた。いくつものアイテムが、軒並み半額で販売されていた。「同じラグ・マットがたったひと月で半額になるなんて。もしかして、1万6000円という値段は、ラグ・マットにしては高すぎたのかもしれない。私は賢くない買物をしてしまったのかも」。真生は少し落ち込んだ。

真生は、その気持ちを必死に振り払おうとしていた。「ちょっと待って。他の人がどう思うかどうかは関係ないよね。私は、このラグのおかげでセイルチェアを使えている。このラグのおかげで、私の部屋は満足いく気持ちの良い空間になり、ひと月の間、楽しく仕事ができている」と、真生は考えを進めた。「そうだ、私が買ったときのラグの値段は、私の満足いく体験に見合っているものだ。そう、私の買物に間違いはなかった」と思った。真生は、このラグ・マットを買ったことに、これまで以上に満足していた。

この気持ちを敬夫に伝えようかとは思ったが、やめておこうと考えた。敬夫から、私の考えとは違った、彼なりの正論を言われそうだったから。

ラグとネコ

ステイホーム中の真生の楽しみは、仕事終わりに、ベッドに寝ころびながら、インスタグラムやユーチューブで猫の写真や動画を見ることであった。ある日、偶然にトープ色の丸いラグ・マットの写真をインスタグラムで見つけた。ラグ・マットの上に、猫が気持ちよさそうに寝そべっている写真であった。真生は、「きっと私のラグの上でも、気持ちよく猫が寝るだろうなあ」と、思った。真生はもともと猫好きで、実家でも飼っていたので、猫のいる生活は容易にイメージできた。これまでの敬夫との生活で、猫を飼うことは一度も考えたこともなかった。でも、自宅にいる時間が多いのだから、猫を飼うのも悪くないような気がした。

ある日、敬夫が作った味噌ラーメンを昼食として食べながら、真生は軽い気持ちで尋ねてみた。「ネコでも飼ってみない」。敬夫は、即座に「いいんじゃない。」と答えた。表情からして、上の空で答えたのではないようだ。どうやら、ここでも敬夫と気が合ったようだ。

3　設　問

1　新型コロナ危機の影響によって、荒木真生氏と夫の仕事はテレワークに移行しました。そのことが、賃貸マンションの選択行動、ラグ・マットの購買行動にどのような影響を与えたでしょうか。

2　荒木氏のラグ・マットの購買行動のプロセスが、どのような段階を経てきたのかを整理してください。

3　新型コロナ危機が収束しない中、ラグの売手（小売店）は、荒木氏のような人に対して、どのようなマーケティングを展開することが有効となるでしょうか。

4　新型コロナ危機が収束したとき、荒木氏にもたらされた購買に関わる変化のうち、どれがもとに戻り、どれが戻らないでしょうか。その見通しについて展望してください。その際、①新型コロナ危機が収束し、荒木氏と夫がもとの勤務形態に戻った場合、②新型コロナ危機が収束しても、2人の勤務形態がテレワーク中心であった場合に分けて考察してください。

参考文献

第1章

池尾恭一（２０１５）、『マーケティング・ケーススタディ』、碩学舎。

――――（２０１６）、『入門・マーケティング戦略』、有斐閣。

Schiano, Bill and Espen Andersen (2017), "Teaching with Cases Online," Harvard Business Publishing.

第2章

青木幸弘（２０１０）、「消費行動と消費パターンの分析」、池尾恭一、青木幸弘、南知惠子、井上哲浩、『マーケティング』、有斐閣、１０７‐１３４頁。

池尾恭一（１９９９）、『日本型マーケティングの革新』有斐閣。

――――（２００３）、『ネット・コミュニティのマーケティング戦略』有斐閣。

井関利明（１９６９）、「消費者行動の社会学的研究」、吉田正昭、村田昭治、井関利明編、『消費者行動の理論』、丸善、１１３‐１７８頁。

――――（１９７４）、「消費行動」、富永健一編、『社会経済学』（社会学講座８）、東京大学出版会、45‐82頁。

成毛眞（２０１８）、『amazon』、ダイヤモンド社。

Aaker, D. A. (2014), *Aaker on Branding: 20 Principles That Drive Success.* 邦訳：阿久津聡訳、『ブランド論：無形の差別化をつくる20の基本原則』、ダイヤモンド社、２０１４。

Anderson, Chris (2006), *The Long Tail: Why the Future of Business Is Selling Less of More,* Hyperion Books. 邦訳：篠森ゆりこ訳、『ロングテール：「売れない商品」を宝の山に変える新戦略』、早川書房、２００６。

Dolan, Robert J. and Hermann Simon（1996）, *Power Pricing: How Managing Price Transform the Bottom Line.* 邦訳：吉川尚宏監訳、『価格戦略論』、ダイヤモンド社、２００２。

Drucker, Peter（1974）, *Management: Tasks, Responsibilities, Practices,* Butterworth-Heinemann. 邦訳：上田惇生訳、『マネジメント：基本と原則』、ダイヤモンド社、２００１。

Korosec, K.（2019）, Tesla closing retail stores in shift to online only sales strategy. https://techcrunch.com/2019/02/28/tesla-closing-retail-stores-in-shift-to-online-only-sales-strategy/（２０２０年12月１日アクセス）

Kotler, Philip and Kelvin L. Keller（2006）, *Marketing Management,* Peason Education. 邦訳：恩藏直人監修、『コトラーのマーケティング・マネジメント』、ピアソン・エデュケーション、２００８。

Porter, Michael E.（1980）, *Competitive Strategy,* The Free Press. 邦訳：土岐坤・中辻萬治・服部照夫訳、『新訂　競争の戦略』、ダイヤモンド社、１９９５。

Stone, Brad（2013）, *The Everything Store,* 邦訳：井口耕二訳、『ジェフ・ベゾス：果てなき野望』、日経ＢＰ、２０１４。

『DIAMOND Chain Store』、２０２０年5月15日号、60‐61頁。

『日経ビジネス』、２０２０年４月27日号、13頁。

『日経ビジネス』、２０２０年６月１日号、12‐13頁。

『日経ビジネス』、２０２０年６月22日号、12‐13頁。

『日経ＭＪ』、２０２０年６月19日。

『日経ＭＪ』、２０２０年６月26日。

『日経ＭＪ』、２０２０年７月17日。

『日経ＭＪ』、２０２０年７月20日。

『日経MJ』、2020年7月31日。
『日経MJ』、2020年8月14日。
『日経MJ』、2020年8月19日。
『日経MJ』、2020年8月26日。
『日経MJ』、2020年8月31日。
『日経MJ』、2020年10月7日。
『日経MJ』、2020年10月11日。
『日経MJ』、2020年11月2日。
『日経MJ』、2020年11月6日。
『日経MJ』、2020年12月25日。
『日経産業新聞』、2020年5月26日。
『日経速報』、2020年7月1日。
『日本経済新聞地方経済面北関東』、2020年5月12日。
『日本経済新聞地方経済面北関東』、2020年9月4日。
『日本経済新聞朝刊』、2020年6月2日。
『日本経済新聞朝刊』、2020年6月22日。
『日本経済新聞朝刊』、2020年6月29日。
『日本経済新聞朝刊』、2020年7月6日。
『日本経済新聞朝刊』、2020年7月14日。
『日本経済新聞朝刊』、2020年8月6日。
『日本経済新聞朝刊』、2020年8月7日。

『日本経済新聞朝刊』、2020年8月20日。

『日本経済新聞朝刊』、2020年9月1日。

『日本経済新聞朝刊』、2020年9月10日。

『日本経済新聞朝刊』、2020年9月17日。

『日本経済新聞朝刊』、2020年10月1日。

『日本経済新聞朝刊』、2020年10月21日。

『日本経済新聞夕刊』、2020年6月22日。

『東洋経済』、2020年7月4日号、60-61頁。

『PRTIMES』、2020年8月24日、https://prtimes.jp/main/html/rd/p/000001171.000004612.html（2020年11月9日アクセス）。

第3章

井手直行（2016）、『ぷしゅ よなよなエールがお世話になります』、東洋経済新報社。

大内秀二郎（2019）、「デジタル社会のファンマーケティング：ヤッホーブルーイングのファン創造」、廣田章光・大内秀二郎・玉置了、『デジタル社会のマーケティング』、中央経済社。

厚生労働省、平成30年「国民健康・栄養調査」。

『産経新聞』、2019年1月16日オンライン記事、https://www.sankei.com/life/news/190116/lif1901160027-n1.html
『週刊東洋経済』、2017年10月7日号、22-23頁。

『東洋経済オンライン』、2017年10月28日、https://toyokeizai.net/articles/-/194956。

『日経クロストレンド』、2019年1月号、28-31頁。

『日経デザイン』、２０１５年11月号、62-65頁。

『日経デザイン』、２０１５年12月号、50-53頁。

『日経デザイン』、２０１６年６月号、64-67頁。

『日経ビジネス』、２０１３年12月16日号、１２０-１２３頁。

『日経ビジネス』、２０１４年９月29日号、20頁。

『日経ビジネス』、２０１５年３月30日号、16頁。

『日経ビジネス』、２０１８年11月19日号、28-29頁。

『日経ビジネス』、２０１９年10月28日号、60頁。

『日経ベンチャー』、２００８年11月号、51-55頁。

『日本経済新聞』、２０１９年１月17日。

株式会社帝国データバンク、２０１８年８月８日プレスリリース「クラフトビールメーカー１４１社の経営実態調査」、https://www.tdb.co.jp/report/watching/press/p180803.html。

株式会社ビジネス・フォーラム事務局、２０１９年８月21日オンライン記事、https://www.b-forum.net/series/pages/cmo_vol4/。

株式会社三井住友銀行コーポレート・アドバイザリー本部 企業調査部、２０１８年６月調査資料「国内酒類業界の動向」、https://www.smbc.co.jp/hojin/report/investigationlecture/resources/pdf/3_00_CRSDReport065.pdf。

株式会社ヤッホーブルーイング ウェブサイト、https://yohobrewing.com/。

株式会社ヤッホーブルーイング、２０１８年10月23日プレスリリース「クラフトビール常飲者の実態調査」。

株式会社矢野経済研究所、２０１９年７月16日プレスリリース「酒類市場に関する調査を実施（２０１９年）」、https://www.yano.co.jp/press-release/show/press_id/2171。

Brewers Associationによる資料、https://www.brewersassociation.org/statistics-and-data/national-beer-stats/。

MMD研究所、2020年12月14日「コロナ禍での総合ECサイトに関する調査」、https://mmdlabo.jp/investigation/detail_1907.html。

（第3章のウェブ資料については、すべて2021年1月14日にアクセスした）

第4章

梅本博史（2016）、『化粧品業界の動向とカラクリがよ〜くわかる本』、秀和システム。

千田啓互（2017）、「理美容室専業メーカーのスキンケア・メイクアップ化粧品市場参入への一考察」、兵庫県立大学大学院『商大ビジネスレビュー』第7巻第1号、251頁-266頁。

株式会社アイスタイル、『2020年6月期通期決算資料』、2020年。

観光庁、『訪日外国人旅行者数・出国日本人数（統計情報）』、2020年。

経済産業省、『令和元年度内外一体の経済成長戦略構築にかかる国際経済調査事業（電子商取引に関する市場調査）』、2020年。

経済産業省、『生産動態統計調査』、2019年・2020年。

株式会社資生堂、『2020年第2四半期決算資料』、2020年。

矢野経済研究所、『化粧品マーケティング総鑑（2018年版）』、2018年。

『日経産業新聞』2017年9月28日。

『日経MJ』、2014年4月4日。

『日経MJ』、2017年2月10日。

『商業施設新聞』、2016年9月6日。

株式会社アイスタイル　ウェブサイト　https://www.istyle.co.jp/（２０２０年12月１日アクセス）。

株式会社コスメネクスト　ウェブサイト　https://cosmenext.istyle.co.jp/（２０２０年12月１日アクセス）。

株式会社コスメ・コム　ウェブサイト　https://cosmecom.istyle.co.jp/（２０２０年12月１日アクセス）。

株式会社エスキュービズム　ウェブサイト　https://s-cubism.jp/（２０１９年7月23日アクセス）

『東洋経済オンライン』、２０１２年11月30日、https://toyokeizai.net/articles/-/11940（２０２０年11月10日アクセス）。

『日興フロッギー』、２０１７年12月28日、https://froggy.smbcnikko.co.jp/7487/（２０２０年11月10日アクセス）。

『beBit』、２０１６年10月11日、https://www.bebit.co.jp/?column=cem-interview1（２０２０年11月10日アクセス）。

『DIAMOND online』、２０２０年5月18日、https://diamond.jp/articles/-/237355（２０２０年11月12日アクセス）。

『impress』、２０２０年1月14日、https://netshop.impress.co.jp/node/7144（２０２０年11月12日アクセス）。

『ITmedia ビジネスオンライン』、２０１５年05月21日、https://www.itmedia.co.jp/makoto/articles/1505/21/news027.html（２０２０年11月12日アクセス）。

第５章

吉原直樹（２０１２）、『規模別・タイプ別で考えるサロン経営』、髪書房。

『日経ＭＪ』、２０１９年11月6日。

『日経ＭＪ』、２０２０年4月16日。

『理美容ニュース』、２０１８年2月9日。

『PRESIDENT Online』、２０１９年6月11日　https://president.jp/articles/-/28951
『SAYFORT ライフマガジン』、２０１７年4月17日　https://www.qjnavi.jp/special/sense_skills/counseling/3/
株式会社矢野経済研究所（２０１８）、「プレスリリース №１８８４ 理美容市場に関する調査を実施」https://www.yano.co.jp/press-release/show/press_id/1884
株式会社リクルートキャリア（２０２０）、「新型コロナウィルス禍での仕事に関するアンケート」https://www.recruitcareer.co.jp/news/pressrelease/2020/200909-01/
株式会社リクルートライフスタイル　ホットペッパービューティーアカデミー（２０１９）、「美容センサス２０１９年度上期資料編（詳細版）：15～69歳男女の美容サロン利用実態」https://hba.beauty.hotpepper.jp/wp/wp-content/uploads/2019/06/census_fullreport_201906.pdf
株式会社リクルートライフスタイル　ホットペッパービューティーアカデミー（２０１７）、「美容センサス２０１７年度上期報告書：15～69歳男女の美容サロン利用実態」https://hba.beauty.hotpepper.jp/wp/wp-content/uploads/2017/06/census_fullreport_pre_201706.pdf
株式会社リクルートライフスタイル　ホットペッパービューティーアカデミー（２０１６）、「美容センサス２０１６年度上期報告書：15～69歳男女の美容サロン利用実態」https://hba.beauty.hotpepper.jp/wp/wp-content/uploads/2016/06/cencus_fullreport_2016DM.pdf
厚生科学審議会生活衛生適正化分科会（２０１８）、「美容業の実態と経営改善の方策（抄）」https://www.mhlw.go.jp/content/10601000/000453597.pdf
国土交通省（２０２０）、「全国の都市における生活・行動の変化―新型コロナ生活行動調査概要―」https://www.mlit.go.jp/report/press/content/001366702.pdf
コールフォース株式会社（２０１７）、「ホットペッパービューティーの広告費をペイするための戦略」

https://c-force-streetviewer.com/blogs/hotpepper-beauty-price/
ドリームゲート事務局（２００８）、「ドリームゲートスペシャルインタビューMY BEST LIFE 挑戦する生き方　第72回　株式会社アルテサロンホールディングス　吉原直樹」https://www.dreamgate.gr.jp/contents/case/interview/35136
ナリス化粧品（２０２０）、「コロナ状況下の美容行動、２０００人調査実施」https://www.naris.co.jp/news_release/wp-content/uploads/2020/09/20200929%E3%80%80BIYOUKOUDOU.pdf
auコマース&ライフ（２０２０）、「買い物に関するアンケート調査」https://www.au-cl.co.jp/press/20200716/
WEB集客大学（２０１９）、「ホットペッパービューティーの再来率が低い３つの原因と効果的な対策」https://kantansyukyaku.com/wp/hotpepperbeauty/repeat-rate/
株式会社アッシュ　ウェブサイト　https://ash-hair.com/
株式会社アルテサロンホールディングス　ウェブサイト　https://arte-hd.com/
株式会社AB&Company　ウェブサイト　https://ab-company.jp/
株式会社C&P Choki Peta　ウェブサイト　http://www.chokipeta.com/
キュービーネットホールディングス株式会社　ウェブサイト　http://www.qbnet.jp/
minimo　ウェブサイト　https://minimodel.jp/
B-first株式会社　ウェブサイト　https://agu-hair.com/salon/
PEEK-A-BOO　ウェブサイト　https://www.peek-a-boo.co.jp/
QBハウス　ウェブサイト　https://www.qbhouse.co.jp/
一般社団法人日本フランチャイズチェーン協会　フランチャイズガイド「フランチャイズとは何か」http://fc-g.jfa-fc.or.jp/article/article_10.html

公益財団法人理容師美容師試験研修センター　ウェブサイト「過去の試験実施状況」https://www.rbc.or.jp/2006/11/post_11.html
厚生労働省大臣官房統計情報部「衛生行政報告例」各年版　https://www.mhlw.go.jp/toukei/list/36-19a.html
厚生労働省美容師法概要　https://www.mhlw.go.jp/bunya/kenkou/seikatsu-eisei04/06.html
HOT PEPPER Beauty 最新データ集　https://beauty.hotpepper.jp/doc/guide/saishindata.html
（第5章のウェブ資料についてはすべて2021年1月13日にアクセスした）

第6章

安藤宏基（2014）、『勝つまでやめない！　勝利の方程式』、中央公論新社。
安藤宏基（2016）、『日本企業　CEOの覚悟』、中央公論新社。
嶋口充輝（1980）、『日清食品株式会社』、慶應義塾大学ビジネススクール。
『日経MJ』、2015年5月25日。
『日経MJ』、2017年6月21日。
『日経MJ』、2018年7月4日。
『日経産業新聞』、2006年1月30日。
『日経デザイン』、2011年4月号、40-45頁。
『日経デザイン』、2016年5月号、73-75頁。
『日経デザイン』、2011年4月号、40-45頁。
『日経デジタルマーケティング』、2013年4月号、22-23頁。
『日経デジタルマーケティング』、2016年12月号、16頁。
『日経TRENDY』、2018年10月号、118-119頁。

『日経ビジネス』、2014年6月16日号、26-31頁。

『日経ビジネス アソシエ』、2015年10月号、4-7頁。

日清食品グループ ウェブサイト https://www.nissin.com/jp/。

『日本経済新聞朝刊』、2019年9月13日。

『日本経済新聞朝刊』、2020年6月30日。

『日本経済新聞朝刊』、2020年8月6日。

博報堂DYメディアパートナーズ・メディア環境研究所、『メディア定点調査2020』、https://mekanken.com/mediasurveys/。

矢野経済研究所（2020）、『食品産業年鑑 品目別動向編 2020年度版』。

（第6章のウェブ資料についてはすべて2020年12月20日にアクセスした）

第7章

『週刊東洋経済』、2019年4月20日 52-63頁。

『日本経済新聞朝刊』、2009年3月16日。

『日本経済新聞朝刊』、2009年5月26日。

『日本経済新聞朝刊』、2013年11月23日。

『日本経済新聞朝刊』、2014年8月28日。

『日本経済新聞朝刊』、2015年2月4日。

『日本経済新聞朝刊』、2015年10月23日。

『日本経済新聞朝刊』、2018年12月26日。

『日本経済新聞朝刊』、2020年5月3日。

『日本経済新聞朝刊』、２０２０年10月22日。

『日経産業新聞』、２０１９年８月５日。

『日経ＭＪ』、２００７年６月10日。

『日経ＭＪ』、２０１２年12月26日。

『日経ＭＪ』、２０１３年９月25日。

『日経ＭＪ』、２０２０年４月22日。

『日経ＭＪ』、２０２０年５月20日。

『日経ＭＪ』、２０２０年６月24日。

『野村総合研究所　調査資料』、２０２０年６月１日、https://www.nri.com/jp/keyword/proposal/20200601（２０２０年10月29日アクセス）。

『喫茶店経営マニュアル』、２０１９年３月、https://www.mhlw.go.jp/content/000505183.pdf（２０２０年10月29日アクセス）。

『一般社団法人全日本コーヒー協会　統計資料』http://coffee.ajca.or.jp/data（２０２０年12月28日アクセス）。

『PRTIMES』、２０１８年１月30日　https://prtimes.jp/main/html/rd/p/000000004.000031242.html（２０２０年10月29日アクセス）。

株式会社Same Sky　ウェブサイト　https://samesky.me/（２０２０年６月２日アクセス）。

株式会社favy　ウェブサイト　http://www.favy.co.jp/（２０２０年10月29日アクセス）。

フランス料理Provision　ウェブサイト　https://provision-tokyo.com/（２０２０年10月29日アクセス）。

POTLUCK（株式会社RYM&CO.）　ウェブサイト　https://www.wantedly.com/companies/potluck（２０２０年10月29日アクセス）。

執筆者紹介（担当章順）

池尾　恭一（いけお　きょういち）　はじめに、第1章、第2章
慶應義塾大学 名誉教授

中川　正悦郎（なかがわ　しょうえつろう）　第3章
成城大学　経済学部 准教授

浦野　寛子（うらの　ひろこ）　第4章
立正大学　経営学部 教授

土橋　治子（つちはし　はるこ）　第5章
青山学院大学　経営学部 教授

松下　光司（まつした　こうじ）　第5章、第8章
中央大学大学院　戦略経営研究科 教授

田嶋　規雄（たじま　のりお）　第6章
拓殖大学　商学部 教授

木村　浩（きむら　ひろし）　第7章
立正大学　経営学部 教授

■編著者略歴

池尾恭一（いけお　きょういち）

慶應義塾大学名誉教授。商学博士（慶應義塾大学）。
1950年神奈川県生まれ。1973年慶應義塾大学商学部卒業。慶應義塾大学大学院商学研究科修士課程・博士課程などを経て、1994年慶應義塾大学大学院経営管理研究科教授。2005-2009年同研究科委員長兼ビジネス・スクール校長。2014年より慶應義塾大学名誉教授。2014-2021年明治学院大学経済学部教授。1998-1999年日本消費者行動研究学会会長。1999-2017年『マーケティング・ジャーナル』誌編集委員長。2011-2015年日本商業学会会長。

主な著書
『消費者行動とマーケティング戦略』、千倉書房、1991年。『日本型マーケティングの革新』、有斐閣、1999年。『モダン・マーケティング・リテラシー』、生産性出版、2011年。『マーケティング・ケーススタディ』、碩学舎、2015年。『入門・マーケティング戦略』、有斐閣、2016年など。

ポストコロナのマーケティング・ケーススタディ

2021年8月15日　第1版第1刷発行

編著者　池尾恭一
発行者　石井淳蔵
発行所　㈱碩学舎
〒101-0051 東京都千代田区神田小川町2-1木村ビル10F
TEL 0120-778-079　FAX 03-5577-4624
E-mail info@sekigakusha.com
URL http://www.sekigakusha.com
発売元　㈱中央経済グループパブリッシング
〒101-0051 東京都千代田区神田神保町1-31-2
TEL 03-3293-3381　FAX 03-3291-4437
印　刷　㈱堀内印刷所
製　本　誠製本㈱

ISBN978-4-502-39211-5　C3034